本书出版获得中国社会科学院大学中央高校基本科研业务费经费支持，谨以致谢！

中国社会科学院大学
University of Chinese Academy of Social Sciences

姜 飞 主编

人文社会科学

青年学子

优秀论文选

Selected Papers by Outstanding Young Scholars
in Humanities and Social Sciences

社会科学文献出版社
SOCIAL SCIENCES ACADEMIC PRESS (CHINA)

2024

编委会

序 言

本科生"人文社会科学新苗支持计划"（以下简称"新苗计划"），是中国社会科学院大学于2018年10月开始实施的本科生科研鼓励项目，目的是鼓励本科生的科研创新精神，培养他们从事哲学社会科学研究的基本能力；希望同学们通过参加"新苗计划"的各类项目，树立研究志向，掌握研究方法，发掘学术潜力，锻炼学术能力，为将来成长为人文社会科学研究的栋梁之材打下坚实基础。

实施"新苗计划"，主要有以下几个方面的意义。首先，推动本科生以问题为导向进行学术研究，增强学习的主动性和积极性。其次，促进学生与指导老师尤其是来自中国社会科学院相关研究机构的老师之间的联系，为学生们创造更多的个性化学习机会，搭建更广阔的参与科研的平台。最后，促进教学和科研相结合，引导学生们立志从事人文社会科学研究，助力培养最高层次研究型人才。

"新苗计划"包括课题研究项目、学术团体项目、读书会项目、学术竞赛项目和专题研究项目等不同形式。截至2022年底，"新苗计划"已累计立项686项，参与的本科生达3453人次。课题研究项目是"新苗计划"最主要的形式，是由学生自主或学业导师指导确定研究题目，学生自主完成研究，最后以论文或研究报告为研究成果结项。课题研究项目又分为实证调研类项目、一般学术研究项目和交叉学科研究项目。2018~2022年，课题研究项目总共立项482项，95项结项成果被评为优秀等级。

《人文社会科学新苗支持计划优秀论文选》（以下简称《论文选》）就是由"新苗计划"的课题研究项目获奖结项论文择优结集而成的，目前已出版四辑。《论文选》（第一辑）由2018~2019年度获奖的结项论文组成，共收录了20篇学术论文。《论文选》（第二辑）由 2020 年度获奖的结项论文组成，共收录了10 篇学术论文。《论文选》（第三辑）从 2021 年度获奖的 20 篇论文中择优结集而成。本书为《论文选》（第四辑），结集了 2022 年度获奖的 19 篇论文。

《论文选》的连续出版，是对"新苗计划"这一本科生科研项目的充分肯定。《论文选》充分展现了中国社会科学院大学本科生在人文社会科学学术之路上的探索精神，凝聚了学校和老师们对该项目的关心，体现了各学院、指导老师以及科研处对该项目的支持。《论文选》的出版，也得到了社会科学文献出版社领导和相关同志的大力支持，在此一并表示感谢。

当然，作为刚刚步入人文社会科学研究之路的本科生，他们的成果尚显稚嫩，但是通过"新苗计划"这类学术训练，他们的学术能力和研究意识得到有效提升，他们能够在本科阶段就燃起学术探索的热情，掌握学术研究的基本方法。相信一批又一批的中国社会科学院大学本科生，将在"新苗计划"的培育下苗壮成长，成长为哲学社会科学最高层次研究型人才。

中国社会科学院大学副校长

2023 年 3 月 17 日

今年的文集封面设计做了微调，谨对此做一个介绍。

封面上的这只鸟，非同寻常。名为鹓雏（音 yuān chú），在《山海经》中被描述为与凤凰、鸾凤同属一类的上古神鸟。首先，这个鹓雏鸟有着美丽而高贵的基因。中国神话中，盘古开天辟地之前，宇宙混沌一片，天地之间存在着的许多生灵，最有名的就是龙、凤、麟三大巨头。其中初凤就是凤凰一族的先祖。初凤降生五胎，分别是青鸾（传说是西王母的信鸟）、朱雀（四方神兽中的南方神兽）、鹓雏、鸿鹄（大雁及天鹅）、鷾鸏（音 yuè zhuó）。

其次，鹓雏鸟以高洁的品格、符号化地存在于中国文化文本。比如，《庄子·秋水篇》："南方有鸟，其名为鹓雏，子知之乎？夫鹓雏发于南海，而飞于北海，非梧桐不止，非练实不食，非醴泉不饮。"

　　第三，封面的基调颜色，是将黄色和白色根据黄金分割比例融入。主要考虑了《永乐大典》有关颜色的记载："（汉）太史令蔡衡曰：凡像凤者有五色，多赤者凤，多青者鸾，多黄者鹓鶵，多紫者鸑鷟，多白者鸿鹄。"社科大学子，今日为鹓雏，明日为鸿鹄。所以，用黄白黄金分割比例颜色作为封面。

　　大学拿出专项资金鼓励出版优秀学生论文集，不容易；社会科学文献出版社多年来支持新苗成长，不容易。感谢与感恩并重，两手托起明天的希望，众心共谱美好的序章。

中国社会科学院大学副校长

2024 年 12 月 2 日

目　录

哲　学

文　学

历　史

经　济

社会政法

论卢卡奇对恩格斯
自然辩证法的误解

陈洪鑫*

摘 要 自然辩证法长期以来深受误解和质疑，而这一传统肇始于卢卡奇对恩格斯自然辩证法的批判。卢卡奇复杂的思想背景和拯救革命的现实动机，使他形成了对马克思主义辩证法的独特理解，而这也是误解自然辩证法的理论开端。恩格斯的自然辩证法是认识论意义上的辩证法，而卢卡奇却始终从存在论的视角批判恩格斯，这就导致他误认为自然辩证法消解了马克思辩证法的实践性和革命性。回应卢卡奇对自然辩证法的误解，有助于保卫恩格斯在马克思主义哲学史上的地位，同时也是为了在新的时代条件下重新挖掘自然辩证法的理论意义和实践价值。

关键词 自然辩证法；恩格斯；卢卡奇；认识论；革命性

辩证法是马克思和恩格斯共同事业中的重要内容，也是早期西方马克思主义所讨论的重点问题。按照传统的对待马克思与恩格斯的态度，我们会认为马克思与恩格斯几乎在所有方面都相互一致，在辩证法领域也不例外。但是，20 世纪 20 年代以来，许多阐释者对马克思与恩格斯的思想观点进行了对立化的处理，并由此形成了一种将马克思与恩格斯对立起来的研究思路和研究方式。而这种研

---

* 陈洪鑫，东北师范大学马克思主义学部 2018 级本科生。

究方式的主要做法，就是围绕辩证法，无限拔高马克思而贬低恩格斯，认为恩格斯的自然辩证法是旧形而上学和直观唯物主义，是对马克思主义的背离和倒退，并消解了马克思辩证法所具有的革命性与实践性。

对恩格斯自然辩证法的批判和质疑是西方马克思主义的理论基调，而这一传统肇始于卢卡奇。卢卡奇明确地批判恩格斯的自然辩证法，认为马克思主义的辩证法是历史辩证法而不是自然辩证法，"自然辩证法本质上是物的辩证法，而不是人的辩证法"①。他指出，恩格斯的自然辩证法只是以 18 世纪法国唯物主义式的机械性和直观性对纯粹自然界的规律进行总结，而丝毫不关注社会历史，因而其在本质上是无主体实践性和无革命性的。在这里，我们需要关注的是，卢卡奇为何要对恩格斯的自然辩证法进行批判以及他是在怎样的意义上进行批判的。自然辩证法真的如卢卡奇所言，只是对纯粹自然的理论进行总结而完全脱离了主体人的实践进而导致理论倒退吗？正确地回应卢卡奇对恩格斯自然辩证法的误解，不仅有利于保卫恩格斯在马克思主义发展史和马克思主义哲学史上的地位，而且有助于从整体性上理解马克思主义。

一　卢卡奇对自然辩证法的批判：
理论背景与现实动机

卢卡奇在《历史与阶级意识》中探讨究竟什么是正统的马克思主义时指出，"辩证的马克思主义是正确的研究方法，这种方法只能按其创始人奠定的方向发展、扩大和深化。而且，任何想要克服它或者'改善'它的企图已经而且必将只能导致肤浅化、平庸化和折中主义"②。对于这里所提到的"辩证的马克思主义"的"创始人"，卢卡奇认为只是马克思而不是恩格斯，恩格斯是企图改善和克服"辩证的马克思主义"的一类人，也是将马克思的辩证法庸俗化和肤浅化的那一类人。实际上，卢卡奇对恩格斯进行了明确的批判，但是卢卡奇绝不会无的放矢，对恩格斯自然辩证法的批判一定出于某种需要。就如黑格尔所指出的那样，每个人都是自己时代的产儿，对问题的回答一定离不开当时的时代背景。所

---

① 孙承叔：《是自然辩证法还是历史辩证法——西方马克思主义的辩证法观论析》，《学习与探索》2012 年第 1 期，第 50~59 页。

② 〔匈〕卢卡奇：《历史与阶级意识》，杜章智等译，北京：商务印书馆，2018，第 49 页。

以，重要的问题在于如何理解卢卡奇批判自然辩证法的理论背景和现实动机。

早年卢卡奇的思想经历了一个复杂的发展过程，他并非一开始就是一个纯粹的马克思主义者。就像他在《历史与阶级意识》新版序言中提到的，他经历了一个"走向马克思主义的道路"的过程，也正是在这个过程中，卢卡奇形成了自己关于马克思主义尤其是关于马克思主义辩证法的独特理解，这也成为卢卡奇误解恩格斯自然辩证法的思想背景。

首先，卢卡奇指出，"第一次世界大战期间，我再次着手研究马克思，不过这次已经是为我的一般哲学兴趣所驱使：主要不再是受当时的精神科学学者，而是受黑格尔的影响"[1]。由此可以看出，黑格尔是卢卡奇理解马克思的桥梁，同时，这表明卢卡奇是先受到黑格尔的影响的。而黑格尔对卢卡奇的主要影响就是他在《精神现象学》一书中提出的著名命题：实体即主体。这一命题使卢卡奇意识到，"历史是实体，是人类社会实践的客观历史过程；历史又是主体，是人类自己的能动创造"[2]。而卢卡奇对社会历史之本体地位的认识，也是他误解自然辩证法的理论基调。其次，早年卢卡奇在参与革命斗争的过程中，深受第三国际中盛行的以救世主自居的宗派主义的影响，而通过在流亡维也纳期间对列宁思想的学习，他认识到应该"对自己的历史观点做出修正，使其更加灵活、更少僵化，以适应日常策略的迫切需要"[3]。革命的实践加上对列宁思想的学习，让他逐步摆脱了远离现实的空洞斗争，开始从革命的现实和资本主义的社会现实出发进行理论创新。立足生活和历史性现实本身的立场，卢卡奇总是将自然排除在理论之外，即使提到自然，其也是一个社会范畴。这是卢卡奇反对恩格斯自然辩证法的一个十分重要的理论前提。最后，卢卡奇在《历史与阶级意识》中做自我批评的时候直接提到恩格斯的理论缺陷，"恩格斯想用实践来驳倒康德的自在之物，这是正确的。但是想要做到这一点，实践必须超越上述的直接性，并且在继续实践的同时，发展成为一种内容广泛的实践"[4]。卢卡奇反对实践的直接性，他认为，在实践领域不断深化和扩展的情况下，直接性已经无法正确地认识社会，而必须依靠中介。所以，这也是他反对自然辩证法的一个重要理论原因。

① 〔匈〕卢卡奇：《历史与阶级意识》，杜章智等译，北京：商务印书馆，2018，第2页。
② 陈学明：《"西方马克思主义"命题辞典》，北京：东方出版社，2004，第12页。
③ 〔匈〕卢卡奇：《历史与阶级意识》，杜章智等译，北京：商务印书馆，2018，第7页。
④ 〔匈〕卢卡奇：《历史与阶级意识》，杜章智等译，北京：商务印书馆，2018，第14页。

从现实动机来看，卢卡奇是为了回答欧洲革命的难题。无论是第二国际中流行的修正主义尤其是伯恩施坦的修正主义对于马克思主义的曲解，还是当时盛行的实证主义思潮对于马克思主义的冲击，都极大地影响乃至误导无产阶级群众对马克思主义的理解和认识，因而导致无产阶级革命一次又一次失败。卢卡奇在某种意义上是关注十月革命的思想家，换言之，他之所以会走上研究马克思主义的道路，之所以思想会发生转变，一个最直接的动因就是十月革命的爆发。十月革命看起来只是发生在当时的俄国的一场无产阶级革命，但为什么这场革命会落实到理论上，会落实到他们对于马克思主义的反思上，卢卡奇明确地说，要想守住这样一条革命道路，要想重新焕发马克思主义理论的革命性质，唯一的办法就是复活蕴含在马克思主义内部的黑格尔主义的辩证法传统。《历史与阶级意识》所要回答的就是欧洲革命的难题，而为了回答这个问题，卢卡奇从事的是关于马克思主义辩证法的研究。因此，具有革命性的辩证法在这里对于当时的马克思主义理论家们来说，是关乎革命成败的关键。他指出，"唯物辩证法是一种革命的辩证法。这个定义是如此重要，对于理解它的本质如此带有决定意义"①。在卢卡奇看来，恩格斯的自然辩证法研究的只是纯粹的自然，将辩证法的载体从社会历史转变为自然界，它的直接性和无能动性完全消解了辩证法的主客体相互关系，因而完全淹没了辩证法的革命性，对于解决当时所面临的时代问题毫无裨益，因此他将批判的矛头指向了恩格斯。

二 自然辩证法的理论性质：存在论还是认识论

晚年卢卡奇在做自我批评的时候提到了他开始尝试建立社会存在本体论。他指出，"我已经提到过这样一条曲折的线索：它从黑格尔研究开始，经过对经济学和辩证法的关系的考察，而达到我今天建立一种关于社会存在的本体论的尝试"②。在他看来，马克思主义哲学的落脚点是社会存在，所以"马克思主义哲学主要是一种社会存在本体论"③。卢卡奇将马克思主义的辩证法做了存在论意义上的理解，将社会历史看作辩证法的本体，同样地，他也是从存在论的意义上

---

① 〔匈〕卢卡奇：《历史与阶级意识》，杜章智等译，北京：商务印书馆，2018，第49页。
② 〔匈〕卢卡奇：《历史与阶级意识》，杜章智等译，北京：商务印书馆，2018，第35页。
③ 陈学明：《"西方马克思主义"命题辞典》，北京：东方出版社，2004，第13页。

来看待恩格斯自然辩证法的。卢卡奇对自然辩证法的批判，实质上是要否定马克思主义哲学的一般自然观或物质本体论，试图将一般自然观或物质本体论从马克思哲学中排除掉。① 那么，这里的问题是，如何理解恩格斯自然辩证法的理论性质？它是卢卡奇所批判的存在论意义上的辩证法吗？

恩格斯在《路德维希·费尔巴哈和德国古典哲学的终结》一书中的注中提到，"我不能否认，我和马克思共同工作 40 年，在这以前和这期间，我在一定程度上独立地参加了这一理论的创立，特别是对这一理论的阐发。但是，绝大部分基本指导思想（特别是在经济和历史领域内），尤其是对这些指导思想的最后的明确的表述，都是属于马克思的"②。恩格斯所说的"这一理论"就是以马克思的名字命名的"马克思主义"。他在这里谦虚地指出，他自己的理论在根本上都是受到马克思影响的。所以，要正确地理解恩格斯自然辩证法的理论性质，以回应卢卡奇对自然辩证法的误解，首先应该对马克思的辩证法有深刻的认识和理解。马克思的辩证法承袭自黑格尔，因此黑格尔是理解马克思辩证法的桥梁。作为德国古典哲学的集大成者，黑格尔主要是从存在论和认识论双重意义上界定辩证法的。在对黑格尔的辩证法进行批判与继承的基础之上，马克思的辩证法同样是从这两个层面展开的。

马克思存在论意义上的辩证法把实践作为载体，强调个人在实践基础上实现主客观的统一。作为对象性的活动，实践首先是一个存在论或本体论的概念，表征的是人的基本存在方式。③ 马克思在《关于费尔巴哈的提纲》中，一方面批判旧唯物主义对人只是以客体的或直观的方式进行理解；另一方面批判唯心主义不知道现实的感性活动本身，从而突出强调"全部社会生活在本质上是实践的"④。实践作为人的生存方式，既表征个人的现实性，又意味着个人能够通过否定性原则来不断发展自身，成就自我。所以，个人既具有现实性，又具有否定性与能动性。而认识论意义上的辩证法则是对资本主义生产方式所营造的虚假表象的揭露

---

① 桑明旭：《批判逻辑的异轨与理论事实的遮蔽——西方马克思主义对恩格斯自然辩证法的错误批判》，《山西师大学报》（社会科学版）2014 年第 6 期，第 17~22 页。

② 〔德〕恩格斯：《路德维希·费尔巴哈和德国古典哲学的终结》，北京：人民出版社，2018，第 38 页。

③ 李佃来：《马克思恩格斯对立论为什么是错误的》，《吉林大学社会科学学报》2020 年第 5 期，第 13~22 页。

④ 《马克思恩格斯选集》第 1 卷，北京：人民出版社，2012，第 135 页。

和对资本主义现实的批判。马克思在《资本论》"1872年第二版跋"中对辩证法进行了一个经典的论述，"辩证法，在其合理形态上，引起资产阶级及其空论主义的代言人的恼怒和恐怖，因为辩证法在对现存事物的肯定的理解中包含对现存事物的否定的理解，即对现存事物的必然灭亡的理解"①。由此可见，马克思的认识论意义上的辩证法是对资产阶级及其统治的揭露和批判，强调的是现存事物的暂时性、否定性和必然灭亡性。

那么，恩格斯的自然辩证法同时具有存在论和认识论双重性质吗？答案是否定的。严格来说，恩格斯并没有存在论意义上的辩证法，也就是说自然辩证法在本质上只是认识论意义上的辩证法。一个重要的方面就是，他并没有像马克思那样对实践概念予以特别的建构和阐释，从而没有对人的自为生命之本质在哲学上进行特别的界定和说明。② 恩格斯在《反杜林论》中提到，"一个民族要想站在科学的最高峰，就一刻也不能没有理论思维"③。在这里，恩格斯提到的"理论思维"实际上就是认识论意义上的辩证法，也就是他的自然辩证法的理论性质。恩格斯的自然辩证法直接关涉的是自然界及其规律，它的主要内容就是通过对当时自然科学中的新发现进行理论上的抽象和概括，强调自然界的普遍联系和相互作用，指出自然界同人类社会和人的思维一样，是永恒运动和广泛联系的有机整体，从而得出了关于自然界、人类社会和人的思维的一般规律。恩格斯这样做实际上是有特定的时代背景的，而这与自然辩证法的理论性质密切相关。在恩格斯的时代所兴起的实证主义的思潮，实际上是近代以来西方哲学认识论中经验主义的另一种表现形式。经验主义的弊端在休谟、康德与黑格尔的批判中显露无遗，也在他们的批判中走到了终点。但是，在黑格尔逝世之后，经验主义又出人意料地复活并牢牢占据思维的领地。经验主义的弊端主要体现在它只能对直观的事物进行认识，对于不同的事物之间的联系则完全把握不了，简单来说，经验主义的方式无法把握事物之间的联系和事物本身的发展，这反映在思维之中就会形成形而上学的机械观念。由此，恩格斯提出自然辩证法的初衷，就是让人们清楚地意识到自

---

① 《马克思恩格斯选集》第2卷，北京：人民出版社，2012，第94页。
② 李佃来：《马克思恩格斯对立论为什么是错误的》，《吉林大学社会科学学报》2020年第5期，第13~22页。
③ 《马克思恩格斯选集》第3卷，北京：人民出版社，2012，第875页。

然界的辩证运动规律，从而在确立辩证的同时又是唯物主义的自然观。① 所以，恩格斯的自然辩证法是认识论的意义上的关于自然界、人类社会和人的思维的一般规律的学说，通过对自然界和人类社会所具有的辩证运动的研究，以确立人们的辩证思维从而破除笼罩在人们头脑中的旧形而上学的思维方式，这就是自然辩证法的理论性质。由此我们就可以理解恩格斯的如下论断，"对于已经从自然界和历史中被驱逐出去的哲学来说，要是还留下什么的话，那就只留下一个纯粹思想的领域：关于思维过程本身的规律的学说，即逻辑和辩证法"②。而卢卡奇无论是认为恩格斯将自然看作辩证法的载体，还是提出用历史概念取代自然概念而成为辩证法的基础，抑或是他在晚年提出的社会存在本体论，都是从存在论的角度来认识辩证法的，这偏离了恩格斯自然辩证法的理论性质。

三　自然辩证法的现实旨归：实践性与革命性

卢卡奇认为，存在论视域下的自然辩证法，把纯粹自然作为辩证法的本体，因而脱离了人以及主客体之间的相互联系。卢卡奇"严厉控诉了恩格斯的自然辩证法，认为恩格斯试图建立一种脱离人而独立存在的自然辩证法，进而将其指责为背叛马克思历史辩证法的空洞玩物"③。他认为，将自然作为研究对象的自然辩证法脱离了主体——人及其社会实践，脱离了人与自然的社会历史性关系。所以既没有主体性又没有实践性的自然辩证法根本不具有革命性质。但是，恩格斯的自然辩证法真的如卢卡奇所言，由于所研究的对象是自然而不是人与自然的关系以及社会历史，因而丧失了主体性、实践性和革命性吗？回应这个问题，需要从恩格斯的论述中寻找答案。

在卢卡奇看来，"马克思主义哲学的研究对象并不是自然，而是人与自然之间的历史关系，以及处于实践关系（即社会历史）之中的人或自然。从这一认识出发，卢卡奇便得出结论：马克思主义哲学不是自然辩证法，而是历史实践的

---

① 参见范畅《究竟如何理解恩格斯的"自然辩证法"》，《人文杂志》2011 年第 6 期，第 9~16 页。

② 〔德〕恩格斯：《路德维希·费尔巴哈和德国古典哲学的终结》，北京：人民出版社，2018，第 54 页。

③ 孙乐强：《重新理解恩格斯在马克思主义哲学史上的历史地位》，《黑龙江社会科学》2012 年第 5 期，第 5~9 页。

辩证法"①。卢卡奇对辩证法性质的界定，使他认为纯粹的自然是与人无关的存在的无，自然辩证法把自然界作为本体必然导致主体性隐退，进而摧毁了马克思辩证法所独有的实践特性。但是卢卡奇并未从认识论角度即思维辩证发展过程的角度来看待恩格斯的自然辩证法。恩格斯在《路德维希·费尔巴哈和德国古典哲学的终结》一书中论述辩证思维发展过程时，引用了很多自然科学发展的例子，以说明人类辩证思维的形成和变迁正是由实践基础上的科学发展和工业进步所促进的。他指出，"从笛卡尔到黑格尔和从霍布斯到费尔巴哈这一长时期内，推动哲学家前进的，决不像他们所想象的那样，只是纯粹思想的力量。恰恰相反，真正推动他们前进的，主要是自然科学和工业的强大而日益迅猛的进步"②。"随着自然科学领域中每一个划时代的发现，唯物主义也必然要改变自己的形式；而自从历史也得到唯物主义的解释以后，一条新的发展道路也在这里开辟出来。"③ 由此可见，人类思维方式的变革绝不是黑格尔式的无主体的概念游戏，而是现实活动的人从事改造世界的科学研究和工业生产所产生的直接后果。与此同时，思维规律的变革和发展也是一个历史性的活动，只有在人类社会实践特别是物质生产的基础之上才能够实现。因而，在这个意义上，通过对自然科学研究成果进行总结而力图发现自然界和人类社会一般规律的自然辩证法，绝不是无主体性和无实践性的。正如恩格斯所提到的，"纯粹自然科学的唯物主义虽然'是人类知识的大厦的基础，但不是大厦本身'。因为，我们不仅生活在自然界中，而且生活在人类社会中，人类社会同自然界一样也有自己的发展史和自己的科学"④。实际上，恩格斯在论述自然界的规律时，并未脱离人类社会历史的现实，也并未脱离从事感性生命活动的个人。在这个意义上，恩格斯的自然辩证法是具有主体性和实践性的。

除了将自然辩证法看作非主体的和非实践的之外，卢卡奇还认为自然辩证法缺乏革命性。"在卢卡奇看来，只有把辩证法理解成是一种主体-客体关系的辩证法，它才是革命的。"⑤ 而纯粹的自然界显然是不具有这种主客体相互关系的，

① 陈学明：《"西方马克思主义"命题辞典》，北京：东方出版社，2004，第 12 页。
② 〔德〕恩格斯：《路德维希·费尔巴哈和德国古典哲学的终结》，北京：人民出版社，2018，第 20 页。
③ 〔德〕恩格斯：《路德维希·费尔巴哈和德国古典哲学的终结》，北京：人民出版社，2018，第 22 页。
④ 〔德〕恩格斯：《路德维希·费尔巴哈和德国古典哲学的终结》，北京：人民出版社，2018，第 24 页。
⑤ 陈学明：《"西方马克思主义"命题辞典》，北京：东方出版社，2004，序言第 14~15 页。

因此，卢卡奇认为把自然作为载体的自然辩证法是没有革命性的。但是，恩格斯的著作中有不少关于自然界辩证性质的论述，例如，"新的自然观就其基本点来说已经完备：一切僵硬的东西溶解了，一切固定的东西消散了，一切被当做永恒存在的特殊的东西变成了转瞬即逝的东西，整个自然界被证明是在永恒的流动和循环中运动着"①。"在它面前，不存在任何最终的东西、绝对的东西、神圣的东西；它指出所有一切事物的暂时性；在它面前，除了生成和灭亡的不断过程、无止境地由低级上升到高级的不断过程，什么都不存在。"② 由此可以看出，自然界中的事物同样是具有辩证性质的。自然界中的事物不会永恒存在，它们在辩证的规律面前同样是暂时的和不断运动的，并通过不断地自我否定来实现自己从低级向高级的更高阶段的发展。恩格斯的这些论述实际上和马克思在《资本论》"1872年第二版跋"中对辩证法的论述是类似的，都是突出强调辩证法所具有的革命性和对现存事物的否定性。恩格斯还对当时人们遗忘辩证方法而陷入旧形而上学思维的思想状态进行批评，他指出，"马克思的功绩就在于，他和'今天在德国知识界发号施令的、愤懑的、自负的、平庸的模仿者们'相反，第一个把已经被遗忘的辩证方法、它和黑格尔辩证法的联系以及差别重新提到人们面前，同时在《资本论》中把这个方法应用到一种经验科学即政治经济学的事实上去"③。由此可见，恩格斯对辩证法在自然界和人类社会之中的具体运用是十分关心的，其目的就是能够通过辩证法来实现自然界和社会历史的发展进步，这也是恩格斯自然辩证法所具有的革命性的重要体现。

如前所述，恩格斯的辩证法是认识论意义上的辩证法而不是存在论意义上的，因此自然辩证法的性质主要体现为一种关于思维规律的学说。而卢卡奇的批判主要是从存在论的角度进行的，因而必然存在对自然辩证法的误解。恩格斯的自然辩证法把重建人们辩证的思维方式作为自己的目的，而思维方式的载体必然是从事感性生命活动的现实的个人，因此主体性是必不可少的基本属性。人们思维方式的变革直接导致的就是人们实践方式的革新，并进而实现改变世界的目的。所以，卢卡奇指责恩格斯自然辩证法不具有主体性、实践性和革命性是没有

---

① 《马克思恩格斯选集》第3卷，北京：人民出版社，2012，第855~856页。

② 〔德〕恩格斯：《路德维希·费尔巴哈和德国古典哲学的终结》，北京：人民出版社，2018，第9页。

③ 《马克思恩格斯选集》第3卷，北京：人民出版社，2012，第878页。

根据的。恩格斯的自然辩证法通过对自然科学发展的成果进行总结和概括，以探索自然界和人类社会发展的最为一般的规律，强调自然界和人类社会都是具有辩证性质的，因而自然界和人类社会都能够通过否定之否定的辩证规律来不断实现自身的发展。作为关注思维规律的辩证法，恩格斯格外强调通过论述自然界的辩证规律来说明辩证规律的普遍性，希望能够实现人们思维方式的变革，破除实证主义和科学主义的旧形而上学的思维方式，确立辩证思维，最终能够达到通过思维变革实现社会变革的现实目的。

四　自然辩证法的当代意义：理论意义与实践导引

在以卢卡奇为代表的西方马克思主义的理论视域中，恩格斯的自然辩证法一向被理解为是对马克思主义的背离和理论上的倒退。但我们重提自然辩证法是基于这样的反思，即"恩格斯在强调自然辩证法的时候，他的目的仅仅在于证明自然规律的存在并因此把整个历史的发展都置于这个规律之上吗？或者进一步说，他试图通过自然规律来说明历史，以至于反对马克思的历史辩证法吗？"① 通过对这个追问的回答，我们就可以明确恩格斯自然辩证法所具有的当代价值，从而破除卢卡奇对自然辩证法的误解。

如前所述，作为认识论意义上的自然辩证法是关于思维规律的学说，而其中最为重要的则是关于普遍联系的规律。恩格斯明确地指出辩证法是关于普遍联系的科学，而"自然科学的发现表明，自然界是一个普遍联系和相互作用的系统整体，自然界的不同现象和过程处于不断地转化之中，它们之间的对立和差别，只有相对的意义"② 。由此可知，从自然物具有的辩证性质中所得出的世界普遍联系规律，是恩格斯自然辩证法作为思维规律最为重要的内容，也是最能体现其当代价值的理论质点。

从理论上看，恩格斯自然辩证法中的辩证自然观把普遍联系的思维规律作为理论内核，是对以往自然观的批判和超越。首先，早期希腊哲学对自然进行了有

---

① 胡大平：《从"自然的报复"问题看恩格斯自然概念及其当代意义》，《学术研究》2010 年第 7 期，第 13~19 页。

② 盛立民、李源：《恩格斯系统思想探析——基于〈自然辩证法〉的理解》，《自然辩证法研究》2020 年第 9 期，第 3~7 页。

灵论的理解，认为自然富有灵性乃至神性，人只能敬拜自然而绝不能对其进行改造。这一时期的自然观可以称作有灵论的自然观，人们对自然的态度只是认识而非改造，人的主体性和能动性尚未被意识到。其次，中世纪的自然观受到基督教神学的影响，认为自然不具有人格性，因而只是空无；而作为上帝庇护的人类则是高贵的，对自然享有绝对的支配权。实际上，在中世纪，自然不过被看作人类维持生存所必需的生活资料的来源，除此之外并没有任何意义。最后，近代以来的机械自然观是自然科学尚不发达的产物，这种自然观认为自然物是孤立的和非历史的，自然物质是不以我们的意志为转移的客观存在，所以，我们对自然的改造只能是局部的和有限的。而恩格斯的辩证自然观则是对这三种自然观的超越。"辩证"所彰显的是统一物之内在的对立和矛盾，而这是以普遍联系为前提的。人与自然是相互联系和相互作用的，而在这个联系之中又存在差别、对立和矛盾，由此既体现了人类改造自然的主体能动性，又强调人类改造自然的限度问题。因而，辩证自然观实质上突出人与自然的相互交融与和谐共生，这就为我们解决当下的生态问题提供了理论借鉴。

从实践上看，以普遍联系为核心的思维方式对于解决当前的时代问题具有重大指导意义。从微观上看，由于大数据、物联网以及云计算等网络信息技术的蓬勃发展，现代技术社会中人与人之间的交往和联系越来越虚拟化和非现实化，个人越来越成为网络技术时代被孤立的原子。现实世界的虚拟化和虚拟世界的现实化，正是当前时代数字异化的典型表现。在这样的背景之下，人与人之间的数字藩篱阻隔了正常的人际交往，由此所导致的孤独、抑郁等心理问题层出不穷。而要解决此类问题，只有打破数字隔阂，重新回归到人与人之间的现实交往和普遍联系之中。从中观上看，我国在逐步实现中华民族伟大复兴的征程之中，需要克服诸多问题，其中比较突出的就是城乡二元问题以及全国各区域发展不协调的问题。当前中国正在快速发展，然而，在这个过程中存在城乡发展失衡和沿海与内地、中心城市与地级市发展失衡的矛盾。而克服这个矛盾，就需要我们用普遍联系的思维方式来整体性地看待整个国家的发展，用"全国一盘棋"的思路才能切实解决发展之中失衡的矛盾。从宏观上看，当今世界正经历百年未有之大变局，经济衰退、政治动荡等都在深刻考验世界各国，也在考验人类社会。而在这样的背景之下，任何一个国家都不可能独善其身，逆全球化而行注定是会失败的。

杜威对科学实践哲学之启发
——从"情境探究论"视角看劳斯的两个主张

杨思问*

摘　要　劳斯持有"实践优位"和"地方性知识"两个重要科学实践哲学主张，他曾肯定实用主义对自己的思想启发，不少学者也从各个角度论述杜威与劳斯的思想共鸣。本文在吸收这些论述的基础上，借鉴马修·布朗对杜威科学哲学的解读，从"探究"和"情境"两个方面思考杜威与劳斯的思想共鸣。劳斯主张实践优位，杜威则认为探究优先。劳斯主张科学知识是地方性的，杜威则看到科学探究的情境性。杜威的探究概念启发我们从"理论"和"实践"两种追求确定性的方式出发理解科学实践哲学中的"理论优位"和"实践优位"，杜威的情境概念则启发我们从定义较广的"情境"概念出发理解科学实践哲学的诸进路。

关键词　劳斯；杜威；情境探究论；科学实践

20 世纪 80 年代，科学实践哲学在西方兴起，至今已逾 40 年。作为科学实践哲学的代表人物之一，约瑟夫·劳斯（Joseph Rouse）提出的"实践优位"和"地方性知识"（local knowledge）这两个重要主张已逐渐被很多学者接受。劳斯的科学实践哲学吸收了欧洲大陆解释学思想资源，受到海德格尔（Martin Heidegger）、福柯（Michel Foucault）等哲学家之影响，也从库恩（Thomas Kuhn）那里汲取营养。本文试图论证劳斯的科学实践哲学的两个主张与杜威的

---

*　杨思问，中国社会科学院大学哲学院博士研究生，主要研究方向为科学实践哲学。

情境探究论思想之间"共鸣"的可能性，并在这种共鸣的基础上探索杜威对科学实践哲学的可能启发。具体来说，劳斯主张实践优位，杜威则认为探究优先；劳斯主张知识是地方性的，杜威则认为知识是情境性的。本文接下来将从这两个方面入手。

一　劳斯与杜威共鸣的可能性

（一）劳斯对实用主义的看法

劳斯注意到实用主义的革命性观点，并阅读相关著作。他主要受到理查德·罗蒂（Richard Rorty）、罗伯特·布兰顿（Robert Brandom）和约翰·豪格兰德（John Haugeland）之影响。实用主义思想启发劳斯从有机体与环境交互作用的角度思考实践问题。劳斯也不讳言自己与杜威的思想所具有的亲和性，他说："多年来，很多人在了解我的工作后，都觉得我的工作和约翰·杜威的观点有很多联系。"①

在《知识与权力——走向科学的政治哲学》一书中，劳斯意识到对于表征主义所遇到的诸多困难，实用主义是一个重要解决方案。这里的实用主义主要以罗蒂的实用主义为代表，劳斯认为实用主义"诉诸于某个研究共同体的批判性讨论的结果，并以此为公准来判决真理和实在问题"②，并认为这种理解方式中的"对话模式"突出了实践的重要性。

劳斯还看到实用主义对传统知识与权力关系的挑战。他看到实用主义拒斥"在研究活动所取得的成就之外存在可以识别的真理标准"③。这样，"什么算是可接受的结论，什么算是可接受性的恰当理由，这些都将随着研究的进展而发生变化"④。它们并不取决于外在于科学研究的预先设定。在这样的启发下，劳斯

---

① 张毓芳妃、〔美〕约瑟夫·劳斯：《科学哲学的实践反思——约瑟夫·劳斯教授学术访谈》，《哲学分析》2021年第3期，第188~195页。
② 〔美〕约瑟夫·劳斯：《知识与权力——走向科学的政治哲学》，盛晓明等译，北京：北京大学出版社，2004，第6页。
③ 〔美〕约瑟夫·劳斯：《知识与权力——走向科学的政治哲学》，盛晓明等译，北京：北京大学出版社，2004，第17页。
④ 〔美〕约瑟夫·劳斯：《知识与权力——走向科学的政治哲学》，盛晓明等译，北京：北京大学出版社，2004，第17页。

认为实用主义"把从知识论上区分真假信念的问题，转换成区分自由的研究和受权力制约、扭曲的研究这样一种政治问题"①。也就是说，在实用主义对传统知识论进行批判的过程中，其实隐含着权力要素参与进来的可能性。而权力要素正是劳斯在阐明其科学实践哲学时所采取的特殊视角。对此，劳斯总结：实用主义意味着这样一种洞见，"权力与知识或真理的关系是内在的"②。

这样看来，劳斯看到了实用主义与科学实践哲学共鸣的可能性。但是，劳斯对实用主义在科学实践哲学中的效用持保守态度。虽然实用主义有办法应对表征主义挑战，但劳斯看到"许多科学哲学家（主要指新经验主义者）对他们（实用主义者）的回答并不满意"③。劳斯的论证取向还表明，不满意的科学哲学家中就包括劳斯自己。此外，劳斯还在访谈中表示，虽然自己和杜威正在前往相同的方向，但是杜威的方法过于复杂和迂回④。

为什么劳斯一方面大方承认实用主义和科学实践哲学之间的亲和性，另一方面对实用主义进路在科学实践哲学中的效用持保守态度呢？在本文看来，劳斯的科学实践哲学试图纠正以往科学哲学家的偏颇，杜威的实用主义哲学试图解决传统哲学家所面临的理论困境。虽然劳斯和杜威对科学之看法高度相似，但是问题语境、答案取向不尽相同。此外，与新实用主义对语言的重视相比，重视"行动"的古典实用主义更能与科学实践哲学产生共鸣。但是，劳斯对实用主义的理解主要受到新实用主义的影响。以上两点可能是劳斯认为杜威的实用主义复杂、迂回、不能令人满意的原因。

然而，这不代表杜威的实用主义在科学实践哲学问题上没有启发。正因为问题语境、答案取向有所差异，所以杜威才可能产生独特启发。正因为劳斯主要吸收了新实用主义者的思想，所以才有必要去考察杜威的科学哲学思想对科学实践哲学来说意味着什么。

① 〔美〕约瑟夫·劳斯：《知识与权力——走向科学的政治哲学》，盛晓明等译，北京：北京大学出版社，2004，第18页。
② 〔美〕约瑟夫·劳斯：《知识与权力——走向科学的政治哲学》，盛晓明等译，北京：北京大学出版社，2004，第23页。
③ 〔美〕约瑟夫·劳斯：《知识与权力——走向科学的政治哲学》，盛晓明等译，北京：北京大学出版社，2004，第8页。
④ 张毓芳妃、〔美〕约瑟夫·劳斯：《科学哲学的实践反思——约瑟夫·劳斯教授学术访谈》，《哲学分析》2021年第3期，第188~195页。

（二）被忽略的杜威的科学哲学

忽略杜威的科学哲学重要性的不只有劳斯，而且包括大部分的杜威研究者以及科学哲学家。杜威的科学哲学是"其思想中唯一没有受到实用主义学者准确关注的部分"①。杜威发现现代科学的实际研究程序放弃了追求理论确定性，而成功地把行动上的效用置于认知的核心地位。因此，杜威以现代科学活动为榜样来对哲学进行批判。他摒弃那些具有形而上学意味的"本质"，以将哲学改造成具有实际"效用"的探究活动。像达尔文用自然选择重新解释物种一样，杜威用效用和实践重新解释本质、概念。他认为自己是在哲学领域完成达尔文在自然科学领域的工作，甚至把自己的思想定位为现代科学方法在认识论领域的展开和延续。

可以说，杜威的科学哲学是其整个哲学进路的核心。因此，以往被忽略的杜威的科学哲学已逐渐引起学者们的关注。罗伯托·格朗达（Roberto Gronda）从宽泛语境下的"经验"概念出发重构杜威的科学哲学。他把经验视为生活行为（life-behavior）和方法（method），并从语言的、语义的和实在论的角度进行阐发。②

菲利普·基切尔（Philip Kitcher）探讨了杜威的实用主义对科学哲学尤其是生物学哲学的可能启发。希腊人对事物进行一般性说明的渴望在维也纳学派那儿继续存在，杜威的科学哲学启发我们放弃这种渴望，而着眼于"提供有用的工具来解决科学探究中实际出现的各种谜题"③。因此，菲利普·基切尔认为杜威的思考为我们描绘出科学哲学的使命——具体科学的工具箱（toolkit）。

拉里·希克曼（Larry A. Hickman）认为，对于技术与科学，杜威从对事物是什么的研究，转向了对事物能做什么的理解。杜威认为技术绝不只是那些外在的机械之物，技术本质上是一种工具，我们用它增进知识、采取行动。从这个角度看，技术工具的范围很大，包括"非物质的对象，例如观念、理论、数字和

---

① Roberto Gronda, *Dewey's Philosophy of Science* (Berlin: Springer, 2020), pp. vii-viii.

② Roberto Gronda, *Dewey's Philosophy of Science* (Berlin: Springer, 2020), pp. 1-31.

③ Philip Kitcher, "Deweyan Pragmatism and the Philosophy of Science," *Journal of Dialectics of Nature*, 2015 (4): 118-126.

逻辑对象"①。这样，科学就成了技术的一个子集，科学是思想领域的技术。

马修·布朗（Mattew J. Brown）认为杜威的科学哲学的核心在于"探究理论"（the theory of inquiry）。② 探究发生在情境中，所以也被称为"情境探究论"。马修·布朗看到，情境探究论集中体现了科学的"逻辑"（logic）。杜威对逻辑的使用更接近源自亚里士多德的传统，而与现代形式逻辑存在差距。杜威把逻辑视为探究的一部分，它在探究活动中逐步呈现，而非先于探究的恒定工具。关于某对象的逻辑集中体现了对于该对象的整体性观点。因此，杜威的科学"逻辑"，其实是杜威对科学的整体性思考，也就是杜威的科学哲学。

本文将基于马修·布朗的这种理解——把"情境探究论"视为科学哲学的核心——来阐释杜威对科学实践哲学之启发。情境探究论集中体现了科学如何运作，以及科学知识与情境、行动的关系问题。杜威对实践、情境的重视，对旁观者式知识论、追求理论确定性的批判，都能从中得到体现。所以，杜威的情境探究论主要是一种哲学立场，而不是一种解决问题的工具。学者埃尔曼·麦克马林（Erman McMullin）曾对探究理论进行了工具式理解。③ 但正如马修·布朗所看到的，这样做虽然没问题，但忽视了杜威的科学哲学的精华。下文将着眼于情境探究论的哲学内涵，并在此基础上考虑其与劳斯的科学实践哲学共鸣的可能性。

（三）二者共鸣的几个向度

早在 20 世纪，学者威廉·布拉特纳（William D. Blattner）就看到劳斯的工作与杜威的工作很像："早期海德格尔和劳斯二者的结合所呈现的结果是一种实用主义。"④ 布拉特纳认为杜威和劳斯对科学的观察可以澄清科学研究与常识之间的关系。在杜威看来，认识论和形而上学的诸多争论起源于科学和常识之间的对立，而当科学和常识都被视为一种探究时，这些争论就消失了。劳斯则描述了

---

① 〔美〕拉里·希克曼：《杜威的实用主义技术》，韩连庆译，北京：北京大学出版社，2010，第 2 页。

② Matthew J. Brown，"John Dewey's Logic of Science," *The Journal of the International Society for the History of Philosophy of Science*，2012（2）：258-306.

③ Erman McMullin，"Discussion Review：Laudan's Progress and Its Problems," *Philosophy of Science*，1979，46（4）：623-644.

④ William D. Blattner，"Decontextualization, Standardization, and Deweyan Science," *Man and World*，1995，28（4）：321-339.

科学结果在具体实践情境的基础上，如何被标准化并获得移植到其他情境的能力。这种标准化过程补充性地描绘了科学与常识之间的关系。布拉特纳阐明了在科学与常识关系问题方面杜威与劳斯共鸣的可能性。

理查德·J. 伯恩斯坦（Richard J. Bernstein）也把杜威与劳斯结合起来进行思考，他认为劳斯的"哲学自然主义版本读起来像当代的杜威一样"①。杜威把他的哲学立场称为经验的自然主义（empirical naturalism）②，劳斯则概述了自然主义的三个核心承诺：拒斥超自然存在、向当代科学学习和否认先于科学理解的"第一哲学"。伯恩斯坦认为这三个承诺其实也是被杜威所认可和践行的，并认为杜威和劳斯所支持的这种自然主义避免了自然中"任何本体论或认识论上的鸿沟"③。这一观点阐明了杜威与劳斯在自然主义态度上的共鸣。

伯恩斯坦还注意到杜威与劳斯在科学哲学问题上的诸多共鸣。伯恩斯坦首先看到像实用主义者一样，劳斯"对科学理解的表征主义观念也持批评态度"④。此外，劳斯认为科学中的概念性理解其实涉及物质、社会等要素构成的人类环境总和，并且"只有在与其环境相互依赖的特定模式中才能被理解"⑤。这与杜威把知识理解为有机体与环境交互作用产物的立场如出一辙。这一观点阐明了杜威与劳斯在对知识的"情境"阐发上的共鸣。

中国学者刘敏和董华也看到了杜威的探究理论对于科学实践哲学的启发意义。其认为"杜威探究理论所折射的问题导向的科学观，其实质与劳斯科学实践哲学的'实践优位'主张意蕴一致"，并指出"从某种意义上说，杜威是科学实践哲学的先行者"⑥。刘敏从问题导向、强调情境、重视过程、强调实践四个

---

① 〔美〕理查德·J. 伯恩斯坦：《杜威的哲学遗产：自然主义的当代效应》，孙宁、余洋译，上海：东方出版中心，2021，第 90 页。

② John Dewey, *The Collected Works of John Dewey* (*Vol. 1*, *1925*), Edited by Jo Ann Boylston (Carbondale: Southern Illinois University Press, 1981), p. 11.

③ 〔美〕理查德·J. 伯恩斯坦：《杜威的哲学遗产：自然主义的当代效应》，孙宁、余洋译，上海：东方出版中心，2021，序言第 2 页。

④ 〔美〕理查德·J. 伯恩斯坦：《杜威的哲学遗产：自然主义的当代效应》，孙宁、余洋译，上海：东方出版中心，2021，第 90 页。

⑤ Joseph Rouse, *Articulating the World: Conceptual Understanding and the Scientific Image* (Chicago: University of Chicago Press, 2015), p. 215.

⑥ 刘敏、董华：《问题蕴含与情境关涉——杜威探究理论的科学实践哲学意义》，《自然辩证法研究》2019 年第 7 期，第 28~33 页。

方面论证了杜威思想的科学实践哲学意蕴，还注意到杜威的科学观与科学实践哲学的共鸣在问题学上的启示。[①]

杜威与劳斯都反对把科学视为对世界的表征，都主张从实践和行动维度理解科学，都强调科学知识对其他情境性要素的依赖，又都秉持自然主义这种整体取向。布拉特纳、伯恩斯坦和刘敏等学者虽然阐明了杜威与劳斯的上述共鸣，但是并未深入讨论杜威对科学实践哲学的可能启发。以上述学者之阐释为基础，接下来我们的探索将从"实践"与"探究"、"地方性"与"情境性"两个方面的对比展开。

二　实践优位与探究优先

（一）强调实践优位的科学实践哲学

反对理论优位、强调实践优位是科学实践哲学的重要主张。这一点迥异于传统科学哲学。传统科学哲学指向科学的成果，主要分析科学知识的逻辑结构。在科学实践哲学中，注视科学的目光从科学知识的逻辑结构转向了科学知识的产生过程。从逻辑结构来看，理论是科学活动的关键。从生产过程来看，实践则成为科学活动中不可忽视的因素，而科学知识作为理论成果仅是科学实践的最终一站。因此，科学实践哲学不再研究科学产品，转而研究科学进程；不再对知识结构进行规范，转而对知识生产要素进行描述；不再预设一个理想化的科学，而是通过观察和实践使科学的形象呈现出来。[②]

科学实践哲学中的"实践"并非与理论相对立，而包括理论活动。虽然并不忽略理论，但科学实践哲学对实践的关注远远超过主流英语世界的分析哲学。[③] 科学实践哲学中的不少学者试图更清晰地刻画实践。拉图尔（Bruno

① 刘敏：《科学实践哲学视阈下杜威科学观的问题学启示》，《科学技术哲学研究》2020年第2期，第114~118页。
② 索罗（Léna Soler）等从六个方面刻画科学实践哲学的特征，这里有选择性地借鉴了其刻画。参见孟强《科学实践哲学与知识观念的重构——兼谈地方性知识》，《自然辩证法通讯》2015年第3期，第20~28页。
③ R. Ankeny, H. Chang, M. Boumans et al., "Introduction: Philosophy of Science in Practice," *European Journal for Philosophy of Science*, 2011, 1: 303-307.

Latour）用行动者网络理论（Actor-Network Theory）理解科学实践，认为科学活动是被各种行动者在网络中通过转译（translation）生成的，行动者包括人与非人在内的各种实践要素。安德鲁·皮克林（Andrew Pickering）认为科学实践乃是主体在实践中遇到阻力并尝试解决、回应阻力的过程，是一种抵抗与调整的辩证法，是一种各项实践要素之"搅和"（Mangle）。① 凯伦·芭拉德（Karen Barad）把科学理解为一种互动（intra-action），它不同于"相互作用"（interaction）的地方在于"互动"是没有对互动之主体的先在预设。②

　　劳斯把科学实践理解为一种世界的"共构"（configuration）③。共构主要包括理论模型和实验建构。理论模型不与科学图像直接对应，而是可以根据使用者的需要执行不同操作。实验建构在实验室中实现了对世界的局部重构，从而使有效操作和结果检测成为可能。劳斯的定义并不把科学实践视为主体（科学家）的活动，而是把它视为一个实践场，视为具体实践活动发生的理论基础："实践不仅是行动者之活动，还是世界之共构。只有在这种共构中，科学活动才有意义。"④ 在这里，劳斯对共构概念做了海德格尔存在论意义的解释，共构"是任何事物赖以获得可理解性的条件"⑤。实践像地基一样，囊括具体实践要素。所以，劳斯才会认为实践（practice matter）重要："科学研究是一种实践活动，这种实践不仅重新描绘了世界，也重构了世界。"⑥

　　在《涉入科学——如何从哲学上理解科学实践》一书中，劳斯对实践做出

---

① Andrew Pickering, *The Mangle of Science: Time, Agency, and Science* (Chicago: The University of Chicago Press, 1995), p. 247.

② 孟强：《从表象到介入：科学实践的哲学研究》，北京：中国社会科学出版社，2008，第 180 页。

③ 学者孟强把 configuration 翻译为"形构"，学者戴建平则将其翻译为"构造"。在参照这些译法的基础上，本文把 configuration 翻译为共构。参见孟强《从表象到介入：科学实践的哲学研究》，北京：中国社会科学出版社，2008，第 191 页；〔美〕约瑟夫·劳斯《涉入科学——如何从哲学上理解科学实践》，戴建平译，苏州：苏州大学出版社，2010，第 124 页；Joseph Rouse, *Engaging Science: How to Understand Its Practices Philosophically* (Ithaca and London: Cornell University Press, 1996), p. 133。

④ Joseph Rouse, *Engaging Science: How to Understand Its Practices Philosophically* (Ithaca and London: Cornell University Press, 1996), p. 133.

⑤ 〔美〕约瑟夫·劳斯：《知识与权力——走向科学的政治哲学》，盛晓明等译，北京：北京大学出版社，2004，第 194 页。

⑥ 〔美〕约瑟夫·劳斯：《涉入科学——如何从哲学上理解科学实践》，戴建平译，苏州：苏州大学出版社，2010，第 117 页。

了十点说明，我们在劳斯论述的基础上可以概括如下：实践是一个比 "主体" 或者 "行动者" 更加基础的范畴，它不仅是行动的模式，而且是对世界的共构。通过实践，我们与世界发生联系。它包括物质、话语和权力等各要素，各要素的参与和共构是开放的。[①] 实践并非与理论对立，而是将理论包括在内："我的科学实践的概念并不把实践与理论区分开来；像科学工作的其他方面一样，理论化也是一种实践。"[②] 理论本身就是一项重要实践。所以，"实践优位" 并非把实践视为优于理论的一端，而是放弃理论与实践的二元对立，将理论视为实践的一部分。这样才能超越理论单一维度，从更宽泛的实践视野对科学活动进行详尽阐释。

劳斯还提醒我们，他对实践概念的理解不同于人文主义者如布兰顿（Robert Brandom）、德雷福斯（Hubert Dreyfus）的进路，因为后者通过实践概念区分自由和自然从而解释人类主体性；不同于社会建构论进路，因为后者试图对科学工作结果进行社会解释；不同于马克思主义进路，因为后者强调科学的物质基础的首要性。劳斯理解实践的方式，实质上是一种科学的文化研究方式，他指出文化研究是科学论的一个有前景的可供选择模型。这种理解方式与杜威的理解颇为相近。

（二）强调探究优先的探究理论

科学实践哲学批判科学哲学中的理论优位传统，强调以实践优位视角审视科学活动。杜威对哲学理论的观察与此相似，他认为，重视理论、轻视实践一直是西方哲学的传统。而且这一传统为主体与客体、思维与存在、物质和心灵、经验和自然等一系列二元对立提供了土壤。杜威把这种传统称为知识的 "旁观者"（spectator）态度[③]。"旁观者" 态度重视理论，轻视实践，这失之偏颇，因为理论活动和实践活动都是寻求确定性的方式。有机体生活在危险的世界中，总是试图追求确定性。理论活动能够在观念上改变自我，实践活动能够在行动上改变世

---

① 〔美〕约瑟夫·劳斯：《涉入科学——如何从哲学上理解科学实践》，戴建平译，苏州：苏州大学出版社，2010，第 123~124 页。

② 〔美〕约瑟夫·劳斯：《涉入科学——如何从哲学上理解科学实践》，戴建平译，苏州：苏州大学出版社，2010，第 117 页。

③ 〔美〕约翰·杜威：《确定性的寻求：关于知行关系的研究》，傅统先译，上海：华东师范大学出版社，2019，第 20 页。

界。这两种获得确定性的方式互相关联，不可分割。

但是理论活动往往与永恒、确定、目的相关联，实践活动往往与变化、偶然、手段相关联。源自古希腊的西方古典哲学传统重视永恒，排斥变化；寻求确定，消除偶然；欣赏目的，鄙夷手段。理论独立、高贵、永恒，成为思想的坚实土地，久而久之得到相对于实践的优越地位："哲学对普遍的、不变的和永恒的东西的既有倾向便被固定下来了。它始终成为全部古典哲学传统的共有财富。"① 这导致理论不能与人们的生活、行动和实践联系起来，基切尔借鉴杜威的想法把它称为一种少数人特别设计出来满足思想确定性的情感放纵（sentimental indulgence）②，这种知识事业不能指导实践，杜威将其称为不育状态。

在借鉴皮尔士思想的基础上，杜威提出了"探究"概念，从而实现了对理论与实践关系的重构。杜威对探究做了非常宽泛的理解："探究的存在，是没有什么可怀疑的。它们进入生活的各个领域，进入每一领域之各个方面。"③ 探究囊括了人类的一切活动，涉及人类文化的所有领域。它既包括日常性探究，又包括科学性探究。杜威这样定义探究："探究是对于一种不确定情境的受控制或有方向的转变……以使原有情境中的各要素转变为统一的整体。"④ 这一定义把探究理解为对不确定情境的有方向性的回应，该回应将使充满不确定性的情境变得确定起来。简而言之，探究其实是获得确定性方式的一个总名称。探究既包括猜想，又包括实验，既包括理论抽象，又包括实践改造。也就是说，理论和实践这两种追求确定性的方式被统一于探究中了。将理论和实践统一于探究，并对探究进行类似实践概念的宽泛理解，与科学实践哲学以实践视角统摄理论视角的做法旨趣相同。

这种宽泛理解，使探究获得了相当大的"优先性"。在探究开始之前，探究者所面对的只有一个不确定性的情境。杜威把探究描述为感到疑惑

① 〔美〕约翰·杜威：《确定性的寻求：关于知行关系的研究》，傅统先译，上海：华东师范大学出版社，2019，第17页。
② Philip Kitcher, "Deweyan Pragmatism and the Philosophy of Science," *Journal of Dialectics of Nature*, 2015（4）：118-126.
③ 〔美〕约翰·杜威：《杜威全集·晚期著作（1925—1953）第十二卷（1938）》，邵强进等译，上海：华东师范大学出版社，2015，第76页。
④ 〔美〕约翰·杜威：《杜威全集·晚期著作（1925—1953）第十二卷（1938）》，邵强进等译，上海：华东师范大学出版社，2015，第77~78页。

（Suggestion）、明确问题（Intellectualization）、提出假设（Guiding idea, Hypothesis）、做出推理（Reasoning）、进行检验（Testing the hypothesis by action）五个可以灵活调整的部分。① 可以看到，在探究中会遇到什么问题，应该采用哪些方法解决这些问题，会遭遇哪些事物，如何去理解、定义这些事物，探究后会得到什么样的结果，该结果如何改变了对情境的理解。所有这些都是被探究过程所解释、揭示、说明、确定的。探究先于问题、定义、方法、理论、假设、检验等具体要素，因为所有这些要素都是被探究过程呈现出来的。这种对探究的优先性理解，与劳斯对实践优位的理解旨趣相同。

（三）"探究"概念对科学实践哲学之启发

以上分析凸显出劳斯与杜威的共鸣。劳斯的科学实践哲学用"科学实践"来统摄科学理论，杜威的情境探究论则用"探究"来统摄理论和实践两种追求确定性的方式。二者都放弃了理论与实践的二元论，因而，其超脱单纯的理论视角，选取理论与实践的宽泛视角来理解哲学理论和科学知识。此外，在劳斯和杜威分别用"实践"和"探究"进行统摄时，二者都赋予这种基础概念以极大优先性，它们成为具体知识、理论、方法、工具、仪器等要素获得理解的基础。

二者之共鸣可以带来诸多启发。首先，劳斯所批判的理论优位传统可以被理解为旁观者态度在科学哲学领域的体现。理论优位虽然是科学哲学传统，但其根源在西方古典哲学传统之中，更具体地说是在古希腊哲学对理论确定性的追求之中。从该视角出发，理论优位背后的心理动机就能得到阐明。为何传统科学哲学家重视科学理论而轻视科学实践呢？因为科学实践充满偶然、变化，即充满不确定性。科学实践总是使很多异质性的要素被囊括进来，而这些异质性要素无法得到理论优位视角的良好说明。而当科学哲学家的眼光着眼于科学实践时，科学的形象就会经常发生根本性变化。

此外，可以把从理论优位到实践优位的转变理解为从追求理论确定性到追求实践确定性的转变。杜威与劳斯提醒我们放弃从理论确定性角度对科学的逻辑结

---

① 这个著名的五步法首先在《我们如何思维》一书中提出，之后在《逻辑：探究的理论》一书中得到补充。这里的总结源自博伊斯顿主编的《杜威全集》（第 12 卷），参见 John Dewey, *The Collected Works of John Dewey*（Vol. 1, 1925）, Edited by Jo Ann Boylston（Carbondale：Southern Illinois University Press, 1981）, pp. 77-88。

构进行把握，而选择纳入实践维度以实现对科学事业的准确描绘。从理论确定性角度去追求科学先在的逻辑结构是徒劳的，即使获得暂时性的成功，意义也非常有限。相反，从实践确定性角度描绘科学活动的实际图景，将是一条卓有成效的进路。这条进路能够综合考虑科学活动的各种异质性要素，对科学活动进行准确而有效的描绘和说明。这种描绘和说明尊重科学活动本身的变化，它并不把自己视为永恒的规范。这里的转变就像近代科学革命中的科学家放弃沉思事物本质，转而对事物的数量、关系进行准确描绘一样。这样，杜威的实用主义哲学就能为劳斯的科学实践哲学找到哲学史坐标。劳斯的科学实践哲学是实用主义事业以及其他重视实践的哲学事业之延续。在这个意义上，我们可以借用中国学者刘鹏的观点，"科学实践哲学不再是一种单纯的认识论理论，它开始将自己塑造成一种普遍意义上的哲学"①。

最后，杜威的"探究"概念有助于澄清科学实践哲学对"实践"概念的理解。上文提到，如何更好地去定义实践成为科学实践哲学的重要问题。杜威在阐明探究的五步法时，强调它不是规范性的最终答案，而是暂时的引导性工具。这种理解方式启发我们把"实践"概念理解为在具体科学实践中得到清晰定义的引导性工具，而非先在于科学实践的规范性定义。也就是说，科学实践哲学所试图阐明的实践概念，其实是对科学探究之"逻辑"的一个总结，它是内在于探究的。因此，科学实践哲学学者对科学实践概念的界定和描绘，并非外在于科学实践活动，而是广义科学实践活动的一个组成部分。科学实践哲学对实践概念的每一次定义都是暂时的，而非最终的。比如，在古代科学那里，科学实践主要对应理论性、沉思性的活动。近代科学革命后，科学实践主要对应对自然的经验观察以及在此基础上的推理思考。在后现代思潮中，对科学实践的理解则与权力、资本、社会等要素关联起来。从这个角度看，理论优位传统对科学的理解并不是一个"错误"，相反它是很有道理的概括性总结。只是理论优位传统把一种暂时性的概括理解成科学的永恒性品质了，杜威和劳斯的共鸣提醒我们避免这种错误。

---

① 刘鹏：《科学实践哲学：内涵、根源与意义》，《安徽大学学报》（哲学社会科学版）2019 年第 2 期，第 36~44 页。

三　地方性知识与情境性知识

现代科学的"普遍"特点几乎已成共识，因此谈论其地方性和情境性稍显怪异。其实，科学的普遍性特点建立在"理论优位"这种态度的基础上。一旦选取实践作为研究视角，我们就能看到普遍性如何受制于实践要素，并因此表现出地方性和情境性。在这方面，劳斯和杜威的看法可以产生诸多共鸣。

（一）劳斯：地方性与生态位

地方性知识（Local Knowledge）概念源自美国人类学家吉尔兹（C. Geertz）对伊斯兰法律和印度法律的地方性解读，"印度法律将与之相遇的东西都变得各自独具特色"①，是一种无法脱离情境的地方性知识。在科学实践哲学中，劳斯认为科学知识也是地方性的。劳斯的地方性知识并不指称某种特殊知识类型，而是揭示全部知识的性质。在外延上，它不是指与普遍知识相并列的非西方或非现代知识，而是指包括科学知识在内的全部知识。

因此，地方性知识并不与普遍性知识相并列，而是囊括、替代普遍性知识。从地方性知识的角度看，普遍性知识乃是地方性知识被标准化的结果。在劳斯看来，科学知识的地方性场所是"实验室"。科学定律并非在世界中普适，而仅在实验室中成立。当科学知识被标准化为在整个自然界也成立时，是因为自然界被改造成实验室了："把科学知识和技能拓展到实验室之外，要求在一定程度上对环境的复杂性进行重组。"② 地方性知识所展现的普遍性是暂时的、有限的。只有在相关地方性要素得到维持的前提下，普遍性才能作为一个结果被呈现出来。普遍性乃是地方性不断转译（translation）之结果。

所以，地方性知识实则是在表达这样一个判断：知识总有一个生成情境（context），该情境包括权力、文化、仪器等各种地方性要素。知识是被这些地方性要素在情境中生产出来的，因而不可避免地受到这些要素的深刻影响。在

---

① 〔美〕克利福德·吉尔兹：《地方性知识——阐释人类学论文集》，王海龙、张家瑄译，北京：中央编译出版社，2004，第255页。

② 〔美〕约瑟夫·劳斯：《知识与权力——走向科学的政治科学》，盛晓明等译，北京：北京大学出版社，2004，第194页。

《阐明世界：概念理解与科学形象》一书中，劳斯借助生态学概念，把这个涉及物质的、社会的、交互的要素之总和称为"生态位"（niche）："一个生态位就是一个与进行中的行动模式关联的世界结构。"① 有机体并非被动接受自然选择，而是主动进行生态位建构。在《社会实践作为生态位建构》一书中，劳斯把实践解读为一种"生态位建构"，并把这种解读进路称为自然文化哲学（philosophy of natureculture）。② 生态位建构展现了有机体与环境的双向互构，科学中的一切概念都要在生态位中获得理解。杜威等实用主义者认为知识在有机体与环境的交互作用中形成，这与劳斯对生态位建构的阐释极其相似。

如果说劳斯的地方性知识阐释了科学实践对地方要素的依赖，那么他的生态位建构则阐释了科学实践对各要素之整体的依赖。这样，我们能够把科学实践哲学的不同进路理解为对某个特殊情境要素的强调。比如，以丘奇兰德（Churchland）、基尔（Giere）等人为代表的认知科学进路借鉴认知心理学来研究科学知识是如何被生产出来的，它呈现了在认知心理层面科学知识在生产过程中受到的影响；以卡特莱特（Nancy Cartwright）、哈金（Ian Hacking）、富兰克林（Allan Franklin）等人为代表的新实验主义进路强调实验相对于理论所具有的独立性，呈现了实验、仪器等因素如何作为变量干预科学知识的生产过程。③ 此外，科学知识社会学、科学技术学和社会建构主义的相关研究将科学置于社会这一大背景下，考察了社会性要素对科学活动的影响。

这些进路将科学知识作为一个产物重新投掷回其生产过程中，分别揭示科学实践对心理要素、实验要素、社会要素等情境性要素之依赖。如劳斯所言，情境"使我们能够确实地理解我们是谁，我们为了什么生活，我们如何有意义地与他

---

① Joseph Rouse, *Articulating the World: Conceptual Understanding and the Scientific Image* (Chicago: University of Chicago Press, 2015), p. 215.

② Joseph Rouse, *Social Practices as Biological Niche Construction* (Chicago: The University of Chicago Press, 2023): 4.

③ 此处的分类借鉴了黄翔和吴彤两位学者的看法。前者认为还包括以加利森（Galison）和达斯顿（Daston）等人为代表的研究科学与科学哲学基本概念之演进的历史性进路。后者认为劳斯的进路与其他几个进路并列。这里重新理解了不同进路之间的关系，从而使这些进路所体现的对科学知识产生过程的揭示变得更加明显。参见黄翔、〔墨〕塞奇奥·马丁内斯《从理论到实践——科学实践哲学初探》，上海：上海人民出版社，2019，第5页；吴彤等《复归科学实践——一种科学哲学的新反思》，北京：清华大学出版社，2010，第2~6页。

人互动，我们能够使用什么设备和程序，以及我们如何遭遇我们的环境"①。在这方面，杜威对探究之情境的阐述可以与科学实践哲学产生共鸣。

（二）杜威：探究的"情境"依赖

与劳斯把生态位理解为共构发生的场域一样，杜威把情境视为探究发生的起点。深受达尔文进化论影响的杜威从有机体与环境交互作用的角度对探究活动进行理解。就像有机体的一切活动发生在环境中一样，科学探究活动发生在情境中。情境是探究的存在母体，既是生物学意义上的母体，也是文化学意义上的母体。杜威注意到哲学家对"情境"的忽略，认为这是众多哲学谬误的根源："容我斗胆断言，哲学思想中那些最为流行的谬见即源于对情境的忽视。"② 杜威将科学理解为在情境中进行探究的活动。这种理解方式凸显了科学作为一种实践活动对情境的依赖性。只有情境先于探究存在，其他各要素才都是在情境中逐渐呈现出来的。在杜威看来，探究总是针对一个情境的，是对一个不确定性情境的回应。探究中的一切思考并不是刻意安排的，而是我们面对一个不确定性情境的唯一方式。菲利普·基切尔用抓痒的例子来描述探究的情境："我们抓某处，只是因为那里痒。无论是个人还是团体，总是那些在人类生活中所感到的特定困难促使我们去探究。"③ 在这个意义上，杜威的科学实践哲学更重视情境，杜威不仅认为探究依赖情境要素，而且把整个探究视为对不确定性情境的回应。

杜威的情境概念具有极强的解释力，但是一个不太容易被定义的概念。马修·布朗在分析情境概念时，认为它不是"某物、某事或者一个事物集，不管是物质的也好还是精神的也好"，不是"一个客观且独立于视角的时空区域"，也不是"一个主观性质的呈现舞台"。④ 以上定义仅出于对主题的考虑而呈现了探究的某个特性。杜威认为情境乃是一个"相关整体"（contextual whole），它构

① 〔美〕约瑟夫·劳斯：《涉入科学——如何从哲学上理解科学实践》，戴建平译，苏州：苏州大学出版社，2010，第 121~122 页。
② 〔美〕约翰·杜威：《杜威全集·中期著作（1899—1924）第六卷（1910—1911）》，王路、马明辉、周小华等译，上海：华东师范大学出版社，2012。
③ Philip Kitcher, "Deweyan Pragmatism and the Philosophy of Science," *Journal of Dialectics of Nature*, 2015 (4): 118-126.
④ Matthew J. Brown, "John Dewey's Logic of Science," *The Journal of the International Society for the History of Philosophy of Science*, 2012 (2): 258-306.

成对一切对象、事件、定义、方法、假设进行判断的背景。

这种定义一方面体现出情境概念的宽泛，另一方面使情境总是与探究相关。可以说，情境乃是一个"探究相关要素"之集合。拿杜威的这一定义与科学实践哲学各进路进行比较可以发现，科学实践哲学揭示的各项实践要素可以被理解为"探究要素集合"的一个部分。科学实践哲学描述了情境中的各要素，比如空间要素、心理要素、实验要素、社会要素（将其作为科学实践的构成性部分）是如何影响科学理论成果的。杜威的情境探究论则更进一步，把科学实践视为对这些要素所构成的情境之回应。从这个角度看，杜威的"情境"概念帮助我们梳理了不同科学实践哲学进路之间所具有的相同旨趣。

（三）"情境"概念对科学实践哲学之启发

杜威对科学活动的情境式理解和科学实践哲学对知识的地方性理解具有相似性。这首先启发我们用"情境"概念来理解科学实践哲学诸进路之间的关系。"情境"概念宽泛，囊括了所有探究的相关要素，包括自然的、社会的、物质的、心理的要素。在阐述探究理论时，杜威没有选择实用主义经常使用的"环境"概念，而选择"情境"概念。笔者认为这是由于"情境"概念可以把一些非环境性要素，比如"恐惧"等心理要素包含进去。宽泛的"情境"概念可以囊括科学实践哲学从心理要素、实验要素、社会要素等进路所进行的阐释。也就是说，从情境角度看，科学实践哲学的不同进路乃是对某种情境要素的揭示。而且，"情境"概念还启发从更激进的意义理解科学实践对各要素的依赖：科学实践不仅受制于那些要素，而且是对那些要素构成的整体——情境——的一种回应。

在此基础上，杜威的"情境"概念可以启发科学实践哲学从"混合物"（mixture）角度理解科学。科学从来都不是一种理论"纯净物"（pure substance），而是一种实践"混合物"。它是一种化学反应，混合所有异质性的情境要素，因而具有情境要素所赋予的一切特征。它既是逻辑的，又是历史的；既被自然要素所制约，又被社会要素所影响；既有理论成分，又具有很显著的实践特征。它会伴随情境的不同而呈现不同特征。比如，李森科的遗传学拥有更多的社会性要素，孟德尔的遗传学拥有更多的自然性要素，这可以解释二者在不同阶段的成败。与其说科学是善变的，不如说科学本来就包含各种成分，不过在不同时期比例有别。

单纯重视实践情境的某个要素，难免会将科学活动还原为该要素的产物，于是便误认为那就是使科学成为科学的东西。这里把这种做法称为对科学的"提纯"（purification）。回头审视理论优位的科学哲学，会发现它预设了"提纯"的可行性。杜威的情境探究论以及劳斯的科学实践哲学之共鸣，启发我们这种提纯是徒劳的。一种被提纯的科学是不可能的，最多只是短暂可能的。科学能够呈现认知成果，恰恰在于它是在实践场中发生反应的混合物。一旦我们把它改造成纯净物的形态，就难以渴望它去发挥应有的效用，这如同当只有一种物质时，化学反应就无法进行一般。

四　结语

杜威与劳斯在诸多向度上存在共鸣。在理论与实践关系问题上，在科学的地方性和情境性上，这种共鸣尤其强烈。杜威对传统哲学的批判可以为劳斯对理论优位的批判提供有力支持，杜威对探究的情境性阐明可以帮助理解科学实践哲学诸进路之间的关系。劳斯与杜威也存在取向上的差异：杜威对科学方法深以为然，并试图借此改造哲学。劳斯则从哲学角度对科学实践进行梳理和描绘。劳斯和杜威对科学的洞察非常相似，但他们努力的方向不同。劳斯所努力阐明的科学发展方式（终点），在杜威那儿是作为改造哲学的方法（起点）出现的。这就是为何杜威能对科学实践哲学有所启发。

如前文所阐明的，这种启发存在多个向度。但在最核心的意义上，我们发现原来根本不存在一个先在的科学形象，只存在地方性的实践，只存在情境中的探究。科学在什么样的情境中被塑造，便具有什么样的情境所赋予的特征。科学在怎样被实践，就具有怎样的实践方式所赋予的功能。科学是被"做"出来的，而非仅被"思"出来的。我们放弃了从性质方面反思科学究竟是什么，而选择从关系角度理解科学究竟在做什么。从这个角度看，科学实践哲学乃是科学哲学领域中的"近代科学革命"，杜威的思想已经或者将要帮助科学实践哲学认识到这一点。

（指导老师：孟强）

美诺悖论和梦论中的二难推理

——一种基于回忆说的理念论解决

黄子晋*

摘　要　本文意在利用回忆说改造《泰阿泰德》梦论中的"元素-结合物"理论。美诺悖论中"有知-无知"两种状态的二元对立与梦论的"元素不可知而结合物可知"具有结构上的深度相似，且这两个二难推理都涉及知识、信念与logos的关系，因而有相同的讨论背景。为解决美诺悖论，苏格拉底在回忆说中认为"信念是有知-无知中间的认知状态""灵魂具有先天认识"。利用这两个思想资源，本文将在梦论所提出的元素-结合物理论中，把对元素的认识解读为先天的概念能力，并将结合物知识与判断相联系，从而基于"知识是有logos的真信念"这一定义给出某种柏拉图式的先天判断学说，且说明在该知识模型中作为logos的三个不同却彼此相关的可能意义。本文认为，该模型可以更详细地解释认信能力、探究活动和假判断的性质。

关键词　美诺悖论；知识；梦论；回忆说；先天认识

本文以柏拉图知识论中的两个二难推理为考察对象。虽然《美诺篇》的直接主题是"论德性"，但学界早已注意到，它同时关切认识或知识问题。① 在《美诺篇》中，美诺质疑苏格拉底的探问方法和"自知无知"这一态度的矛盾，

---

*　黄子晋，中国社会科学院大学哲学院2021级本科生。

①　詹文杰：《柏拉图知识论研究》，北京：北京大学出版社，2020，第105页。陈康：《柏拉图〈曼诺篇〉中的认识论》，载汪子嵩、王太庆编《陈康：论希腊哲学》，北京：商务印书馆，2017，第8页。

而后，苏格拉底将他的论证重构为一个二难推理（即"美诺悖论"），并提出"回忆说"解释认识与探究的可能性以解答这一悖论。随后，柏拉图在《泰阿泰德》中更集中地关注"知识是什么"这一问题。他先后探讨了知识的数种定义方式，并逐一加以反驳。当论证进展到知识的第三个定义，即知识是真信念加上logos时，柏拉图首先以"梦论"或"梦境理论"（the dream theory）探讨该定义的某种可能结果。但他随后表明，梦论所赞同的知识结构陷入了一个二难推理，于是反驳了梦论。

梦论提出的"元素–结合物"关系理论引发了许多讨论，但很少有人关注它与美诺悖论的潜在联系。本文试图论证梦论的核心矛盾，即元素和结合物之间的知识不对称，可以被视为美诺悖论中有知–无知二元对立的变种；与此同时，作为美诺悖论解答的回忆说可用于解决梦论所引发的二难推理，并提供一种先天的知识要素论（从而与梦论所声称的可感元素理论不同），本文称其为某种理念论的先天判断学说。该知识模型能够回应柏拉图知识论中的诸重要关切，如假信念（pseudes doxa）如何可能等问题。

本文主要分为三个部分：第一，基于对芬恩（Gail Fine）和田洁对梦论重构的梳理和补充，分析梦论所陷入的逻辑困境；第二，在分析美诺悖论的基础上，试图说明回忆说所提供的两个理论要素，即信念（doxa）和先天认识，并进一步说明美诺悖论与梦论的结构相似性；第三，尝试给出改造方案，并指出这一方案如何能够解释认信能力[①]、探究活动的本质和《泰阿泰德》[②] 中悬而未决的假判断的性质。

一　梦论的困境：元素与结合物的知识不对称如何可能？

本部分将考察《泰阿泰德》中梦论的内在困难。首先，本部分将根据芬恩

---

① 即古希腊语 doxazein，意指心灵就某事形成某种 doxa 的认知活动（参考〔古希腊〕柏拉图《泰阿泰德》，詹文杰译注，北京：商务印书馆，2018，第40页注1）。对于此处，本文参照詹文杰的译法将其译为"认信"。由于 doxa 除了被译为 belief（对应中文"信念"一词）以外，也可被译为 judgement, opinion（分别对应中文"判断""意见"）等词，而且无法被很好地用同一种译法统一表达，因此，在下文中，笔者会变换不同的译名，并在可能存在误解的情况下用括号注明相应位置指向 doxa 一词；doxazein 同理。

② 〔古希腊〕柏拉图：《泰阿泰德》，詹文杰译注，北京：商务印书馆，2018。

所整理出的 KL、EE 等命题，利用田洁的形式化表述拆解、重构梦论的论证；其次，本部分将讨论苏格拉底对梦论的批评，并突出他对元素-结合物关系的描述，说明为什么这对于解释梦论是决定性的；最后，本部分将详细地讨论梦论的对立面，即 KBK 命题。

1. 梦论的结构

对于梦论（201e-202c）的基本结构，参考芬恩的分析[①]，可以概括为以下重要命题。梦论的讨论背景是将知识定义为真信念加上某种 logos，简称知识的 logos 定义（KL）；在这一背景下，梦论认为，某物的 logos 是某物之构成元素的枚举（Enumeration of the Elements, EE），这是梦论对 logos 的定义；对于 EE，即某物的 logos 是对其元素的枚举，而因为只有结合物才具有元素（认为元素也有自己的元素是荒谬的，这会引发无穷倒退），所以只有结合物具有 logos，元素并不具有 logos，这是元素和结合物的 logos 不对称（Asymmetry in Logos, AL）；结合 KL 和 AL，我们将得出，具有 logos 的结合物可知，缺乏 logos 的元素不可知，这是元素和结合物之间的知识不对称性（Asymmetry in Knowledge, AK）。进一步，采用田洁的形式化表述如下[②]：

$$（1）\ EE \rightarrow AL$$
$$（2）\ AL \wedge KL \rightarrow AK$$

所以：

$$（3）\ EE \wedge KL \rightarrow AK$$

这一重构是非常清晰的，因此本文将反复使用这些命题缩写。可能引人困惑的问题是，如何理解梦论所提到的元素和结合物？苏格拉底对梦论的一些特殊表述可以帮助我们解答该问题："它［元素］只能被命名（ἢ ὀνομάζεσθαι）""诸

---

① G. Fine, "Knowledge and Logos in the Theaetetus," *The Philosophical Review*, 1979, 88（3）：366-368.

② 田洁：《〈泰阿泰德篇〉中逻各斯与知识构成》，载黄裕生主编《清华西方哲学研究》第一卷第一期（二零一五年夏季），北京：中国社会科学出版社，2015，第 190 页。

名称的结合就是说理之所是""［结合物］可以在真信念中得到认信（ἀληθεῖ δόξῃ δοξαστάς）"（202b）。因此，我们有理由认为，在梦论中，元素与名称相联系，结合物与信念（判断）相联系，从而也与句子相联系。

2. 苏格拉底对梦论的批评，特别是 EE 命题的困境

苏格拉底的批评（202d-206b）向我们表明，梦论所认可的 AK 命题并不成立。该批评基于一个二分法：

或者（i）结合物（音节）是它的全部元素（字母）①；
或者（ii）结合物是一个统一体，不具有部分且不可划分。

赛德利将这两种情况分别称为"还原"（Reduction）和突现（Emergence），并用军队（其部分等同于构成它的元素，即士兵）和蛋糕（其部分并不等同于构成它的元素，如鸡蛋、糖、牛奶；毋宁说，蛋糕的部分就是蛋糕）阐释。② 苏格拉底分析了这两种情况：

就（i）而言，如果我们知道结合物，我们必然知道其元素，从而 AK 命题不成立——例如，我知道音节"so"，必然也就知道字母 s 和 o；
而（ii）表明，结合物作为一个统一体，由于它不能被表述为各个元素的枚举，因此是非复合的，从而和元素一样，应被认为是不可知的，于是 AK 命题不成立。

最终，这个二分法给我们带来了针对 AK 命题的一个二难推理。由于 AK 命题以 EE 命题和 KL 命题为前提，而苏格拉底紧接着将开展对 KL 命题的进一步讨论，本文认为，他事实上否认了 EE 命题并以此结束了梦论。

---

① 希腊原文中的结合物和音节是同一个词（συλλαβή），元素和字母是同一个词（στοιχεῖα），参见〔古希腊〕柏拉图《泰阿泰德》，詹文杰译注，北京：商务印书馆，2018，第137页注释1。赛德利认为，苏格拉底试图通过这一文字游戏，把字母和音节当作元素和结合物的范例（而非类比），参见〔英〕赛德利《柏拉图主义的助产士》，郭昊航译，北京：华夏出版社，2020，第223~225页。

② 〔英〕赛德利：《柏拉图主义的助产士》，郭昊航译，北京：华夏出版社，2020，第232~233页。

　　然而，苏格拉底的梦论批判是否有效？一种看法是，该二分法的穷尽性并不显然，例如，我们或可以认为结合物不仅是其全部元素，而且有元素之外的其他东西。但本文认为，如芬恩所指出的，认同 EE 命题的梦境论者必然接受该二分法[1]，因为 EE 命题本身就暗含将整体视为一切部分的还原关系。在情况（i）中，苏格拉底提出，如果整体有部分的话，那么它（至少在可知/不可知这一性质上）将直接与它的一切部分等同——虽然这是颇有争议的形而上学假设，却是 EE 命题的必然结果。EE 命题认为，某结合物 x 的 logos 就是枚举 x 的全部元素，从而 x 也就被理解为其元素的直接陈列。苏格拉底发挥了这一点：结合物 x 事实上只能是情况（i），即只能被理解为它所有元素的总和；情况（ii）是虚假的，因为它最终表明"结合物"变成了元素，从而回到情况（i）。赛德利正确地指出，梦论是一种还原论，预设了由可知结合物向不可知元素的还原。[2]

　　还原论的困难在于，它无法解释这个进一步的问题：结合物是如何将其元素统一起来的？如果结合物就在于其元素的简单陈列，那么结合物内在的统一性何在？事实上，相对于元素之多样性，结合物将各元素以某种结构组织起来，从而形成一个统一体。因此，为描述某种结合物，我们除了陈列其元素外，还需要把握结合物的内在结构[3]，即赛德利所称的"形式要素"[4]。然而，EE 命题所提供的由结合物向元素的还原论分析无法提供这一层次的理论需要，从而具有根本的理论缺陷。

　　由于 EE 命题是一种简单的还原论，无法提供结合物中形式要素的层次，那

---

[1]　G. Fine, "Knowledge and Logos in the Theaetetus," *The Philosophical Review*, 1979, 88（3）: 382-383.

[2]　〔英〕赛德利：《柏拉图主义的助产士》，郭昊航译，北京：华夏出版社，2020，第 230～231 页。赛德利把这种还原论解读为质料主义（即还原为物质性元素），本文对此持保留态度，因为，就像赛德利从亚里士多德那里发现的一样，我们最好兼顾对元素的质料性解读和认识论解读。进一步地，笔者在下文将阐明，元素的可命名性质指向一种语言学-认识论解读，即人对感性事物的名词化、概念化表述。笔者参考了纳托尔普（Paul Natorp）的观点，参见〔德〕保罗·纳托尔普《柏拉图的理念学说》，溥林译，北京：商务印书馆，2018，第 176 页。

[3]　芬恩同样指出，如果 EE 命题允许我们对元素的顺序进行描述的话，那么它将不会导出从整体到部分的还原论命题；然而，它并不能描述顺序。参见 G. Fine, "Knowledge and Logos in the Theaetetus," *The Philosophical Review*, 1979, 88（3）: 382-383。

[4]　赛德利对此进行了清晰扼要的讨论，并表明质料-形式学说并不能挽救梦论。本文认可他的论证，所以此处不予展开，详见〔英〕赛德利《柏拉图主义的助产士》，郭昊航译，北京：华夏出版社，2020，第 236～237 页。

么在它所导出的梦论中，元素和结合物不可能在"是否可知"这一性质上具有差别。如果我们认可元素–结合物关系的还原论想法，那么可以设想：对于一支军队，由于这支军队就是它的每一个士兵，在情况（i）中，我不知道一支军队中的任何一个士兵，那么我也就不知道这支军队；在情况（ii）中，我知道这支军队中的每一个士兵，我也肯定知道这支军队。经此说明，EE 命题关于元素–结合物关系的还原论构想只能容许两个结果，要么（i）元素和结合物同时可知，要么（ii）元素和结合物同时不可知。所以，AK 命题所描述的元素和结合物的"知识不对称性"是荒谬的。①

3. 与 AK 命题完全相反的 KBK 命题

让我们进一步考察情况（i）。为什么结合物被理解为它的全部元素会导致 AK 命题崩溃？苏格拉底进一步地引入一个看上去显然的命题，"认识这个音节也就认识这两个字母"（203c），换言之，"认识结合物"蕴含"认识元素"，从而"认识元素"是"认识结合物"的必要条件，田洁将其称为 KBK（Knowledge Based on Knowledge）② 命题。由分析可知，该命题为真的情况共有三种（如表 1 所示）。

表 1　KBK 命题的具体情况

元素	结合物	是否符合 KBK 命题
可知	可知	符合
可知	不可知	符合
不可知	可知	不符合（梦论）
不可知	不可知	符合

资料来源：笔者自制。

---

① 在此需要指出的是，在 EE 命题这一前提下，即便认为元素可知，因此结合物也可知，这也是反直觉的，从而值得怀疑甚至是错误的。以具有同分异构体的两种葡萄糖为例，假如 A 知道其体内的葡萄糖由 6 个碳原子、12 个氢原子和 6 个氧原子构成，但如果 A 不知道其体内的葡萄糖是右旋的，那么很难说 A 对其体内的葡萄糖具有知识。借此本文希望表明，缺乏对形式要素的说明是 EE 命题的致命缺陷。

② 无疑，芬恩首先引用《美诺篇》75c8-d7 给出了 KBK 命题 [G. Fine，"Knowledge and Logos in the Theaetetus," *The Philosophical Review*，1979，88（3）：367]；但她建立该命题的方式，如田洁所说，是有疑问的 [田洁：《〈泰阿泰德篇〉中逻各斯与知识构成》，载黄裕生主编《清华西方哲学研究》第一卷　第一期（二零一五年夏季），北京：中国社会科学出版社，2015，第 190 页，注 1]。

本文认为 KBK 命题的确如其所显现出来的一样具有效力。例如，现代人 A 认为自己对一辆自行车（某种结合物）具有知识，但如果其无法回答一个自行车修理工的提问如无法说出这辆自行车的部件（自行车的元素），那么我们不应认为其有知识。在这个意义上，KBK 命题是成立的。下文我们还将看到，KBK 命题有助于我们排除从完全认知空白出发获得知识的情况，即不会出现知识"从无中产生"这样反直觉的结果。但本文也要指出，KBK 命题具有某种理论后果，它或者导致知识的无穷回溯，或者需要承认一种非导出性的认识，或者认为知识不可能。①

概言之，由 AL 命题和 KL 命题一同导出的 AK 命题，与看似显而易见的 KBK 命题是冲突的。最终，在承认 KBK 命题的前提下，我们要么放弃 KL 命题（本文不予尝试）；要么放弃 AL 命题，并回溯至放弃 EE 命题和梦论。

二　美诺悖论与回忆说：信念和先天认识

本部分将考察美诺悖论。首先，本部分将概述美诺悖论及其结构；其次，本部分将表明苏格拉底如何借助信念和先天认识解决该悖论，确保探究和认识的可能性；最后，本部分试图展示梦论和美诺悖论的结构相似性，并进一步说明如何参考回忆说给出对梦论的改造方案。

1. 美诺悖论的结构

在苏格拉底反驳了美诺对德性的定义，并声称自己不知道德性是什么后，美诺抛出了一个悖论，认为从无知出发的探究是不可能的，随后，苏格拉底进一步重构了该论证：

美：苏格拉底，当这个东西你完全不知道它是什么，你以什么方式来探

---

① 安娜斯（Julia Annas）已经部分指出这一点，她认为，对 logos 的分析性理解要么指向不可知的基础，要么开始 logos 的无穷回退。笔者倾向于承认非导出性的知识，而非芬恩所认可的无穷回溯（或融贯论）。笔者认同安娜斯和赛德利的观点，认为柏拉图持有一种分层级的知识论，应用在此即元素和结合物并不以同一种方式可知。参见 J. Annas, "Knowledge and Language: The Theaetetus and the Cratylus," in M. Schofield, M. Nussbaum, eds., *Language and Logos* (Cambridge: Cambridge University Press, 1982), p. 112；〔英〕赛德利《柏拉图主义的助产士》，郭昊航译，北京：华夏出版社，2020，第 238 页。

究？在你所不知道的东西当中，你要把哪样东西设定为探究对象？就算你遇见它，你怎么知道这个东西就是你所不知道的那个东西？

苏：美诺，我晓得你要说的意思。你提出了一个多么具有诡辩性的论证，你知道吗？这意味着：一个人不可能去探究，要么因为他知道，要么因为他不知道。他不会去探究他知道的东西，因为已经知道，没有必要去做这样的探究；他也不会去探究他不知道的东西，因为他不知道要探究什么。（《美诺篇》80d-e①）

其主要命题一般被表述为②：

（M1）对任何 x，某人或者认识 x，或者不认识 x；

（M2）如果某人认识 x，他就无法探究 x，因为他用不着去探究 x；

（M3）如果某人不认识 x，他就无法探究 x，因为他不知道要去探究什么；

（M4）所以，对于任何 x，某人都无法探究 x。

这里需要注意的是：《美诺篇》原文中直接出现的命题只有后三个，M1 并未直接出现在原文中，它是研究者在重构论证时，通过对文本进行分析而得到的前置命题。之所以如此，可能是因为 M1 中无知和有知③的二元对立是自明的，至少在美诺看来是自明的，从而苏格拉底可以径直预设它。为何需要把 M1 作为论证的预设？因为美诺悖论质疑的是探究的可能性，而探究，就定义而言是

---

① 〔古希腊〕柏拉图：《美诺篇》，詹文杰译，《世界哲学》2023 年第 3 期。

② 苏格拉底的表述在一定程度上更为清晰，本文认为基本覆盖了《美诺篇》所提出的原始悖论，故本文直接考察苏格拉底版本的"美诺悖论"。二者的区分参见 G. Fine, *The Possibility of Inquiry*（Oxford: Oxford University Press, 2014），pp. 69-104，在该书中，前者被称为美诺问题（Meno's Questions），而后者被称为苏格拉底两难（Socrates' Dilemma）。

③ 此处我们约定，将"不认识 x"简称为"处于对 x 无知的状态中"、"对 x 无知"或一般意义上的"无知"，将"认识 x"简称为对 x"有知"。这主要是为了行文方便。然而，我们必须指出，"认识 x"和"对 x 具有知识"（进入"具有知识"这一状态）在《泰阿泰德》中是有严格区别的。在 187d 以下对假信念的讨论中，尤其突出地体现在 197b-200d 关于鸟笼比喻的讨论中，我们能清晰地见到这一点。

"系统的、目的导向的，对某人所不具备的知识或信息的求索"①，简言之，探究如同一座桥梁，使我们从无知状态通向有知状态。但如果像 M1 中预设的那样，只存在无知和有知的二元对立，那么这座桥无疑是不存在的。

2. 回忆说

为解决美诺悖论带来的两难处境，我们首先需要反驳命题 M1，即"有知/无知"的二元划分②。但苏格拉底在此没有直接对这一命题进行反驳。他试图引入一个更大的理论构架，即"回忆说"，并利用引导童奴"回忆"知识的过程说服美诺相信这一理论（82b–85c），以整体性地回应美诺悖论。③ 苏格拉底以提问引导童奴，而非直接告知答案。最终童奴认识到了某个数学命题，美诺于是赞同苏格拉底的理论，认为童奴知道是由于"从心里浮出知识"，也就是"回忆"出来的（85d）。我们注意到，苏格拉底引导美诺认可了以下两个观点：

> 1. 人获得知识的过程是内在的，而这一过程则被称为回忆（86a）；
> 2. 真相一向寓于灵魂之中，通常理解的"不认识"只是"不记得"（86b）。

一般认为，观点 2 提供了信念这一知识论要素。在承认信念的基础上，我们可以进一步考察 M2 和 M3。一方面，信念不等于完全的知识（97b），因为如果信念已经是知识了，我们就不需要探究，所以尽管"真相一向寓于灵魂之中"，回忆（或探究）也是必要的；另一方面，信念不是完全的认知空白，因为这将导致探究不可能。④ 具有信念既不同于认知空白（信念在这个意义上是"有认识"的），也不同于具有完全的知识（信念在这个意义上是"无知"的），从而对仅仅持有信念的人而言，探究活动是可能的。

---

① 这里采用芬恩的定义，参见 G. Fine, *The Possibility of Inquiry* (Oxford：Oxford University Press, 2014), p. 4。

② 参见詹文杰《柏拉图知识论研究》，北京：北京大学出版社，2020，第 114 页。

③ 引入回忆说对解决美诺悖论是否有必要，是有争议的。如 Scott 认为，只需引入《美诺篇》下文中已有的真信念与知识的区别，就足以解决美诺悖论［D. Scott, *Plato's Meno* (Cambridge：Cambridge University Press, 2005), pp. 79–80］。不过，本文认为，就算回忆说对解决美诺悖论并不必要，引导童奴的过程也将把我们导向回忆说和先天认识。下文将展开有关论证。

④ 詹文杰：《柏拉图知识论研究》，北京：北京大学出版社，2020，第 120～121 页。

综上所述，本文认为，回忆说事实上对无知和有知都做出了进一步划分。在大多数情况下，无知被规定为对 x 持有信念（不论真假），这要求以（至少较弱地）认识 x 为前提；具有知识则意味着持有强意义上的知识，这需要人通过学习、探究，亦即回忆，将持有信念的模糊认识转化为由"关于原因的推理"（αιτίας λογισμός）所绑定的确定知识（98a）。我们将"持有信念"这一先于探究的认知状态称为 K_p（Knowledge prior to enquiry），将探究之后得到的"持有知识"状态称为 K_a（Knowledge after enquiry），则有：

K_p + 充分探究 = K_a；而这也同时意味着，K_p 是 K_a 的必要条件，即 $K_a \rightarrow K_p$（否则会陷入 M3 中的认知空白）。

"持有信念"是处于"完全无知"和"持有知识"之间的认知状态。这是因为，信念既是有一定了解，也不是完全的有知；既是缺乏知识，也并非完全无知——它是有知和无知的中间环节。① 我们看到，正是信念这一中间环节使我们有效反驳了最开始的 M2 和 M3，从而避开了美诺悖论。

此外，本文需要补充的是，回忆说不仅把我们引向信念和知识的区分，还通过暗示"先天认识"存在以确保知识的总体可能性②，基本排除了彻底的认知空白状态。回忆说面临的困难在于：在《美诺篇》中，柏拉图事实上是通过"灵魂不朽""灵魂于生前便已习得一切"这两个近乎神话而非哲学的命题来确保先天认识之存在的，但这是否带来了过强的形而上学预设？除了上文已引用的 Scott 的观点外，詹文杰也指出，回应美诺悖论仅仅需要增加信念这一中间状态，并且预设"灵魂不朽"和"灵魂于生前便已习得一切"这两个命题可能导致灵

---

① 也可参考《理想国》478d："〔信念〕既不是认识（gnosis），也不是无知，而是，我们再说一遍，它是处于无知与认识这两者之间的一个官能。"见〔古希腊〕柏拉图《理想国》，顾寿观译，长沙：岳麓书社，2010。

② 有人认为，《美诺篇》中的回忆说所对应的知识类型并非先天认识而主要是经验认识，这是错误的。詹文杰已对这种观点进行了具有说服力的反驳（参见詹文杰《柏拉图知识论研究》，北京：北京大学出版社，2020，第128~130页）。

魂获得认识的无穷回溯①。

　　本文认为，尽管我们可以怀疑这两个关于灵魂的形而上学命题，但《美诺篇》无疑已经设定了一种内在先天认识的存在。证据在于，苏格拉底对美诺悖论的反驳，是通过示范回忆说，即把引导童奴获得数学知识（82a-85d）作为反例而实现的。作为示范的数学知识并非来自外部，并且它与感性经验无关（数学知识的特点），因此它是灵魂内在能力的实现。正是通过示范回忆，进而表明先天认识的存在，苏格拉底证明知识是可能的。至于"灵魂不朽""灵魂于生前便已习得一切"这两个命题，本文均不予考察，因为关于它们的细致讨论将偏离本文的主题。总的来说，本文赞同保罗·纳托尔普（Paul Natorp）的观点，他怀疑"灵魂不朽"等命题作为灵魂学②的神话叙事会干扰纯粹理论的逻辑学兴趣，认为，"回忆完全不受限制地等同于逻辑的行事方法"，回忆说提供了某种理性的胚芽，这一胚芽不仅使人能够掌握真正的知识，而且使并非知识的真信念得以成为可能，并最终指出，《美诺篇》的伟大成就在于发现了先天认识（Erkenntnis a priori）。③

3. 回忆说和梦论的结构相似

　　本部分将说明回忆说为何能被用于解释梦论。KBK 命题认为，"认识结合物"蕴含的"认识元素"或"认识元素"是"认识结合物"的必要条件，即 $K_s \rightarrow K_e$。考虑承认 KBK 命题对元素和结合物知识论性质的要求，即排除了梦论已提出过的"元素不可知，但结合物可知"（AK）④ 之后，只存在以下三种可能情况：a. 知道元素和结合物；b. 认识元素，但不知道结合物；c. 既不认识元

---

① 詹文杰：《柏拉图知识论研究》，北京：北京大学出版社，2020，第 125~126 页。盛传捷同样指出，灵魂第一次学习的可能性是存疑的，从而苏格拉底的回应并不能完全消解美诺悖论，参见盛传捷《"美诺悖论"的新思考》，《哲学动态》2016 年第 2 期，第 75~76 页。

② 即德文 Psychologie，今天一般将其译为心理学，其词根 psyche 即希腊人常说的"灵魂"。为更加贴合语境，此处将其译为"灵魂学"。参见〔德〕保罗·纳托尔普《柏拉图的理念学说》，溥林译，北京：商务印书馆，2018，第 67 页注 2。

③ 〔德〕保罗·纳托尔普：《柏拉图的理念学说》，溥林译，北京：商务印书馆，2018，第 63、69~71、77 页。赛德利同样认为柏拉图在《美诺篇》中持某种先天知识论，参见〔英〕赛德利《柏拉图主义的助产士》，郭昊航译，北京：华夏出版社，2020，第 48 页注 1。

④ 赛德利敏锐地给 AK 命题做了宣判："你若要从不可知之物启程，就永远不会达到可知之物。"参见〔英〕赛德利《柏拉图主义的助产士》，郭昊航译，北京：华夏出版社，2020，第 228 页。

素，也不认识结合物。如果我们将元素组织为结合物所依据的形式要素和探究活动相联系，就不难注意到 KBK 命题和回忆说在结构上的深度相似：情况 a 可对应美诺悖论中完全知识的情况；情况 b 可对应有信念但无完全知识的情况①；情况 c 在特定情况下可以对应认知空白的情况。

本文希望进一步论证这种结构相似并不仅仅是外在的，理由有三。

首先，在《美诺篇》98a 处，信念由"关于原因的推理"（$αἰτίας λογισμός$）而被绑定，从而过渡到知识，由此可认为美诺悖论所涉及的探究活动——信念以此过渡到知识——与 logos 有关②，而梦论的理论背景要求我们考虑知识的 KL 命题定义，在其中，我们需要合适地界定 logos，使信念能够被转化为知识。

其次，在先前 EE 命题的假设中，元素和结合物的可知性关系被表述为还原论的关系，缺乏中间项，这将导致元素和结合物之间无法体现真正的可知性差别，即如果我们认为结合物可知，那么元素也可知；如果我们认为元素不可知，那么结合物也不可知。而这类似美诺悖论中 M2 和 M3 所引发的情况，即如果探究前已知，那么不需要探究；如果探究前未知，那么不可能探究。

最后，回忆说所导出的（$K_a \rightarrow K_p$）意味着，信念 K_p 先于与 logos 有关的探究活动，是探究活动结果即充分知识 K_a 的必要条件；类似的先后关系同样可以见于 KBK 命题（$K_s \rightarrow K_e$）中，即对元素的认识 K_e 先于对结合物的知识 K_s（这符合"元素先于结合物"的直觉），并且前者是后者的必要条件。③ 这种分层级的知识论所确定的认识的先后关系，以及相应的，一种在先的、原初的认识之存在，事实上能够排除认知空白的情况，使我们得以在坚持探究之可能性的同时，并不会陷入"一无所知，从而无法探究"的窠臼。

---

① 这种对应的原因是，上文已提到，我们需要把元素的知识确立为某种非导出性的知识，而如果这种非导出性的知识仅是某种知识的潜能状态，并且暂时对结合物缺乏知识，那么探究仍是必要的（情况 b）。但如果对元素的非导出性知识本身也附带现实的对结合物的知识，我们就的确不需要进一步开展探究活动（情况 a）。

② 广义地看，在早期对话中，苏格拉底的辩驳术是探究的主要方式，这是言谈意义上的 logos；此外，《泰阿泰德》将思考界定成"灵魂就某个关注对象自己对自己的谈话（logos）"（189e），这说明柏拉图认为内在思考也是某种 logos。

③ 在此处，本文并不假设 K_p 和 K_e 是可以完全对等的。根据后文的说明，K_e 事实上也是 K_p 的必要条件。

　　所以，本文在此重申开头提出的断言：梦论的核心矛盾，即元素和结合物之间的知识不对称，可以被视为美诺悖论中有知-无知二元对立的变种。因而，引入回忆说有助于我们改造梦论，以更全面地回应它所面对的二难推理。

　　本文所提出的改造方案如下。首先，类似回忆说，该方案认为我们对元素有某种先天认识。其次，在结合物与元素关系中，探究被归于对正确的形式要素的考察。根据梦论在元素和名字之间的联系，可认为 K_e 是对词语意义的基本把握；考虑到梦论在结合物和信念（doxa，也有判断义）之间的联系，该方案认为 K_p 是一个具有判断结构的句子。最后，考虑到探究可被视为使真信念成为知识的说理，即《美诺篇》中"关于原因的推理"（αἰτίας λογισμός），本文把它视为对某个正确判断的系统性考察，而知识 K_a 就是这一考察的完成状态。由于该方案基于对元素的先天认识，并且把结合物视为某个判断句，本文称其为某种"先天判断学说"。

4. 改造梦论：基于回忆说的先天判断学说？

　　以下是对该方案的论证和辨析。让我们像泰阿泰德一样英勇作战。对于美诺悖论中无知-有知的断裂，苏格拉底通过承认先天认识确保知识的总体可能性，通过添加信念作为中间环节从而取消作为预设的"无知-有知"二分，他完成了对悖论的克服。那么我们如何利用同样的思路，针对梦论所引发的二难推理也采取引入先天认识和中介的方式解决困难？就梦论的结构而言，在坚持定义 KL 命题，即"知识是真信念加上某种 logos"的基础上，我们需要给出对 logos 的重新说明，且它应当做到：

　　　1. 元素可认识，结合物或者可知或者不可知；
　　　2. 整体被理解为一切部分加某个形式要素。

　　之所以有要求 1，是因为 KBK 命题认为，如果元素是不可认识的，那么对结合物的知识也不可能。但要求 1 面对来自梦论的困难：由于元素是单一的，它不能被给出 logos；只有由众多元素构成的结合物才能具有 logos。不过，梦境论者有些粗心，他们似乎并没有注意到元素的性质使之不仅不是"可认识的"，也不是"不可认识的"。为更好地说明这一点，本文将引用柏拉图在《智者》① 中给出的一个巧妙的论证：

> 客：那么你理解了："绝对非是者"不可能正确地被表述、论说和思考，相反，它是不可思的、不可说的、不可表述的和不合理的。
>
> 泰：完全没错。
>
> 客：那么，刚才我说这才是最大的困惑，当我这么说的时候，岂不在说假话？
>
> ......
>
> 客：所以，我们必须断定：如果某人要正确地措辞，必须把它界定为既非"一"也非"多"，甚至完全不要称呼"它"，因为这样称呼也就把它当作"一"这个"理念"了。（238c-239a）

梦论的处境是一样的：苏格拉底在提出梦论时称，"任何基本的东西都不可能通过说理（logos）得到说明""元素是无说理的和不可知的，却是可感觉的"（202a-202b），但这些表述无一不是对元素的说明。此外，赛德利也向我们指出，元素理论指向《泰阿泰德》第一部分讨论感觉的内容②，而在这一部分中，苏格拉底指出，感觉的流变学说将使指称某个颜色和正确地称呼某个颜色不可能（182d）。如果元素完全只是可感觉的，我们又如何给它命名？显然，许多动物具有感觉，但只有具有语言能力的生物才具有命名能力。

我们可以看到，梦论陷入了同《智者》中的"绝对非是者"一样的矛盾，即"元素缺乏 logos"的断言本身就是对元素的 logos，它意味着我们已经对元素具有了某种讨论，因为我们给"元素"加上了"缺乏""logos"等表述；且在更宽泛的意义上，logos 意味着"言说"，所以我们读出字母时已经在展示它

---

① 〔古希腊〕柏拉图：《智者》，詹文杰译，北京：商务印书馆，2012。

② 赛德利认为，对某感觉意识（比如，"红"）的命名可以被归于感觉（〔英〕赛德利：《柏拉图主义的助产士》，郭昊航译，北京：华夏出版社，2020，第 226 页）。但这是无理由的，因为，在同一本书的前文，他还接过柏拉图的话茬，称"没有任何谈及颜色的尝试可被判定为成功的"（〔英〕赛德利：《柏拉图主义的助产士》，郭昊航译，北京：华夏出版社，2020，第138 页）。

们的 logos 了①。梦论之所以做出"元素缺乏 logos"的断言，是因为 EE 命题将 logos 定义为"某物的 logos 是某物的构成元素的枚举"，而元素不具有进一步的构成元素，从而缺乏 logos。现在这一定义已被放弃了，所以我们也不再受其拘束。不过最关键的证据是苏格拉底利用元素和结合物的还原关系得出的，并随后用字母和音调的例子补充论证的断言："如果有人说结合物是可知的和可说明的，元素的情况相反，我们不能同意。"（205e-206b）因此，我们有理由认为，元素事实上具有 logos。并且只要这种 logos 与结合物的 logos 同名异义，前者是原初的，而后者是导出的，我们在 KL 命题定义下就不会导致无穷回溯。

本文认为，这种 logos 不是别的，恰好是元素的可命名性质及其应用（logos-1）②——基于这种可命名性，我们能够将这些元素组合为具有结构的判断（doxa），而判断就意味着对它们所形成的结合物的 logos（logos-2）。由于我们完全可能用同一个名称表述两种或多种本身不同的感觉（比如，脚痛和手痛，我们都称为"痛"；大红色、浅红色甚至是粉红色，都可以被称为"红"），因此它事实上跨越了不同的感性质料，我们可认为名称本身就是普遍的，从而元素的可命名性应归属于纯思（nous）或灵魂本身，因为"灵魂自身经由自身考察一切事物的那些共性"（《泰阿泰德》，185e）。我们也可以在《斐德若》③里找到类似的表述："一个人必须把握那根据族类而被说出的东西，因为，那根据族

① logos 具有多义性，这使《泰阿泰德》的后续论证（206c-210b 对三种不同 logos 定义的讨论）得以可能，其中定义 1（"把信念投影到口里发出的气流中"）仅仅意味着对信念的简单言说，这或许可以部分（即便是很弱地）佐证"读出字母"即对元素的 logos。这里的要点在于，或许我们不应当把 logos 局限为单义的某个定义；毋宁说，我们可以参考这三种定义（"语言表达""贯通各元素而达整体""说出某物的区分标识"），在不同的意义上使用 logos。本文将尝试对元素和结合物的 logos 进行区分，并说明 logos 的不同意义如何相互关联。安娜斯也认可对 logos 的多义解读能够解决梦论，尽管她认为这种理论属于亚里士多德，见 J. Annas, " Knowledge and Language：The Theaetetus and the Cratylus," in M. Schofield, M. Nussbaum, eds., *Language and Logos* (Cambridge：Cambridge University Press, 1982), p. 114。

② 安娜斯考虑了梦论与《克拉底鲁篇》的相似性：分解性的 logos 以可感元素的名字结束，且柏拉图的回应也非常相似——都利用了 KBK 命题。参见 J. Annas, " Knowledge and Language：The Theaetetus and the Cratylus," in M. Schofield, M. Nussbaum, eds., *Language and Logos* (Cambridge：Cambridge University Press, 1982), pp. 110-111。

③ 〔古希腊〕柏拉图：《斐德若》，溥林译，北京：商务印书馆，2023。

类而被说出的东西，虽然来自许多的感觉，但通过思考而被聚合成了某种一。"（249c）

本文认为，回忆说在梦论的"元素－结合物"理论中所能提供的"先天认识"，正是这里所描述的，亦即，人通过灵魂自身进行概念把握的能力。它走出了感性学说的流变和无规定性，使对族类或普遍性的把握成为可能，同时也使判断（doxa）和规定性成为可能，即便对感性事物也不例外①。不过，我们仍要区分两种概念：经验事物的"概念"（它们是否只能被称为"名称"？），例如"红""痛"，几乎必然与理念事物的概念，如《智者》所论及的"是""同""异"相区别。感性经验本身所具有的无规定性，使对它们的语言把握也总是处于流变中（比如，我们不能真正说某种痛感和另一种痛感完全是同一种，它们的差别不可能用语言完全刻画，因为它们是短暂的、始终流变的），所以对感性经验的命名并不意味着对它的知识的掌握。这里，我们将回到上文对"基于可感而不可知的元素，我们能获得结合物的知识"的否认。经过上文的阐发，本文认为，苏格拉底对梦论的驳斥，在更宽泛的意义上，意味着对"经验知识"的总体性拒绝②——对经验事物的了解或认识，不应被称为严格意义上的知识，因为感性经验的无规定性和流变性使对它们的认识不可能是确定无疑的。我们与其将其称为知识（episteme），不如将其称为意见（doxa），最多称其为真信念（alethes doxa）。

同时，如果本文对回忆说所提供的先天认识的说明，即灵魂具有概念能力，言之成理，那么梦论中结合物与信念（或判断）的结合将产生一种对 KBK 命题的独特解读，即知识所依赖的判断以对概念的基础把握为前提。本文认为柏拉图赞同这一解读，因为不仅在《美诺篇》中，而且特别是在《泰阿泰德》中，知识最终都被划给（或者说，至少部分基于）信念或判断能力。另外，柏拉图基本取消了完全无知状态，如《美诺篇》直接排除了完全无知，《泰阿泰德》进一步将无规定性和不可知性划给感性要素，从而排除知识奠基在感觉或感性能力上

---

① 纳托尔普："感性的东西……不是基于其自身，而是恰恰通过思想功能而是可规定的。"〔德〕保罗·纳托尔普：《柏拉图的理念学说》，溥林译，北京：商务印书馆，2018，第196页。

② 田洁认为，基于感性要素的"经验知识"是可能的〔田洁：《〈泰阿泰德篇〉中逻各斯与知识构成》，载黄裕生主编《清华西方哲学研究》第一卷 第一期（二零一五年夏季），北京：中国社会科学出版社，2015，第203页〕，本文对此表示反对——这种知识至少不是柏拉图意义上的 episteme，它不具备柏拉图所要求的稳定性。

的可能性。因此，KBK 命题意味着：具有结合物（判断）型知识的必要条件是对元素（概念）的先天认识。

在排除经验知识之后，我们已经表明元素的可知性意味着概念把握的可能性，但我们仍需排除在原先 EE 命题定义中的还原论，并使元素和结合物以不同的方式可知。就此我们需要回应：一方面，元素从何可知，亦即，最初的概念把握从何而来（如何避免无穷回溯）？另一方面，如果概念把握的能力已经意味着掌握完全的知识，那么我们为何要开始探究呢？这使我们必须重视要求 2，将结合物理解为元素根据某种形式要素形成的组织体。这是好解决的。回忆说向我们指出了信念/判断同知识的关系，而如果我们联系到《智者》中的表述（261c-262e），解答方案就变得清晰了：判断除了把具有各种名称或概念作为它的元素外，还具有由动词变位、名词变格构成的句法，这事实上就是句子的形式要素。借助于形式要素这一中介，要求 2 能够避免结合物被还原为它的一切元素，从而在更深远的意义上避免两难悖论。对此，田洁给出了翔实的说明，最终我们将剩下两个方案①：

（1）结合物的知识＝可认识的元素＋形式要素的知识

（2）结合物的知识＝不可知的元素＋形式要素的知识

不可知的形式要素被排除了，因为根据 KBK 命题，元素知识只作为整体知识的必要而非充分条件，这使可知的形式要素成为解释整体知识的必需品。田洁将注意力放在方案（2）的说明上，但我们已经论证过，"经验知识"不应被视为柏拉图所承认的知识类型；毋宁说，方案（2）刻画的是与感觉相关的信念。为进一步解释方案（1），引入苏格拉底对元素的可知性的进一步说明会给我们带来帮助：

　　　如果从我们自己熟悉的元素和结合物出发进而推进到其他各种东西，那么我们就会说，关于元素这个类型比关于结合物这个类型可以获得更加清楚

---

① 田洁：《〈泰阿泰德篇〉中逻各斯与知识构成》，载黄裕生主编《清华西方哲学研究》第一卷第一期（二零一五年夏季），北京：中国社会科学出版社，2015，第 198~199 页。

（enargēs，自明的）的认识，而且对于完全掌握每一门学问而言元素比结合物更加重要；如果有人说，结合物本性上是可知的，而元素本性上是不可知的，我们会认为他在开玩笑——不管有意还是无意。（206b）

这一段进一步佐证了 KBK 命题。因此，我们可以认为苏格拉底（柏拉图）更赞同的两种态度是：a. 元素和结合物都可知；b. 元素可知而结合物不充分可知。从而，这进一步支持我们在上文中对"经验知识"的排除。此外，苏格拉底在本段中刻画元素可知性时所使用的措辞——"自明的"——也向我们具体指出元素以某种直接的、非导出性的方式可知。本文认同赛德利的看法，我们需要分层级的知识论和形而上学①：元素，如苏格拉底描述的那样，是自明的；而结合物即判断，虽然由自明的概念构成，但在形式要素方面可错。结合以上我们对回忆说的理解，这种对元素自明的认识直接意味着作为先天认识的对概念的原初把握。

然而，这种原初把握意味着什么？我们对元素的自明认识是否意味着结合物（判断）不重要，探究同样也是不必要的？本文认为并不尽然。首先，前文在讨论美诺悖论和回忆说时已指出，苏格拉底部分否认了 M2 以确保学习和探究的必要性，可见苏格拉底（柏拉图）并不支持一种直接、完满的认识论考虑；其次，如果元素组成结合物的过程，即形成判断并不重要，那么我们对元素的认识究竟为何物？——我们将看到，对元素孤零零的把握仅仅构成单纯的命名，其内容是完全空洞的，而且柏拉图显然也认可将元素协调一致地结合起来是具有知识的体现。《智者》对辩证法的理解表明了这一点：

> 客：我们已经同意"诸理念"也以同一方式相互结合，对于那些想要正确地表明哪些理念相互协调哪些理念相互排斥的人而言，他必须按照某种知识并通过论理来进行讨论，对吗？他尤其需要知道是否有贯通一切并把它们聚集起来的理念，以使它们能够结合起来，反过来说，当它们分离的时候，是否有某些理念贯穿整体，成为它们分离的原因。

---

① 〔英〕赛德利：《柏拉图主义的助产士》，郭昊航译，北京：华夏出版社，2020，第 238 页。

泰：这当然需要一种知识，它很可能是最重要的。(253b-c)

本文认为，我们当然需要一种对可知元素的原初认识，也就是对理念的原初概念把握。但是，这种原初认识必须被严格限定为真正知识的能力或潜能（dynamis），它意味着我们能够通过思维形成对诸是者的概念，并具有把它们在判断中以正确的方式结合起来的可能性。而知识是这一可能性的实现，这主要在于获得判断整体中正确的形式要素，亦即通过辩证法，正确地、稳固地把对"诸理念"的概念把握在判断中结合，从而达到理念自身如其所是的形态，并把握诸理念之间的相互关联——此即探究的过程，而知识就是探究的结果。①

在这里，我们遇到了第三种 logos，即辩证法运作的过程（也是探究的过程）与其带来的概念之间的联系和区别（logos-3）。由于元素认识是一种潜能，并未被直接当作实现了的知识，我们可以认为假判断对应上文的情况 b 即虽然我们已经认识了元素，但仍然缺少对形式要素的知识，这意味着概念和概念在命题中的错误结合起来。这和《智者》中把假判断等同于相异判断（263d）是一致的。

三　结语

经过以上讨论，本文认为，最恰当的理解路径是：承认元素的先天可知性，也就是对理念本身的原初概念把握之可能性，并把结合物的知识理解为元素加上形式要素，亦即各概念在判断（doxa）中合乎语法结构和实事内容的，通过使用辩证法进行充分探究从而得到的稳固结合。不难发现，回忆说在梦论的框架下提供了对元素的先天认识。与此同时，类似于回忆说把探究的可能性建立在信念（判断）这一认识的中间层次之上，在该知识结构中，探究同样是对应形式要素这一中间结构的（某一形式要素无非意味着把概念结合为判断）。并且，因为元素先天可知，探究同样可以被理解为"对各元素所应处的位置"，亦即在知识体

① 本文基本赞同田洁所给出的，基于芬恩联结模型的循环解读对探究活动的说明［田洁：《〈泰阿泰德篇〉中逻各斯与知识构成》，载黄裕生主编《清华西方哲学研究》第一卷　第一期（二零一五年夏季），北京：中国社会科学出版社，2015，第208~210页］。本文提出的知识模型与田洁的区别主要在于：第一，元素知识并非感性的，而是先天的，由纯思获得；第二，本文反对彻底的循环论，认同一种相对而言有基础的循环论，即围绕各概念进行的辩证法讨论，这恰好是柏拉图在他的诸对话中所一直坚持的。

系中如何定位某一概念的回忆。该模型拥有先天的知识基础，且对知识的发掘完全内在于沉思者，所以，本文称其为理念论（Idealismus）的模型。该模型可被最终概括为：

> 对于 x，若 x 是元素，则：
> 对 x 的认识＝主体先天具备的元素知识，亦即对理念进行概念把握的能力。
> 若 x 是结合物，则：
> 对 x 的知识＝组成 x 的各元素（概念）＋正确且稳固的形式要素。
> 其中，形式要素由以辩证法的形式所展开的充分探究（回忆）获得。

在该模型下，logos 被赋予了三重意义：对元素（概念）而言，logos 意味着对元素的命名乃至概念把握，而这将把我们导向对元素的语言描述（cf. "通过由名词和动词组成的语言让自己的思想显示出来"，206d）（logos-1）；对结合物（判断）而言，logos 既意味着它是对各元素（名称、概念）的贯通表达（cf. "贯通各元素的路径"，208b），亦即形成信念或判断的认信能力（doxazein），它根据一定的句法结构（logos-2）而形成；logos 也意味着通过辩证法对诸理念做出区分和联系的整个过程（cf. "说出所问的东西区别于其他所有东西的某个标识"，208c）[①]（logos-3）。我们看到，这三重意义与《泰阿泰德》对 logos 的三种定义是可以对应的。

根据以上解读，我们可以将"$K_a \rightarrow K_p$"和"$K_s \rightarrow K_e$"中的四种知识排列如下。K_e 作为对元素（概念）的基本认识由名称带入语言（logos-1），且构成了信念 K_p 的前提，有：

$$K_e + logos\text{-}2 = K_p$$

而通过对已有信念的辩驳，我们可能得到对结合物的知识 K_s 乃至充分的知识 K_a，有：

---

① 也可对应《美诺篇》98a "关于原因的推理"（αἰτίας λογισμός）。

$$K_p + logos - 3 = K_s \text{ 或 } K_a$$

应该说，该方案在以上讨论中解决了梦论所内在的困难，同时也保留了梦论中对元素知识和结合物知识设定差别的尝试，并基本给出了对假信念和理智直观符合柏拉图文本的可能解读，从而深度阐明了回忆说的思想内涵。

从文学地理学视角研究苏轼的初仕体验及其创作
——聚焦签判凤翔时期

苏雨晴　刘佳佳　黄雯婧　曾嘉鸿*

　　摘　要　本文以苏轼在凤翔的行动足迹为线索，以苏轼在凤翔所写诗文作品为研究对象，首先，对凤翔地域的人文历史加以梳理，对该时期苏轼的文学创作情况进行分析。其次，在细读文本的基础上，结合凤翔多样复杂的自然山水气候和底蕴深厚的古迹、民俗，试图还原客观真实"第一空间"中的文学创作情况，探析苏轼该阶段融入生命思索、个人情思的创作心理和诗文中行云流水的艺术特色，同时注重分析存在于"第二空间"中的虚拟性文学景观现象。最后，兼顾文学对地理环境的反作用，促进二者之间的良性双向互动。

　　关键词　苏轼；文学创作；凤翔；地理环境；文学地理学

---

　　*　苏雨晴，中国社会科学院大学文学院 2021 级本科生；刘佳佳，中国社会科学院大学文学院 2021 级本科生；黄雯婧，中国社会科学院大学文学院 2020 级本科生；曾嘉鸿，中国社会科学院大学文学院 2021 级本科生。

一　引言

随着文学地理学理论的成熟与发展，对苏轼签判凤翔时期诗文的研究有了新的视角和方法。作为曾经周秦时期的国都，凤翔留下了极其丰富的文化遗产，其地东临长安，西接陇右，南连巴蜀，位于三大文化区的交会地带，行旅往来极盛。悠久的文化与独特的地理环境让凤翔成为观照苏轼心路历程，以及窥探青年苏轼初入官场时期文化心态、学术观念、文学创作等因素变化的重要文化空间。基于此，本文将以文学地理学这一理论视角为切入点，对苏轼在陕西凤翔地区的生活及创作进行研究。时间范围以嘉祐六年（1061 年）十二月十四日①苏轼到任凤翔，至治平元年（1064 年）十二月十七日②罢官为中心，空间范围以凤翔府官署为中心，根据苏轼的足迹路线向外辐射扩散至周边的周至、长安、扶风等关中西部地区。本文将其个人人生经历的历时性与生活空间转换的共时性相结合，从广阔的文化视角对青年苏轼进行多面立体的观察。

二　苏轼签判凤翔及其创作概述

（一）苏轼签判凤翔时的诗文词创作

宋仁宗嘉祐二年（1057 年），苏轼进士及第；嘉祐六年（1961 年），中制科优入三等，《苏轼年谱》有载："苏轼入三等，辙为四等，轼除大理评事、签书凤翔府判官。"③ 苏轼签判凤翔三年时间内，共创作了 138 首诗歌、40 多篇散文（部分散文年代不能确定），以及 1 首词。对比下来发现，对于这三种体裁，苏轼虽均有涉及，但数量存在明显差异。究其原因，可从以下两个方面分析。

首先是北宋时期文人主观主动的文体意识。在"诗言志"的传统下，北宋时期的文人士大夫多靠诗歌来表达自己心系国家、百姓之情怀，诗歌创作是当时文学创作的主流。此外，散文与诗歌一样同为文学的正宗。中唐韩柳在文坛掀起"古

---

① 孔凡礼撰《苏轼年谱》卷四，北京：中华书局，1998，第 97 页。
② 孔凡礼撰《苏轼年谱》卷六，北京：中华书局，1998，第 127 页。
③ 孔凡礼撰《苏轼年谱》卷四，北京：中华书局，1998，第 93 页。

文运动"，欧阳修等人继承唐代古文运动，推崇经世致用的古文写作。苏轼作为欧阳修的学生，在文风方面的见解与欧阳修有相通之处。而词这一文体，依托音乐而生，李清照就以"小歌词"形容过词，这就反映了宋人对于词体较为鄙薄的态度，且苏轼承认词乃"余技"。凤翔是苏轼仕宦生涯的第一站，经世致用是他思想心态的主流。因此他在创作时，自然就会更多地选择"言志抒怀"的诗和文，而不是由"艳歌"演化而来的词。

其次是凤翔客观的创作环境。在凤翔时期，繁忙的公务占据了苏轼大量的闲暇时间，客观上限制了他对词的创作。苏轼在《凤翔到任谢执政启》中有言："伏自到任以来，日夜厉精，虽无过人，庶几寡过。"① 另外，苏轼为豪放词派的创始人，其词创作的高峰期为后期的贬居期间。凤翔时期的苏轼，没有积累沉淀足够多的人生阅历，也就无以展现其词作宏大如斯的气韵。

为了更直观地对苏轼签判凤翔时期的创作情况进行分析总结，我们按照内容主题将其所作诗词大致分为 7 类：写景纪行类、兄弟情深类、友朋赠酬类、咏史咏物类、迎送神辞类、记事讽刺类和怀念凭吊类（见表1）。

表 1 苏轼签判凤翔时期的诗词创作情况

时间	按内容主题分类
嘉祐六年（1061 年）	写景纪行类：8 首 兄弟情深类：3 首 友朋赠酬类：1 首 （共 12 首）
嘉祐七年（1062 年）	写景纪行类：10 首 兄弟情深类：31 首 友朋赠酬类：2 首 咏史咏物类：5 首 迎送神辞类：5 首 （共 53 首）
嘉祐八年（1063 年）	写景纪行类：13 首 兄弟情深类：8 首 友朋赠酬类：6 首 咏史咏物类：2 首 记事讽刺类：1 首 （共 30 首）

---

① （明）茅维编《苏轼文集》卷四十六《凤翔到任谢执政启》，孔凡礼点校，北京：中华书局，1982，第 1327 页。

时间	按内容主题分类
治平元年（1064 年）	写景纪行类：15 首 兄弟情深类：18 首 友朋赠酬类：3 首 咏史咏物类：6 首（含 1 首词） 怀念凭吊类：2 首 （共 44 首）
治平二年（1065 年）	兄弟情深类：1 首 （共 1 首）

　　苏轼为唐宋八大家之一，在散文创作中也取得了极大成就，对于苏轼签判凤翔时期的散文作品，就题材内容而言，可大致分为 7 类：亭台楼记类、政议奏启类、青词祝文类、书札题跋类、史评类、考辞类和祭文（见表 2）。

表 2　苏轼签判凤翔时期的散文创作情况

时间	按题材内容分类
嘉祐六年（1061 年）	政议奏启类：6 篇 青词祝文类：3 篇 （共 9 篇）
嘉祐七年（1062 年）	亭台楼记类：3 篇 政议奏启类：3 篇 青词祝文类：3 篇 书札题跋类：4 篇 （共 13 篇）
嘉祐八年（1063 年）	政议奏启类：6 篇 书札题跋类：9 篇 史评类：1 篇 考辞类：1 篇 （共 17 篇）
治平元年（1064 年）	书札题跋类：7 篇 祭文：1 篇 （共 8 篇）
治平二年（1065 年）	书札题跋类：2 篇 （共 2 篇）

通过对表 1 和表 2 的统计与分析，我们可以得知：苏轼签判凤翔时期的诗词创作类型以写景纪行类和兄弟情深类为主，占全部诗词创作的七成以上；散文创作类型以政议奏启类和书札题跋类为主，总计占全部散文创作的七成以上。

苏轼到任凤翔三年，饱览凤翔文物古迹、自然风光，且这是他第一次与弟弟子由长期离别。因此，写景纪行类诗歌和同弟弟的唱和诗作在苏轼凤翔时期的作品中拥有绝对的数量。而苏轼在凤翔期间尽于职务的态度，也推动了其对政议奏启类散文的创作。

（二）活动行迹及特点分析

在自嘉祐六年（1061 年）十一月离京至治平二年（1065 年）还朝三年多的时间里，苏轼多次出游凤翔府所属县城，或和朋友游览山水，或自行外出处理政务，或前往山麓祈福百姓，踏足凤翔府六个所属县，留下作品百余篇。从他的诗文创作、遗留碑帖、《苏轼年谱》、《苏轼行踪考》等史料记载内容与后人考察情况来看，苏轼在凤翔的主要活动行迹为：

嘉祐六年
十二月，苏轼抵达凤翔府，游览凤翔府当地景观。
嘉祐七年
二月，受命前往属县减决囚禁，沿途经过宝鸡、虢、郿、盩厔四县；
三月，凤翔大旱，前往真兴寺阁和凤翔府南侧终南山（太白山）祈雨；
六月，与张琥登真兴寺阁眺望怀古；
秋，与章惇前往长安同考试永兴军路、秦凤路应解试士子，后同游南山诸寺；
九月，独自前往普门寺僧阁。
嘉祐八年
正月，题凤翔东院书壁，观赏王维画作；
二月，至长安，过宝鸡题斯飞阁，游中隐堂，并重游终南山；
三月，回凤翔游开元寺；
七月大旱，祈雨磻溪，途经虢县、郿县、岐山县；
九月，挈家游天和寺；再至终南山一游，途经南溪；

十二月或冬季，再次前往南溪、上清宫。

治平元年

一月，与章惇再游终南山，自清平镇游楼观、五郡、大秦、延生、仙游；

二月，与张果之、李瑝游南溪，过岐山县；

十一月，前往司竹监；

十二月，罢签判凤翔府节度判官厅公事任，离开凤翔，途经骊山。

苏轼签判凤翔时期作品涉及的地点及频次见表3。

表3　苏轼签判凤翔时期作品涉及的地点及频次

所属地	地名	简介	篇名	时间	作品数
宝鸡县	磻溪	今陕西宝鸡东南	《祷雨磻溪祝文》	嘉祐六年	3篇
			《磻溪石》	嘉祐七年	
			《二十六日五更起行，至磻溪，天未明》	嘉祐八年	
	虢县	今陕西省宝鸡市陈仓区虢镇街道	《七月二十四日，以久不雨，出祷磻溪》	嘉祐八年	1篇
	斯飞阁	宝鸡县东南	《题宝鸡县斯飞阁》	嘉祐八年	1篇
	石鼻寨	位于宝鸡东北三十里的武城镇	《石鼻城》	嘉祐七年	1篇

学者王启玮按照官吏出行目的与地域广狭的区别，将地方官吏的创作情况分为四层空间。① 其中，第一层空间涵盖郡（县）斋、公廨、州（县）园，也就是官吏生活居住、处理政务的地方，一些没有明确写作地点的唱和、送别、燕集作品常出于此。《次韵子由岐下诗》《新葺小园二首》等诗歌均为苏轼描写居住庭园的诗。其他作品为：唱和作品如《和子由寒食》，政论文如《上蔡省主论放欠

① 王启玮：《诗意空间的塑造：论苏轼外任游宦期间的差旅书写》，《海南大学学报》（人文社会科学版）2017年第6期，第140页。

书》。

第二层空间指郡（县）城及周边名胜。嘉祐六年至嘉祐八年，苏轼创作《凤翔八观》，描述凤翔盛况。苏轼在凤翔为官，十分关心百姓民生。嘉祐七年三月，凤翔大旱，苏轼前往真兴寺阁祈雨，作《真兴寺阁祷雨》《祷龙水祝文》，雨至，遂于东湖内建喜雨亭，作《喜雨亭记》。苏轼多次前往终南山南侧山麓祈雨，并游览沿途景点，作诗多首，勾勒出仙游潭幽静雅致的景观，氛围轻快。回城路上，苏轼还作有《磻溪石》《石鼻城》《题宝鸡县斯飞阁》等诗歌，与沿途景点形成双向互动。苏轼多次前往凤翔府周围的寺庙楼阁，城内孔子庙、普门寺等寺庙均成为苏轼创作的题材。嘉祐八年，苏轼前往磻溪祈雨，借宿僧舍曾阁、南山蟠龙寺、北山僧舍，可见其对佛法两家的友好态度，这对苏轼的人生态度、创作思想等方面都有重要影响。

第三层空间拓展到整个州（县）辖界，涉及上级行政中心与邻近地区。嘉祐七年二月，苏轼受命前往属县减决囚禁，开启了在凤翔的第一次跨县出行。苏轼多次游览太平宫、南溪、仙游潭等景点，并留下多篇作品。同年三月，苏轼前往南山山麓祈雨后重游南山；七月与章惇同试永兴军回城后共游南山；嘉祐八年二月再游长安，回时游终南山；嘉祐八年九月、十二月和治平元年一月、二月，苏轼都前往或途经南山，游访南溪、上清宫等。上述提及的出行并非公务出行，而是自发的、主动的出行，如游览南山或为百姓祈雨求福。

第四层空间较为辽阔，指的是地方官赴任或卸任时的地理空间。嘉祐六年，苏轼从长安赴凤翔，和子由别于郑州西门外作离别诗。苏轼初离京城，十分怀念子由，时常与其互寄诗歌相互唱和，写下了著名的七绝《和子由渑池怀旧》，其成为后人探索东坡壮年心境的重要诗篇。治平元年十二月，苏轼罢官离开凤翔途经骊山时，写下了在凤翔时期的唯一一首词《华清引》。

综上所述，苏轼的活动行迹多集中在以凤翔府为中心的关中西部地区，涉及多层地理空间，自然山水与社会风俗都在一定程度上影响苏轼的创作。

三 地理空间视域下凤翔对苏轼及其创作的影响

曾大兴教授说文学作品包含具有地域性的诸多要素，经文学家创造性组合后，就构成了文学地理空间。这样，这个地理空间"既有客观世界的投影，又包含了文学家的主观想象、联想和虚构，是客观世界与主观世界的统一，也是地理思维和文学思维的统一"①。此时，地域风物成为外在触媒，与人的精神活动有了深刻的联结和沟通，地理环境本身便成为构成其文学本身的重要内在因子。本部分首先从自然地理环境和人文地理环境两个方面分析凤翔地理空间对苏轼思想个性、人生态度及诗文创作的建构作用。其次，由于地理环境与文学的互动，除了"空间的文学"外，还产生了许多融入作者想象、联想与创造的"文学的空间"，从苏轼在凤翔时期创造的文学空间中，亦可探析其所思所感。

（一）"江山之助"下的诗思创新与政治风骨

刘勰在《文心雕龙·物色》中提出"江山之助"的概念，"然则屈平所以能洞监《风》《骚》之情者，抑亦江山之助乎"②，这里的"江山"可理解为自然地理环境，涵盖气候、水文、地貌、生物、自然灾害等要素。文学地理空间的构建，离不开当地的自然地理环境。气候的差异导致物候不同，二者共同塑造了丰富多样的自然地理景观，最终导致文学作品呈现地域差异的特点。凤翔四季分明的气候和山水纵横的环境拓展了苏轼诗文作品的创作题材范围、思想深度。

1. 自然美景

山川之美，古来共谈。自先秦始，记游传统一直扎根于中国文学血脉之中。作为北宋文学大家，苏轼的写景纪行之篇更是数不胜数。在出仕凤翔前，其便有记录自己出蜀途中所见所闻的《南行集》。其任职凤翔期间，更是多次或因公因私在以凤翔为中心，辐射至周边的周至、长安、扶风等关中西部地区出游，遍览佳景。有时旅地相近，其又多次旧地重游，以避免审美经验和写作内容上的同质化倾向。苏轼在相同地点的多次记游诗中别出心裁，注重形式内容的变换，有意识地消除相似、芜杂冗余的地方，与前期记游诗相比，其在艺术上成熟了很多。

如位于宝鸡东南的磻溪一地，苏轼就在嘉祐六、七、八年连续三年前往。嘉祐八年时，凤翔府久旱不雨，苏轼奉太守之命前往磻溪祷雨，此行四天作组诗五首，翔实地记录了沿途见闻感想，"深谷留风终夜响，乱山衔月半床明"③。此句

---

① 曾大兴：《文学地理学概论》，北京：商务印书馆，2017，第 3 页。
② 周振甫：《文心雕龙今译》，北京：中华书局，1986，第 412 页。
③ （清）王文诰辑注《苏轼诗集》卷四《七月二十四日，以久不雨，出祷磻溪》，孔凡礼点校，北京：中华书局，1982，第 173 页。

写景入神，由于夜间寂寥旷远的深静之感而触发了作者因公务繁忙、舟车劳顿而夜不能寐、无人自惊的孤独。其隔日所作《二十六日五更起行，至磻溪，天未明》一诗同样描写了磻溪夜景：

> 夜入磻溪如入峡，照山炬火落惊猿。山头孤月耿犹在，石上寒波晓更喧。至人旧隐白云合，神物已化遗踪蜿。安得梦随霹雳驾，马上倾倒天瓢翻。①

这里所绘的夜景与前诗有所不同，贴切运用了李郃、李靖夜遇雨神的典故，表达了对天赐甘霖的强烈愿望，无论是叙述还是描写，都剪裁有度、十分凝练，产生了极好的表达效果。

除了外在篇幅形式上的简化外，内在的表达方式也逐渐形成了自己的风格。随着游历经验的丰富、思想的成熟，诗中空泛的议论减少了，更多的是由山水自然之美而睹物兴情，最后点出自己有关现实心境的议论。同样是在此次磻溪之行的组诗中，《二十七日自阳平至斜谷宿于南山中蟠龙寺》使用大量笔墨写景纪行，最后两句抒发感慨，点到为止，将所观之物与览物之情完美结合，此类结构在苏轼后来的记游诗中也十分常见。与南行时期作品相比，幼稚粗率和刻意锻炼的痕迹已渐渐减弱，"才情奔放、曲折尽意的诗风，都已烙下个人的鲜明印记"②，豪健清雄的独特风格已逐渐显露。

即使是在同一地点写景记游，由于出游原因、季节时间、游览景事、作家心境的不同，其思想感情也不尽相同。"正是通过'应物斯感'和'缘事而发'这样的生成机制，才使文学作品具有了双重性质：既具有时间上的普遍性，又具有空间上的差异性，即地域性。"③ 总之，凤翔的锦绣河山为苏轼记游类型的文学创作提供了广阔的土壤，既在艺术结构上帮助其突破此前南行诗歌的局限，形成更为成熟稳定的风格技巧，又激发了苏轼热爱自然、关心民瘼、超然物外等思想情感和人生追求，丰富与深化了多重思想文化意蕴。

---

① （清）王文诰辑注《苏轼诗集》卷四《二十六日五更起行，至磻溪，天未明》，孔凡礼点校，北京：中华书局，1982，第 174 页。
② 王水照：《论苏轼创作的发展阶段》，《社会科学战线》1984 年第 1 期，第 260 页。
③ 曾大兴：《文学地理学概论》，北京：商务印书馆，2017，第 81 页。

2. 恶劣的自然条件

苏轼在凤翔任职时，自然灾害一直比较严重。特别是天气干旱、严重缺水，给农业生产和人民生活造成极大威胁。在当时的农业社会的历史条件下，人们靠天吃饭。能否风调雨顺，在很大程度上决定了一年收成的好坏，甚至影响到国家的稳定与治乱。苏轼作为地方官吏，关心民间疾苦，因旱情多次祷雨，留下了《祷雨磻溪祝文》（1061 年）、《凤翔太白山祈雨祝文》（1062 年）等多篇青词祝文。这一类文章自成体系，用语恳切，在内容上既记录了旱灾实况，"云布多峰，日有焚空之势；雨无破块，人怀暍虐之忧"①，又表达了对受灾百姓的同情，"民今其栗栗，朝不谋夕"②，还留下了及时降雨的美好愿望，"伏愿明灵敷感，使雨泽以旁滋；圣化荐臻，致田畴之益济"③。

关中地区把小麦作为最重要的粮食作物，每年三月正值春耕的关键生长期，嘉祐七年（1062 年）三月，凤翔境内却逢大旱，苏轼在《代宋选奏乞封太白山神状》中这样表述："臣窃以为功效至大，封爵未充。使其昔公而今侯，是为自我而左降。揆以人意，殊为不安。"④《宋实录》对此场大旱也有记载。两相比较，苏轼此文不仅与宏观史实相符，还从微观角度展现了个人遇灾时的身心不安，在内容上弥补了大历史对个体关注的不足，在题材上丰富了苏轼诗文的类型。

有关"雨"这一自然天气，中国传统不仅有着站在弥灾角度上对旱灾书写的总结——祈雨与谢雨，在情感偏好上还有明显的"喜雨"主题。嘉祐七年，苏轼在凤翔府公堂北面修葺的园亭建成，恰逢连续三日大雨，成功解除了历时已久的旱灾，于是他以"喜雨"名其亭，并写成散文《喜雨亭记》。新建亭台本不足怪，只因与人民忧患相关，"亭"的价值才非同一般。也因为作者关心民情，同情黎民，将个人的喜忧与农民的喜忧联系起来，将忧民之忧、喜民之喜作为主

---

① （明）茅维编《苏轼文集》卷六十二《祷龙水祝文》，孔凡礼点校，北京：中华书局，1986，第 1912 页。

② （明）茅维编《苏轼文集》卷六十二《凤翔醮土火星青词》，孔凡礼点校，北京：中华书局，1986，第 1903 页。

③ （明）茅维编《苏轼文集》卷六十二《祷龙水祝文》，孔凡礼点校，北京：中华书局，1986，第 1913 页。

④ （明）茅维编《苏轼文集》卷三十七《代宋选奏乞封太白山神状》，孔凡礼点校，北京：中华书局，1986，第 1061 页。

旨所归，其才会把一篇看似无趣的文章写得灵活生动。

面对旱灾，苏轼并非完全抱有愁苦郁闷的消极心态，而是显露出了乐观旷达的心态，以乐观、积极的心态面对久旱带来的负面影响。在《次韵子由种菜久旱不生》中，苏轼主动宽慰弟弟苏辙不要因为田业不兴而苦闷，在他看来，"园无雨润何须叹"①，有时下雨由天时、地利而定，并非个人力量可以控制。若是无法接受颗粒无收，还可以选择弃官退耕。虽然此种做法显得有些自由任性，但从侧面展现了苏轼的豁达。明知不可为而为之的后果很可能只是两败俱伤，还不如顺势而行，及时止损。

辩证地看待自然灾害，可以发现苏轼有关灾害的创作既有补史、存史的重要作用，又含有一定文学性的表达。此外，面对苦难，苏轼所表现出的乐观旷达、积极治世的精神也给予后人莫大的精神鼓舞。

（二）"人文之助"下的思想变迁与故乡情结

与自然地理共同构成客观存在"第一空间"的另一半是人文地理空间，其中，人文环境包括政治、军事、经济、文教、宗教、风俗和语言等要素，这些要素都能对人类的生活和思想产生重要的影响。②

1. 人文建筑

凤翔的人文建筑主要是遗迹古迹和亭台楼阁，对苏轼文学创作产生重要影响。一方面，在游历遗迹古迹和拜访亭台楼阁的过程中，苏轼对儒道佛三家思想有了更深入的体会；另一方面，在这一过程中，苏轼的人生观逐渐形成，并通过文学创作体现出来。

作为仕途起点，苏轼在凤翔展现出积极进取、勤政爱民的态度，体现了儒家的仁政理念。在《凤鸣驿记》中，苏轼借称赞凤翔太守宋选阐述了自己的治国理念。嘉祐元年，苏轼途经扶风，曾因驿馆破败而另觅住处。嘉祐六年，苏轼奉命到凤翔府任签判，偶然再次入住同一驿馆，发现驿馆已焕然一新。他询问后得知，是凤翔府太守宋选所修葺。在苏轼看来，更加值得称道的是修葺凤鸣驿舍这件事彰显出的安心治民的敬业精神，这与儒家的民本思想相契合，展现了他心系

---

① （清）王文诰辑《苏轼诗集》卷五《次韵子由种菜久旱不生》，孔凡礼点校，北京：中华书局，1982，第 191 页。

② 曾大兴：《文学地理学概论》，北京：商务印书馆，2017，第 48~63 页。

民生、胸怀天下的治国理念。

在《凌虚台记》中，不仅有一以贯之的民本思想的体现，也有佛道思想的彰显。苏轼提出万物兴废无常的哲学观点，认为一切皆在不断变化之中，凌虚台亦难逃此宿命。这一思想深受老庄及佛学影响，与庄子的"成毁合一"论相呼应。苏轼出生于道教盛行的四川，从小就受到道教的熏陶。在凤翔任职时期，兄弟二人仕途不顺，加之独特的宦游体验，他常常表达对归隐林泉的渴慕与向往，追求超凡脱俗的境界，对道家思想有诸多思考与阐发，其在《楼观》一诗中表达了对道家圣地强烈的留恋之情。此外，出川科考并赴凤翔任通判也是苏轼初涉佛学的开端，在这一阶段，苏轼对佛教有了直接的观感，颇多诗文皆涉及禅佛相关内容。

在凤翔任职期间，苏轼结识了监军王大年，其在《王大年哀辞》中记："予始未知佛法，君为言大略……予之喜佛书，盖自君发之。"① 在王大年的引领下，苏轼迈入了系统学习佛学理论的初阶段。得益于凤翔丰富的佛教文化资源和场所，苏轼在这期间常常去佛寺造访、参观游览。值得一提的是，《维摩像唐杨惠之塑在天柱寺》是苏轼第一首佛教题材的诗作。他精准地捕捉到了佛教经典的核心思想，巧妙地用佛教的语言表达自身的感想，显示出他在艺术方面的非凡天赋和对佛教教义的深刻理解和领悟。

苏轼的思想表现出积极用世与超然出世的矛盾态度，一方面，源于他早年接受的多元教育；另一方面，对于凤翔作为其仕途的起点，他面临理想与现实的冲突，如母亲去世和兄弟仕途的挫折，给他带来难以释怀的沧桑寂寥之感。在这期间，人文建筑不仅滋养了苏轼的思想，也促使青年苏轼逐渐形成自己完整的性格系统，"这一性格系统具有很强的调节、自控和制约的机制，使他对每一个生活中遇到的难题，都有自己一套的理论答案和适应办法"②。

探讨地理环境对文学创作的影响，从而发现两者之间的关系是文学地理学的主要研究目的。凤翔丰富的人文建筑使苏轼受到了巨大的启发和滋养，从而通过文学创作表达自己的思想感情，展现独特的个性特征和人生态度。

---

① （明）茅维编《苏轼文集》卷六十三《王大年哀辞》，孔凡礼点校，北京：中华书局，1986，第 1965 页。
② 王水照：《苏轼的人生思考和文化性格》，《文学遗产》1989 年第 5 期，第 96 页。

2. 地方历史文化

人文地理学将政治地理、军事地理、经济地理称为广义的人文地理，将文教地理、宗教地理和风俗地理称为狭义的人文地理。相较而言，广义的人文地理对人类的影响，远不及狭义的人文地理那样深刻和持久。①

作为周秦文化的发源地，凤翔厚实的文化土壤孕育了苏轼对历史事件的深刻思考。《凤翔八观》之一《石鼓歌》，运用博喻的手法，铺陈排比地渲染了石鼓文极高的艺术文化价值，以周、秦两代统治者的对比，批判了秦始皇的暴政，同时表达了对历史更迭和人生意义的深思。《诅楚文》亦是如此，苏轼连用十八句铺排诅书的内容，控诉楚王的荒淫无道，气势充沛，笔势奔放，发人深省。嘉祐七年（1062 年），苏轼到属县减决囚禁，途经郿县，见到了董卓所筑的郿坞，这并不是一座普通的建筑物，而深刻反映了汉末一个军阀的阴险野心。苏轼念及此事深有感慨，遂作诗《郿坞》：

> 衣中甲厚行何惧，坞里金多退足凭。毕竟英雄谁得似，脐脂自照不须灯。②

他以冷静的思索如实地记叙历史事实，看似平淡无奇，实则体现了诗人对丑恶事物的强烈憎恨。通过了解董卓的下场，苏轼批判其残暴统治，以深刻警示当权者。

对于在凤翔任官三年的苏轼来说，当地的民风民俗与他的日常活动不可避免地发生密切联系。在《和子由除日见寄》一诗中，他描述了关中地区春节之时源远流长的"驱傩"的习俗，"府卒来驱傩，矍铄惊远客。愁来岂有魔，烦为汝攘磔"③。秦地习俗认为冬月有厉鬼需驱攘。这样新奇的审美体验被纳入苏轼的文学创作中，丰富和开拓了其题材。他将历史掌故和风物人情交织，把对历史的追思与自身当下的实践经验相结合，使诗文具有丰厚的文化内涵。

---

① 曾大兴：《文学地理学概论》，北京：商务印书馆，2017，第 63 页。
② （清）王文诰辑《苏轼诗集》卷三《郿坞》，孔凡礼点校，北京：中华书局，1982，第 132～133 页。
③ （清）王文诰辑《苏轼诗集》卷三《和子由除日见寄》，孔凡礼点校，北京：中华书局，1982，第 120 页。

（三）诗文中虚拟性文学景观的空间建构

现今，文学地理学概念涵盖不同的方向，包括地理测绘法、地理批评方法、空间诗学方法等。索亚提出的人类三个阶段的空间认知认为①，"第一空间"认知涉及物质的空间，即客观存在的自然和人文地理空间，前文所分析的诗文大都包含在"第一空间"范围内。"第二空间"认知则是文学家在自己的作品中建构的、以客观存在的自然和人文地理空间为基础，同时融入了自己的想象、联想与创造，苏轼很擅长在这一空间运用虚实相生的手法进行文学景观建构。"第三空间"是源于"对第一空间、第二空间二元论的肯定性结构和启发性建构"。在此部分，我们主要聚焦"第二空间"，分析苏轼在凤翔时期的诗文中基于虚拟性地理空间对家乡的联想，对蜀中风俗的回忆。

首先指向对家乡山水的想象。《东湖》中塑造了两个不同的地理空间以进行对比，在诗中，他描绘蜀中风景"吾家蜀江上，江水清如蓝"②，苏轼初到凤翔，面对"有山秃如赭，有水浊如泔"③ 的凋敝山水，心中不免存在落差和怀念，于是，他决心改变旧面貌，借古饮凤池挖掘疏浚，种植荷花、垂柳，在湖边依地形建喜雨亭、君子亭、春风亭等，创造了北方少有的江南园林式建筑。面对千古旱原上的洞天福地，仿佛梦回家乡蜀水，"入门便清奥，恍如梦西南"④，他运用联想和想象的手法创造出故乡这一空间，即使身处他乡异地，但记忆与真情依旧存在于旧日的故乡空间之中。这种真实的"景观感知"与虚幻的"地理想象"形成错位，增添了"真实"与"梦幻"交织的空间色彩，进行了一种错综复杂的思乡表达。以想象性再现的方式书写，在不同空间、不同时间的结构模式中却有着相似的体验，使诗歌的内蕴表达更有层次感，艺术手法更加委婉成熟。

除此之外，他在凤翔的诗文中的虚拟地理景观包含家乡的节俗文化，《和子由寒食》重现了往年此节在家乡的惬意生活，其中极力塑造家乡生活的自由美好，这些回忆成为往昔"情感和思想的载体与触媒"⑤，弥漫着一种怀乡念远、

---

① E. W. Soja, *Thirdspace: Journeys to Los Angeles and Other Real and Imagined Places* (Oxford: Blackwell, 1996), p. 87.

② （清）王文诰辑《苏轼诗集》卷三《东湖》，孔凡礼点校，北京：中华书局，1982，第112页。

③ （清）王文诰辑《苏轼诗集》卷三《东湖》，孔凡礼点校，北京：中华书局，1982，第112页。

④ （清）王文诰辑《苏轼诗集》卷三《东湖》，孔凡礼点校，北京：中华书局，1982，第112页。

⑤ 曾大兴：《文学地理学概论》，北京：商务印书馆，2017，第234页。

说愁诉恨的情绪。初次远别仕宦，苏轼对家乡、亲人的思念之情远比想象之中更加浓厚，除了每逢佳节格外思念外，在平时的日常生活中，他也经常流露出浓浓的离别之苦。《岐梁唱和诗集》乃"苏轼兄弟亲自编辑的唯一一部唱和诗集"①，现今虽已失传，但兄弟情义之深仍能从中可见一斑。

"以'家园'为原点，以'异乡'为视点，由'异乡'回望、思念家乡，便是'望乡'或者说'精神望乡'。"流淌在血脉中家乡的地理景观记忆融入苏轼的心灵地图，他创建了心灵意义上的故土家园，兼具人文性和文学性，寄寓着对精神归属的追寻和认同。

四 苏轼及其创作对凤翔文化的
后世影响和人文传承

文学作品本身对地理环境有一定的反作用，通过文学接受者这个中介对地理环境产生影响。在这个过程中，人类会在地方空间活动而不断更新空间体验。陈恩维指出，这种地方感往往与一定的时间、空间及主观感受相关联，从而表征一个地方的文化特质，并形塑一个地方的文化形象。② 从苏轼《东湖》所记"有山秃如赭，有水浊如泔"③，《大清一统志》记载岐州独此水味绝甘美，可见，苏轼接引饮凤池水而盘活的东湖对当地生态环境建设起到了积极作用。为解决百姓日常的用水问题，其使东湖周边地区的自然条件大为改善，提升了凤翔府民的生活质量。明代，为纪念苏轼为凤翔府民所做出的贡献，人们在东湖北畔修建了苏文忠公祠。

东湖丰富的人文景观直接推动凤翔府旅游业发展。据《大清一统志》所记，饮凤池，即宋苏轼诗凤翔八观之一也，为郡中游览之胜。由此可见，东湖影响力之大，影响范围之广，在全省甚至全国文人墨客中都享有一定的知名度，大量游览东湖的诗文作品由此而生。浓厚的历史底蕴有利于提升凤翔的文教水平地位与

---

① 曾枣庄：《"岐梁偶有往还诗"——二苏合著〈岐梁唱和诗集〉初探》，《人文杂志》1985 年第 5 期，第 106 页。

② 陈恩维：《文学地理学视野下的明初岭南诗派研究》，上海：上海古籍出版社，2019，第 144 页。

③ （清）王文诰辑《苏轼诗集》卷三《东湖》，孔凡礼点校，北京：中华书局，1982，第 112 页。

影响力，也对当地经济文化发展具有反作用，不断推动地区全面发展。

迈克·克朗在《文化地理学》中指出："文学作品不能简单地视为是对某些地区和地点的描述，许多时候是文学作品帮助创造了这些地方。"① 正如人们所说的"文以楼成，楼以文名"，在很多情况下，某地景观的扬名是因为文学扩散产生名家效应。通过对凤翔地区文化空间的书写，打造了极具旅游价值的凤翔文学景观，成功建构了凤翔文化形象，增强了凤翔人民的文化自信，有着不可磨灭的重要意义。时至今日，苏轼在签判凤翔时所建的喜雨亭、会景亭、莲池亭，在凤翔生活过、游览过的岐山怀贤阁、宝鸡斯飞阁等地方，题过字、诗的寺庙等都流传着苏轼的故事，它们已成为当地的旅游文化名片。现今，凤翔区政府正在积极推广苏轼文化，编撰文史资料——《苏轼初仕凤翔府》，成立了宝鸡市苏轼文化研究会，不断提升"宝鸡苏轼文化"品牌影响力，从而建立一个立体丰富、充满活力的新凤翔。

（指导老师：陈才智）

---

① 〔英〕迈克·克朗：《文化地理学》（修订版），杨淑华、宋慧敏译，南京大学出版社，2005，第 40 页。

鲁迅对女师大风潮的态度转变*
——以《忽然想到》系列杂文为例

张冰然**

摘　要　充满战斗精神的鲁迅在《华盖集》中"一反常态"，与"正人君子"们进行了全面论争，语言犀利甚至可以说偏激。这一情况显然与女师大风潮这一文化、历史、政治事件紧密相连。然而，鲁迅的态度并非一元，糅杂着对许广平的关心、对流言风语的关注、对北京知识界主流话语的反抗和对青年人复杂的态度等多种考量，鲁迅经历了从沉默"离场"到积极"在场"的转变，而这一转变隐含于《忽然想到》系列杂文之中。

关键词　鲁迅；女师大风潮；现代评论派

引　言

鲁迅研究一直是中国现当代文学研究中的显学，其中对杂文的研究在鲁迅研究乃至现当代文学研究中占据重要的地位。在早期杂文集《热风》中，鲁迅的文字充满以社会改革和历史进步为旨归的理性思辨情感和激昂的主观战斗精神，是对"国民性"的自省反思和对思想启蒙的精神追问最直接尖锐的表达。但一

　*　国家级大学生创新创业训练计划支持项目"鲁迅对女师大风潮的态度转变——以《忽然想到》系列杂文为例"（项目编号：202014596011）。

**　张冰然，中国社会科学院大学文学院 2022 级硕士研究生，主要研究方向为台湾文学、现当代文学。

年之后发表的《华盖集》呈现迥异的风格姿态，文章大多数是对"现代评论派"与"正人君子"的全面攻击，语言犀利甚至可以说偏激。鲁迅在《华盖集》序言中说："整理了这一年所写的杂感，竟比收在《热风》里的整四年中所写的还要多。意见大部分还是那样，而态度却没有那么质直了，措辞也时常弯弯曲曲，议论又往往执滞在几件小事上。"① 结合当时的历史背景，我们不难获知鲁迅自称的"小事"，就是影响广泛的女师大风潮②，以及风潮中被指讲公话、谈公理的"正人君子""党同伐异"③。对于这样一个错综复杂的政治文化事件，鲁迅缘何称其为几件"小事"？在这期间，女师大风潮在鲁迅的世界中究竟扮演了怎样的角色？作为女师大国文系教员的鲁迅为何在一开始保持沉默？又为何从一开始的沉默"离场"转变为积极"在场"，并通过《忽然想到（七）》进行正面回应？

　　本文关注女师大风潮时期的鲁迅，一方面是为了重新梳理《忽然想到》系列杂文④呈现的女师大风潮，另一方面是为了呈现鲁迅在这一时期的态度转变和内心感受情况。1924 年的鲁迅对于现实总有一种抹不掉的绝望，表现出一种悲哀：他害怕遇到同类青年，担心他们陷入他的"下场"，又对灵魂堕落的青年深感无力；他希望中国的青年能大胆站起来奔走，又深知复古逆流下的个体斗争必然失败。但无论如何，他依然想要"与黑暗捣乱"，激励青年"为了光明的未来"保持"冲动"。在这两年里，杂文是鲁迅情感展露的主要方式，其短小迅捷的特点十分契合鲁迅对时局时事的关注。《忽然想到》系列杂文文如其题，大多是鲁迅瞬时迸发的思绪合集，往往带有更直接的评判，而发生在这段时间的女师大风潮恰好"戳中"了鲁迅的思绪。在对鲁迅研究愈加具体的今天，从鲁迅杂文的具体文本出发梳理鲁迅对女师大风潮的态度给予了我们另一种研究鲁迅的视角。

---

① 《华盖集·题记》，载《鲁迅全集》第三卷，北京：人民文学出版社，2005，第 3 页。
② 自 1924 年持续到 1926 年的女师大风潮最初仅仅是学生和校长的校内矛盾，但随着一些幕后势力的介入，风潮逐渐演变成法日派和英美派对教育领导权的争夺，而在五卅运动之后，女师大风潮又在革命党的参与下变成了反抗北洋政府的政治革命行为。
③ 《华盖集·题记》，载《鲁迅全集》第三卷，北京：人民文学出版社，2005，第 4 页。
④ 1923 年所能见到的作品除了没有间断的日记，便是收入《鲁迅全集》中的《关于〈小说世界〉》和《看了魏建功君的〈不敢盲从〉以后的几句声明》两篇，以及致蔡元培、许寿裳和孙伏园三位熟人的四封信。1924 年，杂文成为鲁迅在这一时期最主要的文学作品形式。

一 风潮前夕与鲁迅的漠然

辛亥革命后的北京受到革命和军阀混战的综合影响①，各派系军阀和藏于其后的帝国主义力量相互倾轧，企图争夺对北洋政府的统治权，由此自然地引发了权力中心的崩散瓦解和政府人员的频繁更迭。其影响不再局限于政治领域，而是以支配性的方式向军队、经济、教育、文化等各领域扩散。六年六换校长并且与北大关系十分深厚②的女师大犹是如此。女师大是国立北京女子师范大学③的简称，由成立于清光绪三十四年的京师女子师范学堂演变而来，是当时"全国女界教育最高学府"。1924 年 2 月 28 日，教育部批准上一任校长许寿裳辞职④，任命杨荫榆为新校长并于 3 月 6 日直接为女师大聘请组建了第一届董事会⑤，从那时起，杨荫榆与女师大的风潮便开始酝酿。

1925 年 1 月 18 日，女师大学生自治会因杨荫榆对上一学期迟到学生"失之偏颇"的处理⑥召开会议，并决定不再承认杨荫榆为校长，这拉开了"驱杨"运动的序幕，与一年前教职员"人地相宜"⑦ 的评价大相径庭。在杨荫榆担任校长的第一个月，她延迟转递《评议会致校长函》的行为已经为一年后的"驱杨"

---

① 当时中国北方主要由直系、奉系、皖系三种势力控制，1922 年爆发第一次直奉战争，1924 年爆发第二次直奉战争。

② 女师大（当时名为女高师）与北大的关系十分深厚，多名北大教员与北大毕业生在女师大授课，深受北大两派的影响。1924 年，女师大抵制部派董事会运动得到了北大教员的大力支持，在联合发布《国立北京女子高等师范学校教员宣言》的 32 名教员中，北大教员与北大毕业生占 19 人。

③ 1919 年 5 月，教育部将北京女师大扩展为北京女子高等师范学校。1924 年 5 月，北京女子高等师范学校改名为国立北京女子师范大学。

④ 据许广平《欣慰的纪念》，许寿裳由于高年级的反对而被迫辞职。许广平：《鲁迅先生与女师大事件》，载《欣慰的纪念》，北京：人民文学出版社，1981，第 31~32 页。

⑤ 成员是董事杨荫榆，部派董事、教育部司长陈宝泉，图书审定处常任审定员沈步洲，聘请董事梁启超、谈荔孙、王章祜、毛邦伟、熊朱其慧、黄沈景英。

⑥ 1924 年秋季学期，女师大文预二年级学生 3 人、哲教系学生 2 人因战事影响下的交通堵塞而无法按期返校，直到 11 月初才回校报到。接近放假，杨荫榆校长整顿校规，对这几名学生进行处理，有的被迫退学，有的继续学业。

⑦ 晚愚：《女师大风潮纪事》，载薛绥之主编《鲁迅生平史料汇编》第三辑，天津：天津人民出版社，1983，第 245 页。

运动埋下了伏笔；而 4 月杨荫榆对俄国庚子赔款的处理①更为"驱杨"运动的策划者提供了有利的时机。

　　鲁迅在女师大风潮初见端倪的这一时期是极为沉默的，这与当时的社会环境不无关系。1924 年"溥仪出宫"显露出了普通市民对皇帝的眷恋与对于民国的不认同，其潜在力量令不少文人暗自心惊。鲁迅对这一"旧鬼重来"的高潮自然是极力抗拒的。《忽然想到（一）》中鲁迅言及康有为对跪拜的主张，讽刺民国众人长了膝盖就是为了跪下，并把北京恢复杀头戏谑为对国粹的保存；《忽然想到（二）》中鲁迅借用当时文学作品"活气尽灭"的现象推及时代精神的窘促，直言当时敷衍、轻薄、草率、混沌的社会风气。鲁迅的担忧在《忽然想到（三）》中集中展现，他沉痛地说："我觉得仿佛很久没有所谓中华民国……我觉得有许多民国国民而是民国的敌人。我觉得有许多民国国民就像住在德法等国里的犹太人，他们的意中别有一个国度。我觉得许多烈士的血都被人们踏灭了，然而又不是故意的。我觉得什么都要从新做过。"② 这种重新来过其实是对民国意义的重新发现，其内涵是新一轮"思想革命"的一个出发点③，这种尚未足够清晰的意识成为鲁迅后来介入女师大风潮的一种原因。但此时鲁迅主要关注的还是国民性社会问题和初见端倪的复古趋势，慨叹革命的沉寂、成果被篡夺、国民性的难以改变，对女师大风潮没有公开发表任何言论。同一时刻的女师大学生自治会依然在积极争取驱逐杨荫榆，由于 3 月孙中山先生的逝世和政治更迭，教育部改换王九龄为教育总长，女师大风潮也因此暂时停寂。不满于事件这样不了了之的发起人之一许广平写信给鲁迅，请求鲁迅给予帮助而不要洁身远引。鲁迅回信称，"对于社会的战斗，我是并不挺身而出的，我不劝别人牺牲什么之类者就为此"④，并批评许广平过于着急。这时的女师大风潮在鲁迅看来也是"所谓旧文明"的顽疾，是已经被染缸染黑的前途悲哀的教育界状况。

　　值得思考的是，虽然鲁迅没有在《忽然想到》杂文中直接表露态度，但通

---

① 杨荫榆与评议会部分成员围绕庚子赔款的用处产生巨大的分歧，辞职教员认为赔款源于八校教员索薪，理应先发给教员（教育部拖欠教员工资久矣）；杨荫榆坚持将赔款用作学校日常运行经费，并绕过评议会召开特别会议讨论赔款的使用情况。

② 《忽然想到（四）》，载《鲁迅全集》第三卷，北京：人民文学出版社，2005，第 17 页。

③ 程凯：《革命的张力》，北京：北京大学出版社，2014，第 93 页。

④ 《两地书》第一集，载《鲁迅全集》第十一卷，北京：人民文学出版社，2005，第 16 页。

过其与友人的通信，我们知道鲁迅认为女师大风潮是根深蒂固的旧事，也想着"施行袭击令其动摇"①。但实际上他表现得异常沉默，尤其是鲁迅与杨荫榆之间的关系可以说是较为疏远的。1924 年 8 月 12 日，自陕西归京的鲁迅清理积存信件时收到女师大的聘书，因不满杨荫榆治校期间的举措，鲁迅于 13 日寄还女师大聘书，宣布辞职。哪怕 9 月 14 日上午杨荫榆和胡人哲一同登门拜访鲁迅，鲁迅还是婉言谢绝了杨荫榆的聘书②。但 10 月 3 日鲁迅在日记中写道"往女师大授课"③，在 10 月 10 日写道"寄女师注册课信"④。我们不由得疑惑这期间究竟发生了什么，鲁迅为什么会改变想法？查阅鲁迅在 9 月 14 日之后的日记，我们发现鲁迅并没有亲自去女师大，也未与女师大有直接联系，所以可以推断存在一个"中间者"对鲁迅与女师大之间的矛盾进行调停。日记中记录的这期间与鲁迅有交往的并且与女师大风潮有关的人仅有胡人哲、陆秀贞、吕云章、马裕藻四人。刘润涛认为，曾代表国文系出席女师大教务会议的马裕藻以朋友身份登门拜访周氏兄弟并请求二人留任，鲁迅经过考虑之后在 24 日写给李秉中的信中表示同意授课。⑤

但若仅仅是朋友的挽留不至于让鲁迅对厌恶的人情时局失语，那么究竟是因为什么鲁迅才一直保持沉默呢？许广平在 1925 年 3 月 26 日写给鲁迅的信中提到"我以为对于校长主张去留的人，俱不免各有其复杂的背景"⑥，事实也的确如此。英美派和法日派之间的矛盾在王九龄事件之后日趋白热化，女师大风潮背后也可见两派的影子。1924 年 1 月 21 日，女师大学生自治会向代理教育总长马叙伦提出更换校长的要求，马叙伦在两次派遣部员调查之后表示拒绝更换校长⑦。2 月 28 日，周作人在女师大学生的请求下致电马叙伦，表示，只要换掉校长，风潮就会平息，马叙伦则答复说，"校长可以撤换，但学生不能指定后任为谁，

---

① 《两地书》第一集，载《鲁迅全集》第十一卷，北京：人民文学出版社，2005，第 32 页。
② 俞芳：《跟杨荫榆之流的斗争》，载薛绥之主编《鲁迅生平史料汇编》第三辑，天津：天津人民出版社，1983，第 239 页。
③ 《十月三日》，载《鲁迅全集》第十五卷，北京：人民文学出版社，2005，第 531 页。
④ 《十月十日》，载《鲁迅全集》第十五卷，北京：人民文学出版社，2005，第 532 页。
⑤ 刘润涛：《女师大风潮前夜的"某籍某系"》，《鲁迅研究月刊》2017 年第 1 期。
⑥ 许广平：《两地书》第一集，载《鲁迅全集》第十一卷，北京：人民文学出版社，2005，第 27 页。
⑦ 《女师大校长不易人》，《晨报》1925 年 1 月 21 日，第 6 版。

如一定要易培基①，便难以办到"②。这在顾颉刚的日记中也得到了证实，顾颉刚
认为，这是以李石曾为首的法日派抢夺教育界的一种手段，说："他专抢北京的
各专科学校，抢的方法就是把原来的校长骂倒，或利用学生要求'改大'，而后
他介绍新校长给政府，这个学校就成了他的了。"③ 所以，女师大风潮背后不仅
涉及教育权力的归属，还涉及政治权力的归属。当时的社会舆论对此也有所感
知，认为女师大易长与"驱杨"运动"是有人利用"。说到这里，不得不谈到前
文中挽留鲁迅的马裕藻。1925 年 2 月 1 日，第二次"驱杨"宣言提到"杨
氏……故特忌才，对于博学宿儒，如夏元瓛马裕藻郑奠等先生，则以异己排斥
之……故夏马等不屑与之伍，多相继引去"④。这起码说明马裕藻与杨荫榆的关
系存在裂缝，那么马裕藻为什么会邀请鲁迅返校授课呢？他又是站在什么立场进
行劝诫的呢？笔者认为马裕藻的挽留一定不是替杨荫榆说情，而是为了拉拢鲁迅
加入"驱杨"组织⑤。从鲁迅写给李秉中的回信中我们可以看到，鲁迅是了解英
美派与留日派的部分争斗的⑥。但这一争斗和鲁迅本人并没有直接的关系，他对
此事的发展也持悲观态度，再加上"五四运动"进入退潮期所带来的打击、与

---

① 易培基是女师大风潮中极为重要的人，在 1925 年 12 月 31 日成为教育总长，在 1926 年兼任女
　师大校长。陆建德在《母亲、女校长、问罪学——关于杨荫榆事件的再思考》(《中国现代文
　学研究丛刊》2014 年第 8 期) 一文中称，易培基和鲁迅达成一定共识，在风潮后期从幕后走
　向台前，夺取胜利果实。
② 周作人：《知堂回想录》，石家庄：河北教育出版社，2002，第 503 页。
③ 顾颉刚：《顾颉刚自述》，载高增德、丁东编《世纪学人自述（第一卷）》，北京：北京十月
　文艺出版社，2000，第 28 页。原文为"他不抢北大，因为知道'英美派'人多，他抢到手也
　是麻烦；他专抢北京的各专科学校，抢的方法就是把原来的校长骂倒，或利用学生要求'改
　大'，而后他介绍新校长给政府，这个学校就成了他的了。最明显的一个例，就是他利用鲁
　迅、周作人在报上攻击女师大校长杨荫榆，而后他介绍易培基为该校校长。现《鲁迅全集》
　具在，请大家看看，杨荫榆有何种不可恕的劣迹？李石曾这人很会拨弄人，使人在不知不觉
　间给他用了。如鲁迅、周作人，我相信他们决不会帮李氏抢地盘，只因他们会写文章，李
　氏就叫人激他们，使他们自己觉得发于正义感而攻击杨荫榆了"。
④ 薛绥之主编《鲁迅生平史料汇编》第三辑，天津：天津人民出版社，1983，第 279 页。
⑤ 1924 年，马裕藻等四位教授密谋"倒杨"。参见陆建德《马裕藻、沈尹默 1920 年代和教育界
　的势位之争》，《现代中文学刊》2019 年第 4 期。
⑥ 鲁迅说，"我现在也难料结果如何，但好在这并非生死问题的事，何妨随随便便，暂且听其自
　然"，这说明他对此时的局面是了解的，只是对结果表现出悲观。

周作人决裂、疾病缠身带来的苦闷①、时刻目睹教育界的纷纭混乱，此时的鲁迅对"驱杨"运动的态度是消极的。所以虽然鲁迅对此时来信求助的许广平表示赞赏，但认为自己无拳无勇便婉拒了许广平的请求，保持沉默。这一情况在1925 年 5 月 10 日发生变化。

二　风潮兴起与鲁迅态度的转变

5 月 10 日，鲁迅一反沉默姿态第一次就女师大风潮发表公开议论，也就是《忽然想到（七）》。这短短一个月之内究竟发生了什么？

4 月 14 日，章士钊以司法总长之职兼任教育总长，下令整饬学风。随后在章士钊视察女师大时，许广平等自治会成员与教务长薛燮元发生冲突②。但直到此时，鲁迅还是劝诫许广平不要"性急"，要"锲而不舍"进行"质直"的反抗。他在这一时间段公开发表的《忽然想到（五）》《忽然想到（六）》还是对封建传统复古势力"帮同保古"进行指责。进入 5 月后，事件极速转折。5 月5 日，女师大召开五七国耻纪念会，学生与杨荫榆之间发生正面冲突③。此事让杨荫榆下定决心整治学风，平息学潮，当日下午，杨荫榆在西安饭店召开评议会，决定开除许广平等 6 名自治会学生④。9 日，杨荫榆方张贴通告称自治会 6名学生"不守本分""滋事犯规""败坏学风"，同时发放《致全体学生启》解释开除学生乃不得已之策。这一举动激起了学生极大的反感与愤慨，学生自治会

---

① 鲁迅博物馆、鲁迅研究室编《鲁迅年谱（增订本）》第二卷（北京：人民文学出版社，2000）记载"（1923 年）七月十九日，收周作人的决裂信""十月一日，生病发热……本月二日、三日、四日、六日、八日、十一日、十五日、十七日日记均有往医院看病的记载"。

② 《薛培元致女师大同学信》，参见北京师范大学中文系编《文学论文集及鲁迅珍藏有关北师大史料》，北京：北京师范大学出版社，1981，第 373 页。原文为："薛见学生在墙壁张贴了很多驱逐杨荫榆的标语，赶紧撕下，学生即在教务处门口张贴'薛先生你真没人格，当杨荫榆的走狗，还想当我们的教务处长么快滚蛋吧'。"

③ 女师大学生自治会在《诘责评议会函》《杨荫榆最近摧残女师大学生之手段》《女师大学生自治会反杨通启》等文章中称：学生拒不承认杨荫榆为校长，派学生自治会请杨荫榆离开，但杨荫榆大怒，大叫警察入校；而杨荫榆则称"学生群集守门，拦阻校长到会，并在会场喧噪，扰乱秩序，侮辱师长"。具体情况我们无从得知，但笔者根据杨荫榆之前对"驱杨"运动的反应，认为学生是存在过分行为的。

④ 《致全体学生保证人函》，参见北京师范大学中文系编《文学论文集及鲁迅珍藏有关北师大史料》，北京：北京师范大学出版社，1981，第 378 页。

随即发表《反杨通启》并向北洋政府临时执政段祺瑞提出罢免章士钊的要求，6 名被开除学生拒绝离校。10 日，杨荫榆又致学生家长信函，学生认为这是对学生的夹击。同日下午，鲁迅得到消息，当即写作《忽然想到（七）》，极力讽刺杨荫榆用权势压迫学生，将师生变成婆媳。11 日，学生自治会召开全体紧急会议，封锁部分教室并出版《驱杨运动特刊》。12 日，学生自治会召开师生联合会议①，鲁迅拟定呈教育总长文，以全体学生的名义要求改换校长，可除预科和文科之外，其他系学生并不全然支持。即便如此，章士钊已于 12 日向教育部递交辞呈，教育部以此为理由拒绝了女师大学生自治会的请求。13 日，鲁迅写作《忽然想到（八）》讽刺章士钊的辞职行径。18 日，鲁迅写信对许广平说"教员之类该有一番宣言，说明事件的真相"②。21 日，杨荫榆在太平湖饭店召开紧急会议，但因众人分歧较大，该会议无果。同日，学生召集教员召开会议，鲁迅亦应邀出席并作《"碰壁"之后》一文。27 日，由于不满"竟没有站出来说话的人"，鲁迅连同沈尹默、钱玄同、马裕藻等 7 名教员联合发表《对于北京女子师范大学风潮宣言》，声援女师大学生，至此女师大风潮进入下一个高潮时期。

鲁迅缘何如此？与许广平的私人情谊是无法避开的重要因素。3 月至 5 月 7 日，两人之间的通信至少有 20 封。3 月 11 日，许广平写了寄给鲁迅的第一封信，将自己定位成一个"好发言的小学生"③，恳求得到鲁迅的真切指引。4 月 10 日，许广平自称"小鬼"；4 月 12 日，许广平首次登门拜访鲁迅④。此时他们已经通信多封，话题早已不局限于学潮本身而增添了很多生活上的探询与思想上的困顿，交谈也日渐随意真实。在这个过程中，他们察觉出彼此的相似，感情有了一丝微妙的转换。5 月，许广平已经极为自然地劝诫鲁迅要少吸烟，两人在生活上的距离逐渐缩小。学潮进入第一个高潮时，许广平看到 27 日的宣言直接询

---

① 参加师生联席会议的教职员只有 20 余人，不少是以马裕藻为首的"某籍某系"成员，这些人基本上是太炎门生、浙江籍、北大国文系、日本留学出身，他们的关系密切。

② 《两地书》第二集，载《鲁迅全集》第十一卷，北京：人民文学出版社，2005，第 76 页。

③ 许广平：《两地书》第一集，载《鲁迅全集》第十一卷，北京：人民文学出版社，2005，第 11 页。

④ 鲁迅博物馆、鲁迅研究室编《鲁迅年谱（增订本）》第二卷，北京：人民文学出版社，2000，第 192 页。

问鲁迅"这句话是为对小鬼而说的吗?"①，鲁迅直接作答"确是为对小鬼而说的"②。所以，我们很难否认鲁迅最初参与女师大学潮时没有受到许广平的影响。此外，对流言的关注或许是鲁迅另一种考量。早在 3 月 21 日第 15 期《现代评论》便以"一个女读者"之名刊载了《女师大的学潮》，重申了陈西滢《北京的学潮》③ 一文的观点并且认为"这次风潮的产生和发展，校内校外尚别有人在那里指使"④。鲁迅对这种语言的暗箭极为敏感，片言之间的谈话都会让他"眠食俱废"，装疯无赖的行为尤其让他恶心，更何况这种近乎直白的暗示？鲁迅对许广平说"我看那行文造语，总疑心是男人做的"⑤，依鲁迅的性格，他必是仔细读过这篇文章并在心中留下痕迹的。

除却私情与流言，鲁迅对女师大风潮中显露出的旧道德十分反感。在《忽然想到（七）》中，鲁迅开篇即将杨荫榆方比作"凶兽样的羊"和"羊样的凶兽"，对他们欺凌学生的行为提出批判。可他的笔触没有停在此处，而是荡开一笔写到五四之后和中国女人的被压制，这也是鲁迅思考的基底：虽然有"同情弱者"⑥ 的意味，但鲁迅认为学生的被压迫同晚清社会民众的被压迫在本质上是一致的。并且鲁迅虽然声援学生，但是也对"学生成为大群，袭击他们的敌人"⑦ 表示了警惕和思考。这也就是说，鲁迅此时依旧将女师大风潮纳入他的国民性批判整体之中，杨荫榆的"婆婆"行为无疑倒行逆施。这在他于 21 日发表的《"碰壁"之后》中也有十分明显的体现⑧。

---

① 许广平：《两地书》第二集，载《鲁迅全集》第十一卷，北京：人民文学出版社，2005，第 78 页。
② 许广平：《两地书》第二集，载《鲁迅全集》第十一卷，北京：人民文学出版社，2005，第 80 页。
③ 1925 年 2 月 7 日，陈西滢在《现代评论》第 9 期"时事短评"栏目发表《北京的学潮》，指责学生运动，称"我们觉得那宣中所举的校长的劣迹大都不值一提……我们实在为'全国女界的最高学府'的学生不取"。
④ 《女师大的学潮》，《现代评论》第 15 期，1925 年 3 月 21 日。
⑤ 《两地书》第一集，载《鲁迅全集》第十一卷，北京：人民文学出版社，2005，第 31 页。
⑥ 1924 年世界语专门学校爆发学潮时，有政客提出以"凡加入党派的学生一律不予接收"的意见以防止风潮再起，这遭到鲁迅的反对。参见孙瑛《鲁迅在教育部》，天津：天津人民出版社，1979。
⑦ 《忽然想到（七）》，载《鲁迅全集》第三卷，北京：人民文学出版社，2005，第 63 页。
⑧ 5 月 20 日，鲁迅看了诸如《致全体主任、专任教员、评议会会员函》等文章后，认为杨荫榆"曹子勃谿相向"是其利用职权对学生进行压迫的直接体现，甚至称杨荫榆所推行的是"寡妇主义"。

　　这背后其实还蕴含着鲁迅对当时北京知识界主流话语的反抗。1925年，鲁迅写信对友人徐炳昶说新文化运动带来的新规范的稳固反而使新文化运动中的革命色彩走向衰落，鲁迅认为当时的知识界试图用学理、公理替代五四时期进攻型的政治发言方式①，他们"搬入艺术之宫""踱进研究室"，用合理化过的新的文化再次束缚思想。基于这样的考量，鲁迅对徐炳昶的邀请——联合北京各新文化团体再次创建类似《新青年》的刊物，不以为意。鲁迅认为与其将一些本质已然不同的社团联合起来相互迁就，不如各自为战从而保证斗争的相对稳定性，于是鲁迅对《莽原》、狂飙社等青年力量投入大量的精力。这种与主流相反的观点也体现在他对于后五四时期学生运动的看法上。知识界普遍保守观望，甚至否定学生运动的革命性与积极性，认为当时的学生运动是"全无政治价值""借助政治运动的形式或名义达到私人利益"②的投机行为。这种言论在一定程度上是合理的，确实有一部分学生追着"革命"乱跑，成为老舍笔下莫谈学事又不学无术的大学生。这可以理解，一部分个体在经历了太多无谓的牺牲之后选择沉默。但视野放到整个社会，当"沉默观望"成为一种集体无意识行为，所谓的"革命"又是在革谁的命呢？诸如"不贵热闹""注重有秩序的组织"这样的言论或许不错，但在当时的中国社会，这种导向无疑向已经微弱的革命火光再浇了一盆冷水，他们的保守与观望已经不自觉地变成了古旧社会的帮凶。鲁迅并不会因为当时学生运动的弊端而彻底否认学生运动发展的可能性，他甚至认为当时的青年过于驯良③。鲁迅以五四新青年的标准来对照此时的青年，发现青年受到行为的限制、思想的规训而过于"驯良"，而造成这种"驯良"的不仅有所谓的旧势力，还有已经合理化了的新文化。即使1925年鲁迅自身也陷入巨大的精神困顿，他还是敏锐地察觉到这一情况，发现"许多烈士的血都被人们踏灭了"④，最终还是声明了自己的态度。

　　谈及此处，自然要提及鲁迅对青年人失望糅杂期待的复杂情感。鲁迅十分关爱青年人，早在1907年他就提出生存两间，其"首在立人"，立人的主要对象就是青年。鲁迅认可五四运动中青年人的作用，毕竟五四运动不仅仅是对新思潮

---

①　程凯：《革命的张力》，北京：北京大学出版社，2014，第99页。

②　周鲠生：《青年学生的政治运动》，《现代评论》第21期，1925年5月9日。

③　《华盖集·后记》，载《鲁迅全集》第三卷，北京：人民文学出版社，2005，第190页。

④　《忽然想到（三）》，载《鲁迅全集》第三卷，北京：人民文学出版社，2005，第16页。

的倡导，更重要的是中年知识分子成功地在青年学生中找到了同盟者①。此时的鲁迅对青年充满期待，希望青年成为新文化的点火者，让青年鼓舞群众，为群众注入深沉的勇气。可以说，这一时期的鲁迅真诚地爱护青年，对青年有极高的"进化论"式期待。但在20世纪20年代中期，青年日趋保守的现象就已经受到老一辈知识分子的关注②。这种知识青年的日渐"灰色"、日趋"驯良"无疑令鲁迅感到忧虑。正如上文所说，鲁迅决定站出来激励青年人发声，用有限的个人力量激发更多生力军的力量，但实际情况并不像五四时期那般动人。虽然他知道后五四时期部分学生盲目混沌，学生运动渗入不少私心③，许广平也曾称"寒假时确不敢说开始的人们并非别有用意……就是现在，也不敢说她们决非别有用意……"④，但他还是葆有对青年学生的期待。对于5月21日的会议，鲁迅故意推迟半小时到会，却发现到场的只有一名校役和两位教员。虽然最终有十几名学生到达，但青年人发言时皆在诉苦，没有半点有价值的答复，这不免让他陷入虚无与无助，对"说话的竟很少"⑤的青年人表示失望。鲁迅真切地希望中国的青年能够站出来毫无忌惮地进行批评，真诚地为有斗志进行反抗的热血青年感到欣慰。但或许他在这一时期所见到的各种学生百态给他留下了某种阴影，1926年，鲁迅对青年的态度发生了质的转变——从为青年宁愿去死变为不再为青年留有颜面。但起码此时，鲁迅对青年还有期望：在去往广州之前对青年许诺"我们一定会有光明的未来"，而这也是鲁迅对是否就女师大风潮发言持犹疑态度的原因。

---

① 舒衡哲（美国汉学家，英文名为 Vera Schwarcz）在《中国的启蒙运动——知识分子与五四遗产》中说，五四启蒙时期，师长一辈很难在同代人中找到支持者，便将目光投向了青年学生，甚至产生了"青年崇拜"。〔美〕维拉·施瓦友：《中国的启蒙运动——知识分子与五四遗产》，李国英等译，太原：山西人民出版社，1989。

② 1924年，周作人在《读〈京华碧血录〉》中写道，"我又有时觉得现代青年们似乎比我们更多有传统的精神，更是完全的中国人"。我们可以推知这一时期的年轻人的容忍度好像很高，对很多复古行为全然不在意，有时甚至表示同情和理解。

③ "轰校长，赶教员，许多学校的风潮，是与爱国运动绝对无关的……即在没有风潮的学校，我们也很少听见学生与教员商讨研究一个什么问题，发表一个什么著作，我们所常见的却是要求少看参考书，要求免除考试与要求考试指定范围……"参见陈衡哲、任鸿隽《一个改良大学教育的提议》，《现代评论》第39期，1925年9月5日。

④ 许广平：《两地书》第二集，载《鲁迅全集》第十一卷，北京：人民文学出版社，2005，第96页。

⑤ 《华盖集·题记》，载《鲁迅全集》第三卷，北京：人民文学出版社，2005，第4页。

　　虽然此时的鲁迅对女师大风潮的态度由漠然转为参与，但他对女师大风潮的关注仍未超出一般时事的范围，认为这是和东南大学类似的中国旧社会故态重萌之事。直到5月29日陈西滢发表于《闲话》的《粉刷茅厕》将此事带入一个新的维度，鲁迅由此被卷入一场长达半年之久的笔战。虽然鲁迅认为陈西滢"装作局外人的样子，真会玩把戏"①，并通过《并非闲话》《我的"籍"和"系"》进行回应，但在此时鲁迅的眼中，这仅仅是他与陈西滢之间的争论。陈西滢是现代评论派的关键人物，但此时陈西滢的文章代表的主要是陈西滢个人的想法，现代评论派其他成员尚未大规模参与此事，所谓两派笔战还未打响。对于女师大风潮而言，它的性质在此时也没有改变，鲁迅在《忽然想到（十）》和《忽然想到（十一）》中就没有再对学潮进行回应，而是转向关注更具有社会影响力的五卅惨案。

结　语

　　从这一时期鲁迅的杂文和信件中可以看出，鲁迅对女师大风潮的态度转变明显。在《忽然想到》系列杂文跨越的时间范围内，他的态度从漠然无视明显转变为积极参与。但由于最后一篇文章，即《忽然想到（十一）》，写于6月18日，此时女师大风潮尚未达到最高潮，我们对这一系列杂文的分析也只能截至这一时间。所以，虽然这一事件背后有国共两党的谋划斗争②、英美派和法日派关于"公理"的争论，但在这一时间节点上，所有暗流谋划都还没有浮出女师大事件的水面，此时鲁迅对这一事件的关注仅仅是出于对国民性的批判。

　　可以说，五卅运动的突然爆发令女师大风潮各方无论是主动的还是被动的都获得了一个喘息调整的机会。但7月末，章士钊复任与整顿学风的行为和杨荫榆

---

① 许广平：《两地书》第二集，载《鲁迅全集》第十一卷，北京：人民文学出版社，2005，第80页。
② 《刘亚雄同志谈女师大风潮》中提到，"五卅运动以前，女师大学生中只有两三个党员，如李桂兰、李友兰。五卅运动以后，党派夏之栩同志来女师大了解情况，交朋友，做工作。经过女师大学生运动的考验，于1925年底又发展了一批新党员"，载薛绥之主编《鲁迅生平史料汇编》第三辑，天津：天津人民出版社，1983，第230页。

取消学生自治会的请求而让女师大风潮更加激烈。8月1日，女师大爆发"武装斗争"①；次日，中共领导下的全国学联总会向全国多所学校发表志愿支援声明；8月6日，杨荫榆即申请辞职。但女师大风潮并没有因此停止，"反章运动"拉开了序幕，学潮带上了政潮的色彩。8月7日，以鲁迅为中心的女师大校务维持会成立，呼吁各界驱逐章士钊。17日，章士钊改女师大为女子大学，而被驱逐的女师大学生前往宗帽胡同另组女师大，鲁迅欣然来到宗帽胡同教书。11月30日，鲁迅护送女师大学生返回原校舍。但稳定的局面并没有持续很久，12月14日，女子大学邀请现代评论派成立公理维持会，并指责女师大学生暴力占校。12月23日，北洋政府下令恢复女师大。1926年2月，易培基出任女师大校长，女师大风潮至此基本落幕。

女师大风潮在后期展现出极大的复杂性，"这种最初基于文化理念与派系冲突的分化，最终因为对20世纪20年代新式政党与新式革命的不同态度而转变为革命与反革命之争"②。但在1925年6月，这一切才刚刚开始。

---

① 李四光《观剧的经验》和学生对此事的陈述有明显的差别，究竟是否爆发武装斗争，我认为是存疑的。

② 崔云伟：《2011—2015：鲁迅研究述评》，北京：中国社会科学出版社，2017，第77页。

布尔迪厄理论视角下安妮·埃尔诺作品中"阶级变节者"的出现与困境

马晓萱　胡子萌　杨绪炜　郑淇壬　凌欣然[*]

摘　要　法国作家安妮·埃尔诺获得了 2022 年诺贝尔文学奖。安妮·埃尔诺在其作品《一个男人的位置》《一个女人的故事》《羞耻》《一个女孩的记忆》中讲述了自己成长过程中的家庭故事，通过描写父母对"我"的影响以及"我"与父母之间的隔阂，揭示了"阶级变节者"精神上难寻归属的尴尬处境。本文从布尔迪厄理论视角出发，探索安妮·埃尔诺作品中"阶级变节者"在阶级与社会分化的影响下，逐渐脱离原有阶层，在精神与文化上与"上层阶级"靠拢的过程和"阶级变节者"羞耻感的产生来源。

关键词　布尔迪厄；安妮·埃尔诺；阶级跨越；羞耻感

一　"阶级变节者"的时代背景及安妮·埃尔诺的创作

安妮·埃尔诺是法国当代女作家，也是法国首位获得诺贝尔文学奖的女性作家。

---

* 马晓萱，中国社会科学院大学外国语学院 2020 级本科生；胡子萌，中国社会科学院大学外国语学院 2020 级本科生；杨绪炜，中国社会科学院大学社会与民族学院 2020 级本科生；郑淇壬，中国社会科学院大学社会与民族学院 2022 级本科生；凌欣然，中国社会科学院大学社会与民族学院 2022 级本科生。

她的作品虽然多书写个人或家人的人生经历，但使用一种中性的写作手法，其被认为书写了一代法国人的集体记忆。瑞典文学院表彰她以勇气和医学般的精确，挖掘个人记忆的根源、隔阂和集体约束。① 因此，探寻安妮·埃尔诺写作的内涵，有必要先对其所处的社会历史背景、个人经历和她所接受的理论进行剖析。

（一）战后法国经济和社会状况

安妮·埃尔诺的青少年时期是以战后法国经济快速复苏为大背景的。安妮·埃尔诺出生于 1940 年，其时法国处于第二次世界大战的硝烟之中，工业生产停滞，交通瘫痪，人民生活动荡，通货膨胀严重，国民经济处于瘫痪状态。二战结束后，在种种有利因素的推动下，工农业和交通运输业现代化发展迅速，科技实力显著增强，战后法国经济得到迅速恢复，到 1948 年，工业生产已恢复到 1938 年的水平，人均实际收入持续增加。1945～1975 年被称为法国经济的"黄金三十年"。这个时间段恰好涵盖了安妮·埃尔诺的整个求学历程。

然而，虽然战后法国人的总体生活水平提高了，但这并不意味着各阶层人民生活等幅改善。民众对生活的改善是否有实感，不仅在于实际收入的增减，还取决于不同社会阶层之间的横向对比。随着上层资产阶级财富加速积累，处于社会中下层的人们没有办法跟上步伐，阶级鸿沟于是越来越凸显，阶层不平衡问题日益成为影响法国人生活幸福感的重要因素。

20 世纪 50 年代后，随着经济的繁荣，越来越多的人意识到高选择性的不平等的教育体制已经无法满足经济社会发展的需要，由此掀起了教育民主化的思潮，大众化的普及教育日益成为时代潮流。20 世纪 50～80 年代是法国教育改革的重要时期。随着政府对教育的重视，贝尔敦改革、富歇改革、阿比改革及一系列其他措施的施行，法国教育打破了学校的壁垒，基本实现了机会均等，完成了由双轨制到统一的教育体系的转变。此外，政府对教育经费的资助不断增加，有利于如安妮·埃尔诺这样的平民子女获得更好的教育。

（二）安妮·埃尔诺其人其作品

安妮·埃尔诺的幼年在战争的逃亡中度过，其时她父亲的营生是向难民售卖

---

① "Annie Ernaux Facts," The Nobel Prize, https://www.nobelprize.org/prizes/literature/2022/ernaux/facts/.

物资。战后，国家安定下来，破败的社会经济逐渐复苏。其父母恢复了咖啡杂货店的生意，一家人过上了物质较为充足的生活。

1974 年，安妮·埃尔诺出版了自传体小说《空衣橱》（ _Les Armoires Vides_ ），这是她写作生涯的开端。《空衣橱》饱含情感的写作风格被称为"宣泄式写作"（écriture cathartique）①。1982 年是安妮·埃尔诺写作生涯的转折点。她开始采用一种更为冷酷、真实、极简主义的写作风格，并更加专注自己在伊夫托度过的童年、父母的经历等自传性质的材料。其中便有关于剖析其父母社会地位的上升的《一个男人的位置》（ _La Place_ ）、讲述母亲的一生的《一个女人的故事》（ _Une femme_ ）以及回顾自己少女时期在性关系中遭受背叛和耻辱的《一个女孩的记忆》（ _Mémoire de fille_ ）。2008 年，她出版了小说《悠悠岁月》（ _Les Années_ ），在这本书中，她采用"无人称自传"（une autobiographie impersonnelle）的写作笔触，以照片为线索，记录了 1941 年至 2006 年 60 年代的变迁，从个人视角道出了一代法国人的集体记忆。2022 年，安妮·埃尔诺凭借《悠悠岁月》获得诺贝尔文学奖。

（三）"区隔"理论的影响和"阶级变节者"的自我定位

安妮·埃尔诺写作风格的形成在很大程度上受到社会学理论的影响，尤其是布尔迪厄的相关思想。

其在之后几年出版的《区分》更是对埃尔诺指引颇深。不论是因"我"受教育程度的加深而引发的亲子关系的疏远，还是对诸多生活细节和习性描写，在埃尔诺作品中，我们都可以轻易窥见布尔迪厄的烙印。我们甚至可以说，是布尔迪厄的理论促成了安妮·埃尔诺的写作风格从小说走向"社会自传"（auto-socio-biographie），令她开始冷静地采用一种"平淡写作"（écriture plate）的方式，并专注人生轨迹（trajectoire）这个写作对象。这与布尔迪厄"把最客观的分析用来为最主观的东西服务"的理念相契合，是用个人历史在映照阶级或集体历史。2002 年，布尔迪厄去世后，安妮·埃尔诺在《世界报》撰文悼念布尔迪厄，她将布尔迪厄给她带来的冲击同波伏娃的《第二性》相提并论，并称布尔

---

① Annie Ernaux, "Se mettre en' gage pour dire le monde," Volume édité par Thomas Hunkeler et Marc-Henry Soulet, MétisPresses, Genèvre, 2012.

迪厄给她造成了一次"强烈的本体论冲击"（un choc ontologique violent）①。虽然部分法国学者认为安妮·埃尔诺的自我客观化写作并不完全符合布尔迪厄的方法论，但是布尔迪厄深刻地影响了安妮·埃尔诺的写作，这一点是毋庸置疑的。

布尔迪厄比安妮·埃尔诺年长 10 岁，二人都经历了战后法国的经济飞速发展、阶级差距扩大的历史时期，都出身低微却通过学习获得了更高的社会地位，也拥有"阶级叛逃"的经历。无独有偶，年轻一代的法国作家爱德华·路易斯也凭借"阶级变节"的迷茫心理书写方法获得法国人的共鸣，成为畅销书作家。由此可见，安妮·埃尔诺的"耻辱"心理书写方法绝不仅仅涉及个人情结，而是发出了整整一代遭受"象征性暴力"的社会群体之声。

二 矛盾与隔阂——与原有家庭的疏离

受布尔迪厄的思想启蒙，埃尔诺在写作三部曲尤其是描述构成家庭这个场域的核心个人——父亲、母亲的形象及对父母关系进行回顾时，体现出"我"随着年龄的增长和经济、社会、文化资本的持有增加，与父母在家庭场域中竞争关系和相对位置的不断变化。也正是旧有家庭与新的阶层身份导致的关系倒置，使埃尔诺在直视"父母"形象时怀有一种明显的矛盾心理，这在她的写作中表现了出来。

（一）父亲：自尊与自卑的矛盾交织

埃尔诺笔下的迷茫来自诸多方面，亲人的逝去是其中的重要一环。父母的离世不仅破坏了个体原有的社会支持网络，也使个体经历一种身份的迷失，需要重新定义自己的身份来寻回一种本体安全性。埃尔诺以平静的口吻描写父亲的死亡：

> 父亲的头向前耷拉着，布满老年斑的胸膛赤裸着。我有生以来第一次看到了父亲的生殖器。母亲赶忙用衬衫的衣角遮上，并且不好意思地略带微笑

---

① Annie Ernaux, "Bourdieu, le chagrin," https：//www.lemonde.fr/archives/article/2002/02/05/bourdieu-le-chagrin-par-annie-ernaux_261466_1819218.html.

说:"快把自己那玩意儿藏起来吧,我可怜的人儿。"①

父亲死后的社会身份迅速被从尸体上剥离开,成为一个无意义的肉体,生殖器的袒露刺破了这一真相。她希望以父亲为主题,借助文字记住他的生活,也借助文字再次定义她与父亲之间的未被阶级距离掩盖的真实生活。

埃尔诺的父亲出生于一个农民家庭。一战期间,"通过军团,他进入了这个世界"②,获得了跨越农民阶层的体验与出路,成为一名工人。他与妻子在婚后开起了杂货店,但一直没有脱离工人的工作,实质上处于一种半工人半商人的相对社会地位的提升阶段,这成为父亲社会地位不稳定的根源。受家庭环境的影响和社会文化的渲染,身份与社会地位格外重要。半工人半商人的复杂情况使父亲在社会上被边缘化了;在父亲受伤后,由于失去劳动能力与经济资本,他在家中自然被边缘化了。这样的边缘化使父亲强烈地感到自卑,反弹出更为强烈的维护自尊的需要。

在"我"的成长阶段中,父亲扮演的角色发生了转变,相对位置也出现变化。在"我"年幼时,父亲与"我"一同玩耍、兜风。而随着"我"长大,接触的知识增多,"我"和父亲在文化资本上的积累差异逐渐明显了起来。与此同时,母亲是一个更彻底的商人,她比父亲更早、更自觉地做出转变,读书甚至带着"我"去看艺术展等。

在家中与妻子和女儿形成的对比反差与父亲本身未能转变的阶级惯习共同使他对自己在文化资本的缺失上更为在意和耿耿于怀。而在"我"持续在学校读书并得到奖学金时,父亲"既不担心,也不高兴,只是容忍地看着我过着这种难以理解的、不真实的生活"③。对于父亲来说,他既尊重"我"的选择,也对"我"通过读书实现的阶层跃升隐隐地骄傲,但又怀有一种担忧。一方面,他不希望让人觉得"我"的不同代表了这个家庭有不属于本阶层的地位和财力;另

---

① 〔法〕安妮·埃尔诺:《一个男人的位置》,郭玉梅译,上海:上海人民出版社,2022,第7页。

② 〔法〕安妮·埃尔诺:《一个男人的位置》,郭玉梅译,上海:上海人民出版社,2022,第18页。

③ 〔法〕安妮·埃尔诺:《一个男人的位置》,郭玉梅译,上海:上海人民出版社,2022,第60页。

一方面，他极力容忍与融入"我"与他们不同的生活模式。"有一天，父亲骄傲地瞧着我说：'我从来没让你感到羞耻'。"① 父亲感受到了"我"由于读书和职业选择，甚至是婚姻带来的交际圈乃至自身的阶层跃迁。他因培养出了如此成功的女儿而感到与有荣焉，却由于自己的身份地位、因自卑带来的极强自尊心理对上层阶级的一切生活怀着敬意，努力地掩盖自身的不符。对他来说，这样的努力起到了满足自尊心的作用，也因此骄傲地认为自己本身没有由于惯习给女儿带来原生阶级的耻辱感。

> 看到我整天学习，他很恼火，把我闷闷不乐的表情和坏脾气都归咎于书……但我喜欢拼命学习，在他看来是成问题的，在花季年龄，却没有丰富多彩的生活。他甚至有时认为我很不幸。②

"我"从原生家庭及阶层中剥离出来的过程，是在一种环境中越来越格格不入与在另一种环境中暗自疑惑、小心翼翼、不断融入……到最后，随着"我"的家庭的组建与双亲的亡故，"我"与童年生活的世界以及那个阶层完全断了联系。此种剥离不仅仅是物理距离上的剥离，更是生活习惯、品位爱好、观念等价值观上的转变。"我"最终实现了阶级跨越，从谋生的、被统治的工薪阶层进入有文化教养的、统治他人的小资阶层，但这一过程中的不适应以及最后的背叛感是如此真实而又沉重。这对久居于底层的父亲与徘徊在两个阶层之间的"我"而言都是痛苦的。

（二）母亲：女性体验的共享与差异

在布尔迪厄的惯习、场域和资本分析之外，"我"与母亲之间的母女关系、母亲的形象和她独特的成长历程都赋予母亲与时代相结合的女性主义意味，也契合女性主义浪潮对母女关系的讨论。

埃尔诺的母亲也是农村出身，母亲家中儿女较多，外祖父去世时间早，于是

---

① 〔法〕安妮·埃尔诺：《一个男人的位置》，郭玉梅译，上海：上海人民出版社，2022，第61页。
② 〔法〕安妮·埃尔诺：《一个男人的位置》，郭玉梅译，上海：上海人民出版社，2022，第52页。

外祖母成为家中的顶梁柱，以一个女性的坚韧与能力支撑起了整个家庭。在埃尔诺笔下，外祖母的勤俭持家、脾气暴躁是家族式的遗传，而在她这里，她只作为一个"档案记录者"保留而非承袭了这一特点。母亲的成长环境对她本身也有很大的影响。从农民变成女工的母亲，实现了自己的地位提升，她能干而又小心翼翼地维持在社会规范下的形象，有着超出女性规范的能力，又服从她所处的环境里对女性的规训。

> 我母亲的青年时代可以这样概括：她在努力，尽量避免命运会给她带来的不幸，尤其是贫穷，可能还有酗酒。她要尽量避免一个女工身上常出现的放纵行为，如：吸烟，或者衣冠不整就上街，晚上到大街上东游西逛，她知道那样就不会有"严肃好小伙子"娶她了。①

但她始终没有放弃自己的梦想，在婚后开起了杂货店，变成了她梦寐以求的"老板娘"——尽管经济情况没有因此得到非常显著的改善，但确实让她成为原生家庭中较为成功的一位。她以极大的善良和热诚帮助她曾经身处的群体——工人们，并因为自己能够提供这种帮助得到极大的满足感。同时，为了向她所认为的"商人"所处阶级的文化品位靠拢，母亲有意识地进行学习、读书等活动，努力积累文化资本，在这一点上，父亲与之形成了对比。从农村家庭出身的民众、女工到商人，母亲是那个时代下的女性的缩影，又是坚持与发展个人能力的相对成功的例子。

> 他们中数我的母亲最粗暴自信，她的那种处于社会下层的反抗意识最强烈，拒绝别人以家庭出身对她进行评判……她就是在这里练就了她的个性：一副老板娘的面孔、她的爱好以及她为人处世的方式，而且她一直将这种性格和个性保持了多年不变。②

---

① 〔法〕安妮·埃尔诺：《一个女人的故事（全新修订版）》，郭玉梅译，上海：上海人民出版社，2022，第17页。

② 〔法〕安妮·埃尔诺：《一个女人的故事（全新修订版）》，郭玉梅译，上海：上海人民出版社，2022，第17~21页。

　　这是就母亲的人生而言的，当我们将她放到母女关系里看时，在埃尔诺的眼中呈现的并不是一个如此美好的故事。母亲的商人面貌在母女关系里呈现另一种样子。接待顾客耗尽了母亲所有的耐心，她面对家庭和孩子时更多只有暴怒的一面。在"我"小时候，仍然对母亲抱着完全的纯粹的爱，母亲作为家庭中主动积累文化资源的一方，也更符合我的成长需求，相比父亲占据更重要的位置。但随着年龄增长，母亲的宗教热诚和父权规范逐渐转移到"我"的身上，而"我"出于青春期的反叛和承袭她的努力、反抗与上进与此产生矛盾。更为严峻的是，"我"接受更多的教育，逐渐展露出与母亲原生甚至是她试图扮演和靠近的阶层形象更不相符、更为高级的取向后，这种来自阶级的实践差异加剧了母女矛盾。虽然母亲试图修复母女关系，但"我"难以与实质上自己的原生家庭、原生阶级和解。"无论在任何场合，我们都以争吵的语气和对方说话""在某些时刻，她把在她面前的女儿看作一个阶级敌人""我当时最大的愿望就是离开这个家"①。

　　但是，在矛盾背后，母女之间由于血缘或养育带来的难以言说的亲情无法斩断。即使年迈的母亲要搬来与"我"同住打破了母女之间因距离产生的平衡，重新让"我"感到恐惧与不适，就像青春期时"我"想要逃离一样无法忍受和母亲共处在一个空间中，母亲的去世仍然给"我"带来沉重的打击。母女关系的复杂在于她们共享类似的生命体验，然而，在新的时代下成长起来的女儿奔赴母亲甚至也无法想象的未来时，母亲一方面尽己所能地托举了女儿，另一方面以自己的经验掣肘了女儿，而女儿就在这种矛盾下无法自处。她无法分辨这是出于纯粹的爱，还是这种爱里有两个个体间的嫉妒。她要逃脱母亲为父权规范的"代言"，而这种反抗却似乎直接反抗了母亲本人。在母女关系里，爱与伤害总是相伴存在，作为女性主义的子命题，这样的思考贯穿埃尔诺对母亲的描写中。

　　安妮·埃尔诺投身写作的20世纪70年代，也是法国女性解放运动如火如荼发展的年代。近代工业和社会经济的发展推动人们的思想观念演变和进步，也使女性主义话语在西方思想史上成为一个引人关注的现象。在男女并不平等的背景之下，女性长期扮演男性的附属角色，被社会赋予"家内劳动"的"天职"，只

---

① 〔法〕安妮·埃尔诺：《一个女人的故事（全新修订版）》，郭玉梅译，上海：上海人民出版社，2022，第39~40页。

能在有限的社会生活空间内活动。即使法国大革命进一步推动了自由平等事业发展，但妇女仍然不被视为被认可的、完整的"人"，无法享有完整的自由权利。女性主义的兴起是对现存社会结构中性别不平等的挑战和抗议，旨在争取妇女的权利、平等和自主。女性主义运动在近现代社会中取得了一系列重要的胜利和变革，例如，妇女的选举权的扩大、教育机会的增加、工作场所的平等待遇等。

尽管女性主义运动取得了一定程度的成功，但性别不平等问题仍然存在，并且男权观念持续产生影响。这种影响在社会中的不同领域和层面都可以观察到，包括但不限于职场歧视、性别角色刻板印象、家庭责任分配的不公平等。这些问题挑战社会的公正和平等原则，需要继续努力来解决。长久以来，女性被局限于家庭的再生产领域之中，被排除在"人之外"的领域，对家庭劳动的贬低减损了女性家务劳动与情感劳动的真实价值，并进一步加剧了女性的他者化地位。对于宏大历史下的渺小个体的描写实际上是通过文字为个体赋权，而书写女性的独特生命经验在客观上增加了女性话语的可见性。正如埃尔诺所言："现在，我书写我的母亲，就像该轮到我重新让母亲降生一样。"①

三　不完全的文化脱离与融入

除父母带给埃尔诺的影响外，文化差异和身份认同、文化资本的获得也会引起个体与原有阶层之间的疏离。当埃尔诺通过教育、学习和经验获得更多的文化资本时，她可以接触所谓"更高级的"价值观、兴趣和行为方式，各种行为模式之间的碰撞可能为其带来认同上的隔阂。

（一）学校：弥补文化资本的场所

尽管布尔迪厄强调教育系统强化了统治阶级的分类系统，批评扩大教育机会以缩小社会不平等的公共政策，但不可否认的是，部分下层阶级学生和中产阶级学生依然依赖学校教育以获得更多的文化资本。学校教育弥补了他们家庭中原有的匮乏的文化资本，为他们的下一代的发展积累了更多的机会。

---

① 〔法〕安妮·埃尔诺：《一个女人的故事（全新修订版）》，郭玉梅译，上海：上海人民出版社，2022，第24页。

二战后，社会经济的发展和科技革命需要更多的高素质人才，推动法国进行教育民主化改革，打破了法国长期以来僵化的社会流动机制。在这样的社会大背景下，埃尔诺成为少数幸运的阶级跃升者之一。

在父母的成长过程中，周围的人并不期望孩子在文化方面取得很大的成就。他们顺从了社会为下层阶级提供有限的求学机会这一压迫，忽视了其中的不平等。父亲的学习经历体现了文化资本的传承过程。他虽然喜欢学习但早早辍学，由于需要帮家里干农活而时常缺课，在看似自由的选择中被剥夺了自由选择的权利。而父亲常读的书中的内容教育孩子适时满足和回归家庭的重要性，其在缺乏上升途径的情况下合理化了父亲的选择。

父亲喜欢读的那本书叫《两个孩子的法兰西之旅》。书里的某些句子让人看了感到很奇怪，如："要懂得永远满足于自己的命运。""世间最美好的事莫过于对穷人的施舍。""一个团结友爱的家庭胜过任何财富。""拥有财富最幸福之处，就是它能帮助他人减轻痛苦。"关于贫穷孩子的崇高品质是这样建议的："积极的人从不浪费一分一秒，到了一天结束的时候，他发现每一个小时都有所收获。相反，一个漫不经心的人总是找借口推脱工作，他整日贪吃贪睡，闲聊，一天下来什么也没干。日复一日，年复一年就这样碌碌无为，到了年老的时候，他仍然待在原点。"[1]

相比之下，出身于工人阶级的"我"享有更多的求学机会，社会逐渐开始崇尚文化资本，尽管父母的受教育程度都非常低，但对上层阶级的流行文化仍报以仰慕的态度。人们在介绍祖父的时候，比起其生活方式与性格，"总是先要强调一下'他大字不识'，好像如果不知道这个首要的事实，就无法理解他的生活以及他的性格"[2]。而母亲对于"文明"存在一种异文化般的幻想与向往，陷入通过符号构建而成的"文明幻梦"里：

---

① 〔法〕安妮·埃尔诺：《一个男人的位置》，郭玉梅译，上海：上海人民出版社，2022，第15~16页。

② 〔法〕安妮·埃尔诺：《一个男人的位置》，郭玉梅译，上海：上海人民出版社，2022，第12~13页。

　　她渴望学习那些礼仪规则（她总是怕自己不懂，不知该如何去做），记一些新潮时髦的东西，比如……刚搬上银幕的电影名字（但她没有空去看电影）……她总是非常用心地听别人说那些她不懂的事……想在别人面前显示一下她多么虚心学习。在她看来，要提高自己的身份，就首先得学习。她常说："要武装自己的头脑"，只有知识才是最美的。书是她唯一细心对待的物品，每次她都是先洗手再去拿书。①

　　政策的扶持、父母的鼓励以及个人的努力使"我"能够成为为数不多的实现阶级跨越的工人阶级知识分子。父亲的钱包中一直珍藏着"我"被师范学校录取的简报，这是"我"通过读书积累下的文化资本的具象化表现和凭证，"我"因此得以享有更丰厚的社会和经济资源，过上不同于父母的小资产阶级生活。

（二）难以磨灭的下层阶级印记

　　布尔迪厄认为，社会再生产有两种方式，一是经济资本的再生产，即基于私有财产在家庭内部传递权利的直接再生产；二是文化资本的再生产，即以教育制度为中介，通过学习进行的特权承继。个人在进入学校之前，已经通过社会和家庭取得了一定的文化资本。由于经济资本量的不同，个体之间早期获取的文化资本量存在差异。然而，学校教育制度要求学生入学前具有一定的家庭赋予的文化能力，如语言能力等，这隐性地加剧了以经济为基础的不平等现象。"通过允许世代相袭的文化差异塑造学术成就与职业获取，教育实际上有助于不平等的社会系统的维持"②，来自上层阶级的学生，往往能够更多地积累教育系统所推崇的文化技能和审美能力，从而在学业上取得更高的成就。工人阶级的孩子同样可以通过努力在学校取得文化资本，弥补原先的文化资本缺失，但他们的文化风格常常会暴露他们的出身。因此，尽管在学业和事业上有所成就，作为来自下层阶级的知识分子，安妮·埃尔诺还是多次在作品中写到向别人揭示她的出身给她带来

---

① 〔法〕安妮·埃尔诺：《一个女人的故事（全新修订版）》，郭玉梅译，上海：上海人民出版社，2022，第33页。
② 〔美〕戴维·斯沃茨：《文化与权力：布尔迪厄的社会学》，陶东风译，上海：上海世纪出版集团，2012，第219页。

的耻辱。

> 我在波尔多的一所豪华女中当实习老师，怯生生地给三年级的学生讲了一堂课，是关于《墓中回忆录》的，她们不听。下课之后，与学监单独谈话时，我哭着说："老师，我胜任不了，这对我来说高不可攀。"我差点加上下面这句（但也可能加了）："因为我出身低微。"从学校出来后，我的羞耻感少了一点，但怒气冲冲，与其说是因为讲课失败了，不如说是因为向一个陌生人透露了我认为自己出身低等，在本质上低等。①

作为一种身体化了的文化资本，个体的审美品位与语言能力是个人的经济和社会环境留下的烙印。安妮·埃尔诺在《一个男人的位置》、《一个女人的故事》和《羞耻》中着重叙述了这些难以磨灭的印记给年轻时的"我"带来的困扰，以及由此产生的与原有家庭割裂的想法。

> 习性因而是一种深层的结构性的文化母体（deep-structuring cultural matrix），它根据不同的阶级机会产生自我实现的语言能力……表明阶级的结构劣势如何能够被内化为相对持久的倾向，这种倾向则能够通过社会化而在代际传递并产生自我挫败的行为（self-defeating action）②。

布尔迪厄将趣味分为三类：合法趣味、中产阶级趣味和民众趣味。不同于特权阶层在文化活动上的自信和自由，以及中产阶级的觊觎和自我证明，民众阶层较为被动地、作为被剥削者加入象征斗争中，表现出对必然性的顺从，"倾向于一种实用的和功能主义的'审美'，拒绝形式训练和一切种类的为艺术而艺术的无动机和无价值"③。

在布尔迪厄理论的启发下，安妮·埃尔诺意识到自己在阶级跨越过程中产生

---

① 〔法〕安妮·埃尔诺：《身体的证据》，刘晖译，《世界文学》2023 年第 2 期，第 52~55 页。
② 〔美〕戴维·斯沃茨：《文化与权力：布尔迪厄的社会学》，陶东风译，上海：上海世纪出版集团，2012，第 121 页。
③ 〔法〕皮埃尔·布尔迪厄：《区分：判断力的社会批判》，刘晖译，北京：商务印书馆，2015，第 599 页。

的"耻辱感"和与各个阶层都格格不入的迷茫感是可以在社会阶层区分中寻找答案的。因此，在她的作品中，安妮·埃尔诺以客观冷静的笔触忠实地描绘了自己所观察到的民众阶层内部及各阶层间的文化斗争，展示各阶层尤其是民众阶层的文化心理。

在女性主义思潮的影响与阶层上升的渠道打开后，埃尔诺得以经历与母亲截然不同的人生。在母亲的时代，消费主义与社会对女性的规训相冲撞，使当时的女性生活在双重的困境中："在那样一座小镇，人们社会生活的本质和乐趣就是尽可能多地知道别人的隐私，对女孩子的行为无时无刻不在进行监督。所以，女孩子们无一不被夹在'享受青春'的欲望和'被人指责'的困扰之间。"① 在战争时代，母亲暂时释放了被压抑的欲望，享受着迟来的青春，这激发了女儿对母亲的向往。但在女儿的成长过程中，由于社会主流认为，对于年轻女性而言，穿着时尚意味着故意招蜂引蝶，容易引来社会的指责。从功利角度考虑，母亲不可避免地抱有对性的污名化态度，而这一态度也使处于青春期的女儿对母亲失望乃至怨恨："她并不喜欢让我长大。我脱衣服时，她看到我日趋成熟的身体很反感。可能她认为我的乳房和臀部的发育都是一个不安定的因素，意味着我会去追求男孩子，进而荒废学业。她希望我永远做小孩子……有时，我甚至会想，如果她死掉对我也没什么影响。"② 在女儿结婚之后，母亲一方面为女儿步入上层阶级而兴奋，另一方面将文化资本的社会区隔规则内化，在潜意识中仍认为女儿无法摆脱底层阶级所带来的羞耻："她的那种耻辱感一直缠绕着她，她觉得我也摆脱不掉……就在几年前，提到我的婆婆时，她还说：'一看就知道她跟我们的出身不一样。'"③

在"我"看来，父亲的谈话方式和审美趣味都是其无知的表现。"我"在与上层阶级人士打交道时，接触到的是与"我"的家庭完全不同的一种从容、冷静的文化氛围，这一特征带来的优越感和他人区别对待的态度，让"我"感到下层阶级的生活方式是"令人难堪"的。

---

① 〔法〕安妮·埃尔诺：《一个女人的故事（全新修订版）》，郭玉梅译，上海：上海人民出版社，2022，第17页。
② 〔法〕安妮·埃尔诺：《一个女人的故事（全新修订版）》，郭玉梅译，上海：上海人民出版社，2022，第36页。
③ 〔法〕安妮·埃尔诺：《一个女人的故事（全新修订版）》，郭玉梅译，上海：上海人民出版社，2022，第42~43页。

几个星期以后，父亲还对那顿用"喂猪的土豆"做成的饭愤愤不平。不过这只是一种毫无意义的牢骚罢了，也许就是在那里，我开始懂得所有这一切不公正的待遇，被人瞧不起皆因为我们不属于那个"点菜"吃得优雅的顾客群体。①

父亲为了不回到工人行列中，精打细算、小心翼翼地经营杂货店，其经济资本、社会经历和现实需要不足以支撑他像女儿那样表现出自然的小资产阶级作风。他排斥按女儿的要求改变，与拥有资产阶级趣味和正在实现阶层上升的女儿保持一定距离，同时却为自己表现出来的下层阶级的特征而感到难堪，自尊受挫。"我"在婚后与丈夫住在一幢"资产阶级大房子里"，欣赏着古典音乐，喝着威士忌，讨论的是文学和政治事件，这些"优雅"的生活方式让父母害怕，他们害怕这种客气的态度后隐藏的是对他们的轻蔑。品位本没有高低贵贱之分，但品位之上承载的是人为制造的审美标准和区隔，这令下层阶级人民处在了文化场域的被动地位，使其只能向内审视自己，自觉品位和审美都低人一等。

社会提升……带来了阶级斗争，阶级斗争是文化的核心，它定要对过去的人和他的语言、身体、爱好以及与这个人相连的一切，如起源（genre）、出身、父亲、同辈，有时甚至是母语，产生羞愧、恐惧甚至怨恨，他被一条比所有的禁忌都要绝对的界线与这一切分开了。②

安妮·埃尔诺曾表示，自己写作是为了复仇（J'écrirai pour venger ma race），即揭露社会阶层对她及其父母那一阶级人民的规训，揭露强压在被统治阶级身上的权威和规范，尽力除去本不必要的"羞耻感"。对内质疑、对上崇拜，无疑加深了社会各阶层之间的鸿沟。这种"羞耻感"覆盖了下层阶级人民生活的方方面面，如同一道精神枷锁束缚住了他们的手脚。

---

① 〔法〕安妮·埃尔诺：《羞耻》，郭玉梅译，上海：上海人民出版社，2023，第 117 页。
② 〔法〕皮埃尔·布尔迪厄：《区分：判断力的社会批判》，刘晖译，北京：商务印书馆，2015，第 393 页。

四　结语

在 2022 年诺贝尔文学奖的获奖理由中，瑞典文学院写道："安妮·埃尔诺以勇气和临床医生般的敏锐揭示了个人记忆的根源、隔阂和集体约束，从不同角度审视在性别、语言和阶层方面存在巨大差异的生活。"三部小说主要叙述了来自底层的"我"通过教育得以进入上层阶级，在成长过程中与父母既亲近又疏离的情感。正如埃尔诺在《一个男人的位置》中所言：

> 我想，"有一天我必须解释清楚这一切"。我的意思是说：我要以我的父亲为主题，书写他的生活，书写我青春期时与他之间的距离。虽然这种距离是一种阶级距离，但它又是极其特殊的，不可言说的，就像爱的分离。①

社会学的理论拓宽了安妮·埃尔诺的创作疆域，她不再追求进行纯文学的写作，而是致力于创作一种"介于文学、社会学和历史学之间的什么东西"②，"希望通过对于一些被认为是配不上文学的东西进行同样的写作，来打破文学和社会的等级制度。例如超市、快速地铁，或者其他更崇高的东西如记忆机制和时间感知等，并将它们联系起来"③。

随着经济发展和教育普及，"阶级变节者"（transfuge de classe）的群体规模必将越来越大。他们游离在固有阶层之外，在心理上丧失归属感。如何在阶级跨越后寻求心理的平衡，以及外部政策又能怎样帮助消解这些矛盾，仍然是值得探讨的议题。

（指导老师：陈晓琳）

---

① 〔法〕安妮·埃尔诺：《一个男人的位置》，郭玉梅译，上海：上海人民出版社，2022，第 11 页。

② 〔法〕安妮·埃尔诺：《一个女人的故事（全新修订版）》，郭玉梅译，上海：上海人民出版社，2022，第65页。

③ Annie Ernaux, *L'Écriture comme un couteau, entretiens avec Frédéric-Yves Jeannet* （Paris：Stock，2003），pp. 80–81.

试论《福》对《鲁滨孙漂流记》和《罗克珊娜》的改写

黄雅丽*

摘 要 《福》是库切的第五部小说,被认为是对 18 世纪英国文学经典《鲁滨孙漂流记》和《罗克珊娜》的改写。库切通过对经典文本的后现代改写,表达了对被边缘化群体的关注与同情,以及对历史真实性的反思。本文将从鲁滨孙的形象颠覆、星期五的个性化重塑、苏珊的女性视角引入这三个方面分析《福》对《鲁滨孙漂流记》《罗克珊娜》的改写。

关键词 改写;《福》;《鲁滨孙漂流记》;《罗克珊娜》

《福》(*Foe*)是澳大利亚籍南非作家库切(J. M. Coetzee)的第五部小说,同时也是他备受欢迎与争议的作品之一。小说讲述了女主人公苏珊·巴顿的一次海外旅程。在寻找被绑架的女儿的过程中,苏珊意外流落荒岛,并遇到了鲁滨孙和星期五。在苏珊的讲述中,鲁滨孙不再是笛福笔下那个开拓进取、能够代表未来与文明的形象,而变得碌碌无为、虚度光阴;野人星期五从一个边缘人物逐渐拥有了自己的思想与文化。在获救回到英国后,苏珊希望作家福能将自己的故事写成小说。然而,为了增添小说的戏剧性冲突,福不顾苏珊对真实性的要求,擅自篡改了苏珊的故事。在女性视角的引入下,库切表达了对边缘化群体的关注与同情,以及对于历史真实性的反思。评论界一致认为《福》是对经典文学的一次成功的后现代改写。

---

* 黄雅丽,中国社会科学院大学外国语学院博士研究生,主要研究方向为东欧文学与文学翻译。

本文在整合前人研究的基础上，将结合改写理论与实践，对小说《福》进行细致的文本分析与互文性阅读，从鲁滨孙、星期五、苏珊三位主人公入手，探讨其对《鲁滨孙漂流记》《罗克珊娜》的改写。

一　改写的兴起与演变

改写实践虽然在20世纪六七十年代才成为后现代文学创作的新宠和理论研究的热门话题，其历史却可以追溯到古希腊悲剧时代。例如，埃斯库罗斯（Aeschylus）的剧作《被缚的普罗米修斯》（*Prometheus Bound*）就是对希腊神话的一种改写，将普罗米修斯塑造成为众生受尽苦难的英雄形象；在以俄狄浦斯为素材创作的《俄狄浦斯王》（*Oedipus the King*）中，索福克勒斯（Sophocles）通过增添对俄狄浦斯弑父娶母后忒拜灾难频频的描写，强调了灾难主题。到了文艺复兴时期，莎士比亚的很多剧作是依据不同源文本进行的再创作，最著名的就是依据丹麦王子复仇的传说改写的《哈姆雷特》（*Hamlet*）。有意思的是，后人又以莎士比亚的剧作为文本不断地进行改写，例如，1681年，爱尔兰作家泰特（Nahum Tate）对《李尔王》（*King Lear*）进行改写，其作品《李尔王史记》（*The History of King Lear*: *A Tragedy*）赋予了李尔王成功复位、考狄利娅与爱德加终成眷属的喜剧结局，颠覆了原作的悲剧内核①。随着时代的发展以及科学技术的快速更新，改写的实践与形式越来越多元化。除了戏剧领域外，改写还活跃在影视、网络、主题公园、电子游戏中，成为人们文化艺术生活的重要组成部分。

回顾西方改写实践的漫长历史可以发现，它虽然如此普遍存在且具有顽强的生命力和创造力，但在20世纪90年代前，无论学界还是理论界，改写一词仍背负着衍生、边缘、劣等负面印记②。之前对改写的研究大多建立在对莎士比亚剧作的研究上，如批评家鲁比·科恩（Ruby Cohn）认为，改写涵盖一切从莎士比亚的剧作祖脉中繁衍而生的支族，是一种族谱的“衍生”③；戏剧批评家查尔斯·马洛维奇（Charles Marowitz）在评价莎士比亚的剧作及其相关改写作品时指

---

① 陈红薇：《西方文论关键词：改写理论》，《外国文学》2016年第5期，第60页。
② 陈红薇：《西方文论关键词：改写理论》，《外国文学》2016年第5期，第61页。
③ 转引自陈红薇《改写》，北京：外语教学与研究出版社，2021，第62页。

出，莎士比亚是一个艺术的"精子库"，从中可以繁衍出无数属于当下的后代。①
"支族"与"后代"等表达说明在此阶段的评论家仍在强调改写作为衍生文学的
本质，并未将其视作一种独立的创作实践。

随着后现代主义思潮的兴起，西方学者开始对起源文本相对于改写文本的主
导地位质疑，改写理论开始呈现独立的文类特征。琳达·哈钦（Linda
Hutcheon）、朱莉·桑德斯（Julie Sanders）等后现代理论家开始从互文性意义的
发生过程角度探讨原著与改写本，试图证明改写本与起源本一样，具有同等的合
法地位，甚至属于一种"再写性创作"。在文学经典的改写方面，一些后殖民作
家通过添加、改造人物形象，给予文本中那些失语、边缘的人物发声的机会，表
达对经典文本的质疑。例如，琼·里斯（Jean Rhys）的《藻海无边》（*Wide
Sargasso Sea*）从后殖民女性角度对西方经典著作《简·爱》（*Jane Eyre*）进行改
写，从崭新的角度描写了幽禁在桑菲尔德庄园阁楼上的疯女人伯莎的悲惨故事。
最突出的例子莫过于库切的《福》，其是对原有英国文学经典《鲁滨孙漂流记》
《罗克珊娜》的改写。本文接下来将从鲁滨孙的形象颠覆、星期五的个性化重
塑、苏珊的女性视角引入三个方面来解析《福》。首先，《鲁滨孙漂流记》中的
男性主人公鲁滨孙不再是《福》中的叙事者，形象发生了很大的改变；其次，
星期五不再作为鲁滨孙的"附庸"形象出现，而拥有了能代表自我的思想与文
化；最后，《福》引入了女性叙述者苏珊的声音，质疑鲁滨孙荒岛神话的真实
性，展示女性争夺话语权的过程。值得注意的是，苏珊不是库切的全新创造，而
与笛福的另一本小说《罗克珊娜》有着一定的关联。通过对三部作品的互文性
阅读，读者能够发现库切对黑人及女性等边缘化群体的关注，以及对于历史真实
性的反思。

二 《福》对鲁滨孙的形象颠覆

笛福的《鲁滨孙漂流记》写于 1719 年，描述了同名主人公在遇到海难后通
过利用工具和驯化野人开拓荒岛，最终成功获救的经历。小说的情节引人入胜，
语言通俗易懂，鲁滨孙作为征服者、创造者的人物形象更是深入人心。库切对此

---

① 转引自陈红薇《改写》，北京：外语教学与研究出版社，2021，第 67 页。

评价道："鲁滨孙带着鹦鹉和雨伞，成了西方集体意识中的一个人物，但他超越了盛赞自己冒险经历的书本，这本书版本很多，外文译本无数，模仿、改编之作亦不在少数，简直成了鲁滨孙产业。"①

库切的《福》在内容上与《鲁滨孙漂流记》有着明显的互文，但对主人公鲁滨孙·克鲁索一角进行了大胆的改写。在命名方面，库切使用的是"Cruso"而不是笛福版本的"Crusoe"。二者发音相同，但有一个字母存在区别。② 通过二者在生活各个方面的比照，可以看出，《福》中的克鲁索是一个不思进取、苟且偷生的懒汉，与原来的形象大不相同。在生活配置方面，鲁滨孙为自己建造了两座住宅、专门储存食物的谷仓、酒窖和饲养动物的篱笆园，制作了配套的桌椅。他还从落难的船只上收集了大量弹药与武器，将它们妥善管理：

> 假如有人看到我的山洞，一定会以为是一个军火库，里面枪支弹药应有尽有，一应物品，安置得井然有序，取用方便。我看到样样东西都放得井井有条，而且收藏丰富，心里感到无限的宽慰。③

比起鲁滨孙的"豪华入住"，克鲁索的居住环境就要简陋多了：

> 山丘顶中央的平坦处有一堆房子一般高的石头。在两块石头中间，克鲁索用杆子和芦苇搭盖了一个茅草屋……在茅草屋内，克鲁索有一张狭窄的床，这就是他仅有的家具。④

为了使生活更加便利，鲁滨孙屡屡从落难船只上搜寻可用的工具，给自己制作了衣物、伞、油灯、器皿等生活必需品。而克鲁索只去过一次沉船点，仅仅拿

---

① 〔南非〕J. M. 库切：《异乡人的国度：文学评论集》，汪洪章译，杭州：浙江文艺出版社，2010，第25页。

② 库切为何做此改动，评论界说法不一。学者张德明认为，字母 e 的缺失是在代指主人公的情感（emotion）缺失、生命活力（energy）缺失与人格魅力（enchantment）缺失。学者刘林认为，e 应该解释为同情（empathy），删去这个字母意味着同情的缺失。为了便于区分两个版本的鲁滨孙·克鲁索，笔者将原作主人公称为鲁滨孙，将《福》的主人公称为克鲁索。

③ 〔英〕丹尼尔·笛福：《鲁滨孙漂流记》，郭建中译，南京：译林出版社，2010，第62页。

④ 〔南非〕J. M. 库切：《福》，王敬慧译，北京：人民文学出版社，2019，第5页。

回了刀子，并把工具视为"异教的侵略"①。对于苏珊建议制作蜡烛一事，他答道："学会在黑暗中摸索，和宰杀一头鲸鱼并从它的身上取出油脂做蜡烛相比，你认为哪样更容易？"②

同样是流落荒岛，鲁滨孙花费大量时间与心血改造住宅，开拓更多的土地，将一切安排得井井有条。即便身处的环境条件恶劣，其也要保持现代文明人的"精致做派"。而克鲁索只是维持最基本的生存需求，简单地搭屋御寒，得过且过。鲁滨孙积极寻求改善生活质量，是一个主动的创造者；克鲁索更倾向于调整自身去顺应环境，是一个被动的适应者。

在生活态度方面，鲁滨孙渴望与人交流，从未放弃过获救的希望。他尝试造船逃离，与星期五沟通，还通过在石头上刻字来标记时间，并且坚持每天写日记，聊以自慰。每每遭遇挫折，他就把阅读《圣经》作为"精神疗法"，虔心向上帝祈祷，坚信宗教能够引领自己走出困境。学者王敬慧指出，鲁滨孙在到达小岛的同时，也将西方帝国的秩序带到了这个边远小岛。③记录时间，写作，阅读，鲁滨孙仍然保留着文明世界的生活方式，并且通过教化野人星期五说英语、信奉上帝，进一步强调西方文明的统治性与优越性。在宗教力量的帮助下，鲁滨孙还能以感激、乐观的心态面对荒岛生活的种种挑战。

而在库切的笔下，克鲁索似乎已经失去了离开小岛的欲望，"一心想做这个小岛的国王并在此终老一生"④。他没有写日记或是记录时间，也不祈祷，只是一味地给一块梯田除草、清理石子。面对苏珊的质疑与不解，他漫不经心地答道，"我会留下我的梯田和墙，这些就足够了，而且绰绰有余"⑤。面对一成不变的流浪生活，克鲁索早已丧失了进取心，只是依靠本能苟且偷生。他没有开拓土地、改天换地的理想，更像是一个动物，荒岛不过是他占山为王的领地。

库切对角色的结局也进行了改写。原作的鲁滨孙最终成功获救，还积累了大量财富，拥有"五千英镑现款，而且在巴西还有一份产业，每年有一千磅以上

① 〔南非〕J.M.库切：《福》，王敬慧译，北京：人民文学出版社，2019，第26页。
② 〔南非〕J.M.库切：《福》，王敬慧译，北京：人民文学出版社，2019，第21页。
③ 详见王敬慧《永远的流散者：库切评传》，北京：北京大学出版社，2010，第138页。
④ 〔南非〕J.M.库切：《福》，王敬慧译，北京：人民文学出版社，2019，第9页。
⑤ 〔南非〕J.M.库切：《福》，王敬慧译，北京：人民文学出版社，2019，第14页。

的收入，就像在英国的田产一样可靠"①。对此结局，学者黄梅评论，鲁滨孙在外冒险多年，必须取得可观的财富回报，才能完成"他那个时代的英雄人物的创业历程"。② 在《福》中，克鲁索直接死在了返回英格兰的船只上。鲁滨孙书写个人荒岛神话的前提是要活下来，才能把自己的传奇经历讲述给他人，但克鲁索的死亡直接终结了叙述的可能。从殖民主义的角度看，克鲁索的死亡说明其话语权减弱，暗示了帝国主义殖民者统治权威的丧失。

笛福笔下的鲁滨孙勇于探索，迎难而上，是一个野外生存的高手，也是权力的主宰者。在救了星期五、老野人和西班牙人后，鲁滨孙俨然成为整座岛屿的国王，拥有全部的资产与服从的臣民："整个小岛都是我个人的财产，因此，我对所属的领土都有一种毫无异议的主权……我的百姓都对我绝对臣服，我是他们的全权统治者和立法者。"③ 相比之下，库切改写的克鲁索沉默寡言，安于现状，理所当然地接受了苦闷的荒岛生活，甚至对小岛产生了眷恋的情感。《福》中的女主人公苏珊对此评价道："一个获救的克鲁索将令全世界的读者大失所望。那个想象中的身处岛上的克鲁索，比真实的、身处异化英伦的那个不苟言笑、令人沉闷的克鲁索要有趣得多。"④ 多米尼克·海德（Dominic Head）认为："如果笛福的鲁滨孙是典型的殖民主义者，醉心于驯服一个新世界的计划，克鲁索则是帝国精疲力竭的象征。"⑤ 库切正是通过对鲁滨孙的改造，表明鲁滨孙这位独立自主、开拓进取的资产阶级代表已经不再具有统治与征服的能力。

三　《福》对星期五的个性化重塑

相较于鲁滨孙，野人星期五在《鲁滨孙漂流记》中虽然占比不多，但同样意义深刻。在西方世界，关于星期五形象的改写并不少见，例如，法国作家米歇尔·图尼埃的《礼拜五——太平洋上的灵薄狱》。此作品于 1967 年推出，并一

① 〔英〕丹尼尔·笛福：《鲁滨孙漂流记》，郭建中译，南京：译林出版社，2010，第 245 页。
② 黄梅：《推敲"自我"：小说在 18 世纪的英国（修订版）》，北京：生活·读书·新知三联书店，2015，第 131 页。
③ 〔英〕丹尼尔·笛福：《鲁滨孙漂流记》，郭建中译，南京：译林出版社，2010，第 207 页。
④ 〔南非〕J. M. 库切：《福》，王敬慧译，北京：人民文学出版社，2019，第 28 页。
⑤ Dominic Head, *J. M. Coetzee*（New York：Cambridge University Press，1997），p. 63.

举获得当年的法兰西学院大奖。与原作不同，星期五没有被鲁滨孙改造，反而利用自然天性摧毁了鲁滨孙在岛上建立的文明。星期五还对鲁滨孙的转变产生了重要的影响，"既是新世界的新人的助产士，又是他们的向导"。① 与图尼埃的版本类似，库切改写的星期五虽然仍是一个被殖民者，但他拒绝融入西方文明，拥有自己的思想与文化。

《鲁滨孙漂流记》中的星期五是一个温顺忠实的年轻野人，对鲁滨孙俯首帖耳，有着"孩子对父亲"一般的情感，全盘接受鲁滨孙的"改造"。刚开始穿衣服的时候，他还有些别扭，但很快就适应了，并表示"对这身衣服非常喜欢"②。在鲁滨孙的教化下，他戒除了吃人肉的野蛮习惯，学会了烤肉、酿酒和做面饼。他还学会了说英语，从一开始磕磕绊绊的表达到最后流畅地进行沟通，甚至还能灵活运用语言去思考宗教问题。在遇到自己的同胞后，星期五甚至渴望自己能成为第二个"鲁滨孙"。他完全抛弃了自己的民族文化，试图用西方文明教化更多野蛮人："星期五要告诉他们做好人，告诉他们要祈祷上帝，告诉他们要吃谷物面包，吃牛羊肉，喝牛羊奶，不要再吃人肉"③。库切在评价星期五时指出，星期五更像是鲁滨孙的影子，缺乏个性，只能"听由主人随心所欲的家长作风摆布。"④ 他片刻不离地跟在鲁滨孙身后，对于鲁滨孙的任何要求都照做不误，宁可被枪打死也不愿意独自一人回归部落。在成为鲁滨孙的奴仆后，星期五失去了主体性和民族文化身份，没有自我表达的机会。

桑德斯在《改写与挪用》一书中指出，改写注重改写作品与起源作品的关联——是对起源作品的修正，还是对原有的沉默、空白及边缘地带的挖掘。⑤《鲁滨孙漂流记》重点描写了星期五在"文明"的改造下逐渐拥有理性和智慧的过程，却很少提及星期五和他的原生部落所代表的思想与文化，只是多次强调其吃人的野蛮行径。相较于笛福笔下的扁平化形象，库切改写的星期五更为有血有肉。面对来自文明世界的事物，星期五不再全盘接受。获救之后，他勉强能够接

① 〔法〕米歇尔·图尼埃：《礼拜五——太平洋上的灵薄狱》，王道乾译，上海：上海译文出版社，1997，第297页。
② 〔英〕丹尼尔·笛福：《鲁滨孙漂流记》，郭建中译，南京：译林出版社，2010，第178页。
③ 〔英〕丹尼尔·笛福：《鲁滨孙漂流记》，郭建中译，南京：译林出版社，2010，第193页。
④ 〔南非〕J. M. 库切：《异乡人的国度：文学评论集》，汪洪章译，杭州：浙江文艺出版社，2010，第30页。
⑤ 参见 Julie Sanders, *Adaptation and Appropriation*（London：Routledge, 2006），p. 26。

受穿上衣服，但始终拒绝穿鞋；苏珊尝试教星期五写字，他也不配合，只是一味地画着奇怪的符号："他就像一个不会用笔的孩子，将面前的那张纸弄得很脏，但是上面确实有像某种字母一样的内容：一整排、一整排的字母 O 紧密地贴在一起。他还在伏案写着第二页，写得满满的，还是相同的字母。"① 鞋子不仅能够保护足部，更承载着文明世界的审美观念与文化内涵。即便到了伦敦，星期五也不愿意穿鞋，始终保持双脚不受束缚的状态，体现了他对那个外化于自身的"文明世界"的抵触与抗拒。文字是一种殖民手段，苏珊想要教会星期五以文明人的方式写字，其实也是殖民者统治被殖民者的一种尝试。然而，星期五拒绝采用文明世界的语言体系，坚持用自己的方式写字，也是一种自我独立的表述。

《福》中的星期五还通过一些特别的方式表达自我存在。他喜爱音乐，会用芦笛重复吹奏一首只有六个音符的曲子②；他沉溺于舞蹈，当他跳舞的时候，往往会陷入一种着迷的狂喜状态，从而使自己的灵魂摆脱纽因顿，摆脱英国，还有苏珊③。苏珊还发现星期五总是会将岛上的刺藤花瓣撒在海面上，仿佛是在向海神祈求鱼群源源不绝。她对此感到十分吃惊："一直以来，我总将星期五当成像小狗或者其他低等生物一般不予重视——他身上的残缺令我退避三舍，我甚至打心眼里不愿意想起他。撒花瓣这项仪式让我明白他是有灵魂的。这种灵魂在他那愚钝、不讨人喜欢的外表下，悠悠地波动着。"④ 与原作中缺乏个性的形象不同，库切改写后的星期五有自己的思想与信仰，通过吹笛子、撒花瓣、跳舞等具有仪式感的行为，星期五试图回归到自己民族的文化与精神世界之中。

库切对星期五最重要的一处改写在于他舌头的缺失。伊恩·P. 瓦特在评论《鲁滨孙漂流记》时提到，鲁滨孙的荒岛给予了个人实现其目的所需要的完全的"自由放任"，并且在星期五那样不需要工资、为白人繁重劳动提供更多支援的人的帮助下，建立个人的帝国⑤。在这样的理想之境中，星期五既是帝国构建的辅助者，也是受益者。他一开始说着"叽里咕哝"的野人语言，到后来能用英语熟练交流。鲁滨孙的言传身教让他意识到了自己种族的野蛮，从而对西方文明

---

① 〔南非〕J. M. 库切：《福》，王敬慧译，北京：人民文学出版社，2019，第 133~134 页。

② 〔南非〕J. M. 库切：《福》，王敬慧译，北京：人民文学出版社，2019，第 22 页。

③ 〔南非〕J. M. 库切：《福》，王敬慧译，北京：人民文学出版社，2019，第 88 页。

④ 〔南非〕J. M. 库切：《福》，王敬慧译，北京：人民文学出版社，2019，第 25~26 页。

⑤ 〔美〕伊恩·P. 瓦特：《小说的兴起——笛福、理查逊、菲尔丁研究》，高原、董红均译，北京：生活·读书·新知三联书店，1992，第 90 页。

充满了认可与感激："你可以做很多、很多的好事；你可以把野人教导成善良、清醒、温和的人。"① 鲁滨孙将星期五从野蛮中拯救出来，给予他名字、身份与文明，为自己的帝国建构提供了合理的精神基础。

而到了库切的《福》中，这个看似毫无破绽的"帝国神话"似乎有了缺口。克鲁索为什么对于星期五的来历模棱两可，先说星期五是一个奴隶小孩，后来又说他是食人生番，被自己所救？此外，星期五的舌头究竟是被谁割掉的，是谁剥夺了他说话的权利，克鲁索还是之前的奴隶贩子吗？这些问题都随着克鲁索的死亡以及星期五的沉默不了了之。因此，舌头的缺失便成了《福》中的一个"事件"，这"总是以某种出人意料的方式发生的新东西，它的出现会破坏任何既有的稳定架构"。② 与原作不同，面对西方文明的浸染，读者无法得知星期五的感受。但星期五被割去舌头的遭遇，以及他身上带有的伤痕，都赤裸裸地暴露在读者眼前，再现了以星期五为代表的黑人群体曾经被压迫、被奴役的历史，是一种对殖民者无声的谴责。针对星期五的沉默，一些学者给予了高度评价。贝尼塔·帕里（Benita Parry）认为星期五的沉默可以被看作一种"反抗和消解权力的富有深意的标识，是一种对主体地位及其所属的拒绝"。③ 我国学者段枫在其有关库切研究的专著中指出，库切塑造星期五这样沉默而不妥协的人物，本身就是在给予他"独特的声音、不被语言及其现行话语体系扭曲变形的声音"。④ 只有让星期五一直保持沉默，才能将他从文明世界的权力话语体系中解放出来，用他残缺的身体进行无声的抗争，揭示主流话语下被掩盖已久的历史。小说的最后，苏珊和作家福均已死去，只有星期五还存有微弱的脉息。自始至终保持沉默的星期五在这时却发出了声音："麻雀的啁啾声、鹤嘴锄发出的重击声，还有呼喊的声音……他的口中没有任何气息，却回荡着整个小岛上的声音。"⑤ "小岛上的声音"是星期五埋藏在沉默中的现实，无法通过语言和文字表达出来。库切用超

① 〔英〕丹尼尔·笛福：《鲁滨孙漂流记》，郭建中译，南京：译林出版社，2010，第217页。
② 〔斯洛文尼亚〕斯拉沃热·齐泽克：《事件》，王师译，上海：上海文艺出版社，2016，第6页。
③ Benita Parry, "Speech and Silence in the Fictions of J. M. Coetzee," in Graham Huggan, Stephen Watson, eds., *Critical Perspectives on J. M. Coetzee* (London: Macmillan, 1996), p. 43.
④ 段枫：《想象不可想象之事：库切的小说创作观及其后现代语境》，上海：复旦大学出版社，2017，第150页。
⑤ 〔南非〕J. M. 库切：《福》，王敬慧译，北京：人民文学出版社，2019，第136~137页。

现实的表现手法赋予了星期五自我表达的权利。

四　《福》对女性视角的引入

《鲁滨孙漂流记》通篇从男性视角出发讲述历险过程，小说中的女性基本处于弱势地位，是无关紧要的陪衬人物。例如，《鲁滨孙漂流记》中帮鲁滨孙保管钱财的老妇人，她再嫁之后又成了寡妇，日子过得非常惨淡，于是鲁滨孙给了她一大笔钱予以救助。鲁滨孙的两个妹妹都经历了失败的婚姻，需要他的接济。小说的最后，鲁滨孙重回小岛，给岛上的西班牙人送去了七个女人，声称"她们都是我亲自挑选的，都非常能干，还很适合做老婆"[1]。在殖民文学里，男性是帝国形象和价值的体现，是文学中的核心人物。而女性则由于性别因素被置于边缘的位置，有时甚至直接消失在文本之外。[2]

桑德斯在《改写与挪用》中进一步说明，改写不再是传统意义上的改变或者次级创作，而是一种再写性创作，甚至是一种再写文类。既然是"再写"，它便超越了模仿和复制，具备了增量性、补充性、即兴性和创新性等文学特质。[3]除了对鲁滨孙、星期五的改造外，库切还敏锐地观察到原作中女性形象的缺失，并在此基础上增添了苏珊一角。由于克鲁索没有留下任何文字记录，星期五又不能说话，女主人公苏珊成为荒岛故事的唯一叙述者。在回到英格兰后，苏珊开始给作家福写信，告知他荒岛上发生的一切，希望他能够把自己的经历写成小说。信中呈现的故事相对乏味，克鲁索没有从船上拿回工具箱、毛瑟枪或是弹药，没有与野人族展开惊心动魄的争斗，没有种植食物。苏珊回忆自己问过克鲁索关于他和星期五的故事，但他本人甚至都讲不清楚，"他给我讲的关于他的故事有好几个版本，各个版本之间如此不一致，以至于我越来越觉得年纪和独居已经抽走了他一部分的记忆力：他已经不再知道什么是真相、什么是想象"[4]。苏珊视角下的荒岛生活不再充满奇遇，留下来的只有"克鲁索如同狮子般的乱发，猿猴

---

① 〔英〕丹尼尔·笛福：《鲁滨孙漂流记》，郭建中译，南京：译林出版社，2010，第 310 页。
② 详见张勇《殖民文学经典与经典改写——析库切小说〈福〉对〈鲁滨孙〉的后殖民改写》，《国外文学》2011 年第 1 期，第 155 页。
③ 参见 Julie Sanders, *Adaptation and Appropriation* (London: Routledge, 2006), pp. 12–17.
④ 〔南非〕J. M. 库切：《福》，王敬慧译，北京：人民文学出版社，2019，第 7 页。

皮做的衣服，哑巴仆人星期五，他们开辟却没有任何作物的广阔梯田"①。《福》不仅更换了叙事主人公，更开拓了新的认知方式，通过引入女性视角质疑原文本中荒岛故事的真实性。

《福》还展示了女性争取话语权的过程。在以克鲁索为中心的荒岛故事里，苏珊只是"一个从那里来的人、一个见证者、一个时刻想要消失的人：一个没有实质存在的人，一个在克鲁索真实身体旁边的幽灵"②。苏珊找到作家福，恳求他能够"将我所失去的实体还给我"③。福虽然同意将苏珊还原为故事的主人公，但按照自己的意愿篡改情节，选择将荒岛事件压缩为一个小插曲，把重心放在女儿的失踪与找寻上。苏珊对此十分不满，为了故事的所有权而据理力争，"我和你一样熟知很多自欺欺人的技巧。但是如果我们连自己是谁、做过什么都不知道了，我们又怎么能生活下去……我是一个自由的女人，可以根据自己的希望选择说出自己要讲的故事，这是我的自由"④。苏珊在探索写作的过程中认为，如果要讲出充满实质感的事实，必须有"一个安静的不受任何干扰的环境，一把坐着舒服的椅子，一扇能远眺的窗户"⑤，这也是英国女性作家伍尔夫在《一间自己的房间》中的切身体会。库切结合20世纪的女性话语，给予苏珊自我发声的权利。

值得注意的是，《福》中的苏珊也不是库切的全新创造，而是借鉴了笛福的另一本小说《罗克珊娜》里的同名主人公。两本书的女主角本名都叫苏珊，并且都有一个叫艾米的女仆；两人都有失去女儿-找寻女儿的经历。此外，身处男权社会，苏珊和罗克珊娜只能通过自己的女性身体掌握主动权。苏珊流落到荒岛的那一刻，就成为克鲁索的"第二个臣民"，她必须听从克鲁索的命令，甚至连给自己做双鞋子也不被允许。直到克鲁索临终之前，苏珊才占据上位，"我的身体压在他身上，我的大腿用力抽动，蹭着他的身体……他的身材高大，我的身材也很高大。这种游泳，这种攀附，这种耳语——这是我们的媾和"⑥。克鲁索死

---

① 〔南非〕J. M. 库切：《福》，王敬慧译，北京：人民文学出版社，2019，第56页。
② 〔南非〕J. M. 库切：《福》，王敬慧译，北京：人民文学出版社，2019，第42页。
③ 〔南非〕J. M. 库切：《福》，王敬慧译，北京：人民文学出版社，2019，第43页。
④ 〔南非〕J. M. 库切：《福》，王敬慧译，北京：人民文学出版社，2019，第113页。
⑤ 〔南非〕J. M. 库切：《福》，王敬慧译，北京：人民文学出版社，2019，第43页。
⑥ 〔南非〕J. M. 库切：《福》，王敬慧译，北京：人民文学出版社，2019，第36~37页。

后，苏珊虽然是荒岛故事的唯一讲述者，但写作的权利仍然掌握在身为白人男性的福手中，本质上还是处于被压迫的地位。苏珊占据主动权的方式还体现在床帷之间，"我褪去衬衫，骑在他的身上……同时觉得自己的四肢逐渐有了活力"①。在笛福的《罗克珊娜》中，罗克珊娜在经历了家庭变故、丈夫离家出走后，被迫放弃自己妻子、母亲的身份，为了生存被迫出卖贞操。随着身体意识的逐渐觉醒，罗克珊娜开始将自己的身体商品化，从而积累财富，提升地位，最终成为一个精明的"女商人"。在她所处的环境下，女性唯一能够支配的就只有自己的身体，而婚姻则是剥夺最后一项自由的工具，"一个女人一结了婚，她就把自己完全交出去了，就立下了投降的条约，充其量也只是当了一个高级仆人"②。苏珊和罗克珊娜都展现了主动性、能动性的身体，这是女性自我认同的表现。

　　尽管两人之间存在一些相似之处，苏珊与罗克珊娜还是不能被简单地画上等号。两本书在后半部分都写到了女儿探寻母亲的情节，不同之处在于，面对失散多年的亲生女儿，罗克珊娜只能装作不认识，因为她害怕自己曾经的妓女身份会被曝光，从而影响现有的社会地位与名誉。"我现在比任何时候都更需要勇气和镇定，这是我唯一宝贵的秘密……如果姑娘认出了我，那我就完啦。"③ 苏珊在面对前来相认的"女儿"时，陈述了一系列过往生活的细节来证明女儿的身份是假的，"我向她解释，我从没住过戴普福德，也从不认识任何啤酒制造者……她不是我失踪的女儿"④。库切在书中没有明确说明女孩的真实身份，也很少提及苏珊流落荒岛前的经历。因此，苏珊与罗克珊娜之间的关系就不是简单的模仿与复制的关系，而是有了更大的解读空间。提莎·特克（Tisha Turk）的理解是，《罗克珊娜》是福以苏珊的人生故事为基础创作的。通过将苏珊重塑为妓女形象，福实现了对苏珊的掌控。⑤ 桑德斯提出了另一种解读：福从《罗克珊娜》中

---

① 〔南非〕J. M. 库切：《福》，王敬慧译，北京：人民文学出版社，2019，第121页。

② 〔英〕丹尼尔·笛福：《罗克珊娜——幸运的情妇》，定久、天一译，北京：百花文艺出版社，1998，第149页。

③ 〔英〕丹尼尔·笛福：《罗克珊娜——幸运的情妇》，定久、天一译，北京：百花文艺出版社，1998，第275页。

④ 〔南非〕J. M. 库切：《福》，王敬慧译，北京：人民文学出版社，2019，第63页。

⑤ 参见 Tisha Turk, "Intertextuality and Collaborative Construction in Foe," *Narrative*, 2011（3）: 303。

提取了部分虚构内容，从而给苏珊一个"误读"的历史叙述。① 小说的第三章末尾，苏珊甚至都开始自我怀疑了，她对着福问道："那个你派来的女孩，自称与我同名同姓的人到底是否是真实的实体？"② 罗克珊娜的加入使具体事件的阐释有了更多可能。笔者猜测，作家福为了取悦出版商和读者，对苏珊的生活经历进行了改写，将克鲁索写成了鲁滨孙，将苏珊写成了罗克珊娜。无论是鲁滨孙、作家福还是苏珊，他们的叙述都是片面的、不可靠的，无法再现完整的历史。那历史的真相究竟该从哪里追寻呢？库切或许在《福》的结尾处给出了他的答案：

> 他（星期五）的嘴张开了，从里面缓缓流出一道溪流，没有气息，不受任何阻碍地流了出来。这细流流过他的全身，流向了我，流过了船舱，流过整艘船的残骸，冲刷着悬崖和小岛的两岸，朝着南方和北方，流向世界的尽头。③

在库切看来，《福》的结尾是用一种强力结束了苏珊对荒岛历史无止境的疑惑，而这种力量正来自星期五身体所遭受的痛苦，来自残缺身体权威性的不可置疑。④ 星期五虽然是沉默的，但他并没有消失，从他身体里流出的那股"溪流"强劲又有力，承载着其残缺的身体印记和对荒岛历史的记忆。库切通过超现实的表达方式，呼吁人们关注历史书写中那些遭到伤害而失语的身体，以还原历史的完整面貌。

（指导老师：刘雪岚）

---

① 参见 Julie Sanders, *Adaptation and Appropriation*（London：Routledge, 2006），p. 110。
② 〔南非〕J. M. 库切：《福》，王敬慧译，北京：人民文学出版社，2019，第 133 页。
③ 〔南非〕J. M. 库切：《福》，王敬慧译，北京：人民文学出版社，2019，第 140 页。
④ 参见 J. M. Coetzee, *Doubling the Point：Essays and Interviews*（Cambridge, Mass.：Harvard University Press, 1992），p. 248。

蒙以养正：敦煌书仪中的中古童蒙教育研究

王夏阳　刘辰浩　陈楷仪*

摘　要　童蒙教育研究是敦煌写本研究的一个重要领域，而书仪则是中古时期童蒙教育的重要内容。一方面，它的制作与传播体现了归义军政权的实际需要；另一方面，它的内容反映出边地与中原的文化互动。敦煌虽为边地，但在文化上与中原文化具有相当的一致性，这种文化上的向心力推动了书仪的制作与传播，也进一步促进了礼仪的民间化。书仪作为中古时期童蒙教育的载体，一方面突出了传统文化中所强调的道德精神，另一方面凸显了敦煌本地教育的实用性特质。作为童蒙教育载体的书仪，历经千年，仍然向我们传达着"正身范物、修己安人"的精神，在当下社会发展中也具有独特的价值。

关键词　敦煌书仪；童蒙教育；礼俗

《易·蒙》有云："蒙以养正，圣功也。"[1] 隋唐时期是我国古代童蒙教育发展的重要阶段，伴随着科举制度的创立与完善，针对儿童的教育也进一步得到发

---

* 王夏阳，中国社会科学院大学历史学院 2021 级本科生；刘辰浩，中国社会科学院大学历史学院 2021 级本科生；陈楷仪，中国社会科学院大学文学院 2022 级本科生。

① （清）阮元校刻《十三经注疏》卷第一，北京：中华书局，2009，第 36 页。

展。由于敦煌写本中保留了大量不见于现存史籍中的童蒙教育资料，因此从敦煌遗书被发现以来，童蒙教育研究就是敦煌写本研究的一个重要领域。书仪是教人写作书信的格式仪规，与中古时期人们的公私生活密切相关。它在体现中古时期的礼仪规范、社会秩序之外也反映了这一时期童蒙教育的情况。关于中古时期的童蒙教育，学界已积累了丰富的研究成果。那么，如何理解这一时期礼俗发展与童蒙教育的关系、如何认识晚唐五代时期社会变动对童蒙教育产生的影响是笔者关注的核心问题。本文拟从书仪这一特殊的"教材"出发，探讨礼俗的传播以及书仪背后的制度、社会因素，从而为理解中古时期童蒙教育的在地化实践提供一条线索。不当之处，乞请方家教正。

一 "使童蒙易会"：敦煌书仪与童蒙教育

唐五代时期是我国礼仪转型与民间化的关键时期，书仪在其中发挥重要作用。它不仅可以传授社会生活、政治社会中常用的礼仪规则，也可以作为范文来对学生进行启蒙。唐代中央政府非常重视民间的礼仪规范问题。在颁布《大唐开元礼》时，朝廷就针对地方习礼做出了规定：

> 开元二十一年（733）五月勅……诸州县学生，专习正业之外，仍令兼习吉凶礼。公私礼有事处，令示仪式。余皆不得辄使，许百姓任立私学。欲其寄州县受业者亦听。①

这一敕令清晰地体现出了国家对民间礼仪的规范。随之而来的，在开元二十五年（737 年）前后，杜友晋就撰写出了《凶吉书仪》。② 从法藏敦煌文书 P. 3442 残抄本来看，杜氏书仪简而有序，举例说明礼仪的行用规范，适合于民间传播。这无疑反映出国家推动下的礼仪民间化的方向。元和时期郑余庆主持撰写的《大唐新定吉凶书仪》也反映了这一趋势。如敕书所言，在这一过程中，书仪逐步成为学生接受童蒙教育的重要内容——强调有事要"依礼而为"。这就

---

① （宋）王溥：《唐会要》卷 35《学校》，北京：中华书局，1960，第 634~635 页。
② 关于成文年代和作者生平，学界多有讨论。笔者认同周一良和赵和平先生的看法。

为晚唐五代敦煌地方书仪的制作和传播奠定了基础。①

　　归义军政权建立以后，敦煌本地的书仪撰著与传播开始走向繁盛，其中最具代表性的即大中初年张敖编纂的《新集吉凶书仪》与《新集诸家九族尊卑书仪》。② 在两篇书仪"序（叙）"的部分，作者交代了撰著书仪的原因。兹先过录写本原文如下，以便后文论述。

法藏敦煌文书 P.2646《新集吉凶书仪（上下两卷并序）》：

　　叙曰：人之有礼即安，无礼即危，以识材通明于仪礼。是以士大夫之家，吉凶轻重而礼经繁综，卒难寻检。乃有贤才撰集，纂要吉凶，号曰书仪，以传时世，实为齐（济）要。自大唐前后数十家著述，纸墨颇繁，理词归一。且夫死丧之初，礼仪（宜）③ 贵于宁戚，悲号之际，情岂假于玄文。所以综其旧仪，较量轻重，裁成一绝（纸），亦尽哀情。今朝廷遵行元和新定书仪，其间数卷，在于凡庶，固无所施，不在于此。今采其的要，编其吉凶，录为两卷。使童蒙易晓，一览无遗，故曰纂要书仪，叙之云尔。④

法藏敦煌文书 P.3502V《新集诸家九族尊卑书仪》：

　　夫书仪者，籍在简要，不在其多。但见古来撰述，纸数维（惟）繁，词理归一。足成弈言，□议尚亏。朝庭（廷）八座，群官参详。轻重删略，亦在直言。且凡修书者，述往还之情，通温凉之信。四时递改，则月气不

---

① 郑余庆的《大唐新定吉凶书仪》在张议潮举事之后传播到沙州，时间上与后来张敖的撰作紧密相关。关于《大唐新定吉凶书仪》传入敦煌的时间，可参见吴丽娱《关于唐五代书仪传播的一些思考——以中原书仪的西行及传播为中心》，《敦煌学辑刊》2018 年第 2 期，第7 页。

② 关于张敖编纂书仪的年代，参见周一良、赵和平《唐五代书仪研究》，北京：中国社会科学出版社，1995，第 203 页。

③ 法藏敦煌文书 P.2556 改。

④ 上海古籍出版社、法国国家图书馆编《法藏敦煌西域文献 17》，上海：上海古籍出版社，2001，第 85 页。

同；八节推移，则时候皆别。今之所著，微①举宏缕②。修从轻重，临时剪截（裁）。先标寒暑，次讚③彼人。后自谦身，略为书况。故知江海海远，尚藉涓流；五岳崇高，犹假尘附。使童蒙易会，一揽（览）无遗。号曰纂要书仪，具载于后。④

张敖自署为"河西节度使掌书记儒林郎试太常寺协律郎"。王重民先生认为："敖盖张议潮之族人，得试太常寺，殆会随归义军节度使入朝欤？"⑤ 这一推测仅供一说，但无论如何，张敖在归义军文职官员中有着相对重要的地位是不争的事实。节度使掌书记的职责是草拟军中各种笺表文书，其属于枢要之职，且在唐后期逐步位于参谋之上。⑥ 而他所撰写的书仪自然反映了敦煌当地乃至归义军政权对于整合礼仪的需要。

从两篇序文可知，郑余庆在元和年间撰作的书仪并没有得到很好地推行。其中一大原因则是"纸墨颇繁"而无法适应社会需要。所以，张敖撰作书仪的方式即剪裁旧仪，以便更好地行用于民间。进一步说，《新集诸家九族尊卑书仪》是对《新集吉凶书仪》的再简化，这进一步体现了书仪在这一时期的实用性指向。而无论是哪一种书仪，张敖的撰作目的都指向"使童蒙易晓（会），一览无遗"。这就突出了书仪对于童蒙教育的重要性，从敦煌文书的十余个抄本来看，这一点在实践中得以充分体现。可以说，书仪兼具礼仪性和实用性的特点，使其适合于作为童蒙教育的范本行用，这也构成了本文讨论的基础。

书仪作为童蒙教育教材的直接证据来自书仪抄本上的学郎题记，我们尝试在前人整理的基础上，对有学郎题记的书仪写本进行再整理（如表 1 所示）。

---

① 赵和平先生录为"徽"，与文意不恰。参见赵和平《晚唐五代时的三种吉凶书仪写卷研究》，《文献》1993 年第 1 期，第 93 页。

② 吴丽娱先生录为"缕（?）"，姑存一说。参见吴丽娱《敦煌书仪与礼法》，兰州：甘肃教育出版社，2013，第 32 页。

③ 《全唐文补编》录为"潜"，与书仪内容不合（参见陈尚君辑校《全唐文补编》卷九二，北京：中华书局，2005，第 1127 页）。书仪（特别是朋友书仪）往往需要称赞对方，故赵和平先生录为"讚"较妥当。

④ 上海古籍出版社、法国国家图书馆编《法藏敦煌西域文献 24》，上海：上海古籍出版社，2002，第 372 页。

⑤ 王重民：《敦煌古籍叙录》，北京：中华书局，2010，第 225 页。

⑥ 冯培红：《唐五代参谋考略》，《复旦学报》（社会科学版）2013 年第 6 期，第 95~96 页。

表 1　带题记的书仪写本

法藏/英藏敦煌文书卷号	标题	题记
P. 2621V	《书仪》	长兴五年（934，实际按中原年号为应顺元年或清泰元年）岁次□□八月五日敦煌郡净土寺学士郎□（员）□（义）[a]
P. 2622	《吉凶书仪》	大中十三年（859）四月四日午时写了[b]
P. 2646	《新集吉凶书仪》	天复八年（908），岁次戊辰，二月廿日，学郎赵怀通写记
P. 3466 Pièce 3	《朋友书仪》	金光明寺学郎显须等 金光明寺学郎□索愍
P. 3691	《新集书仪一卷》（上下两卷并序）	天福五年（940）庚子岁二月十六日学士郎吴儒贤诗（书）记 写耳续（读）诵记 背题：天福五年汜安德笔记[c]
P. 3716V	《新集书仪一卷》	天成五年（930）庚寅岁五月十五日敦煌伎术院礼生张儒通[d]
P. 3886	《书仪》	维大周显德七年（960）岁次庚申七月一日大云〔寺〕学郎邓清子自手记
P. 4699	《书仪》（自题"正月孟春犹寒一本"）	背题：壬午年正月九日净土寺南院学仕郎□
P. 3906	《书仪》	天福七年（942）岁在壬寅黄钟之月彫生贰拾壹叶从表弟吕□[e]
S. 3691	《书仪》	背题：净土寺学士郎汜安德笔记

注：a 此二字据正面打油诗后题记补，从笔迹来看，当为一个人所写；b 题记之后另有一首打油诗；c 以往学者多过录此条卷背题记，较少注意到正面的题记，从两则题记来看，应为同一时期童蒙教育的产物；d 李正宇先生在辑录的时候作"张儒通写"（李正宇：《敦煌学郎题记辑注》，《敦煌学辑刊》1987 年第 1 期，第 31 页），笔者核查原卷发现，无"写"字，当为作者所写衍文，今不取；e 抄于同一卷的还有《字宝碎金》一部，尾题为"天福七年壬寅岁肆月贰拾日伎术院学郎知慈惠乡书手吕□"。

除了存留有学郎题记的书仪抄本之外，还有一些书仪写本与童蒙教育有关。其中最重要的当属英藏敦煌文书 S. 5803《僧统谢太保状》，关于其内容，笔者将在后文分析，此处不再赘述。

从表 1 不难看出，无论是在公私还是僧俗学校进行童蒙教育的过程中，书仪都是作为重要的教学材料被使用的。敦煌文书中保存的大量书仪写本恰恰反映出张敖改撰书仪的影响。书仪进入敦煌的地方教育系统，成为与《字宝碎金》等书并重的蒙学教育文本。从写本形态来看，由于纸张紧张，这些书仪文本或多或少经历了反复再创作的过程。这些书仪写本会被不同的学生使用和学习，从而经过不断增改，成为具有流动性特征的知识文化载体。

二 "亦甚苦心"：寺学的意义

从表1不难看出，现在保存下来的敦煌书仪抄本大多由寺学中的学士郎所抄写。学士郎的存在并不仅限于佛寺，但佛寺确实在敦煌地方的童蒙教育中发挥了重要的作用。

（一） 从蕃中文教到内外兼修

寺学是指佛教寺院参与民间教育活动所开办的学校教育。[①] 据小川贯弌的研究，归义军时期，敦煌诸佛寺居住着学士郎。这些佛寺并非尼姑庵，而是敦煌十二僧人寺中的三界、金光明、净土、永安、莲台、灵图、永宁、大云、显德诸寺，以及敦煌县外的悬泉、海王寺。[②] 这些寺学的设置和发展大大推动了书仪的传播，也促进了敦煌本地童蒙教育的发展。

吐蕃占领敦煌以后，官学体制遭到破坏。但由于吐蕃崇佛的缘故，寺学得以保留。在这一时期，寺学以教授佛教内典为主。英藏敦煌文书S.397《五台山行记》就记载：

> 寺后有三学院，内长有诸方听众，经、律、论进业者共八十人，院主讲《唯识论》《因明论》《维摩经》《六时礼忏》……[③]

---

① 屈直敏：《敦煌文献与中古教育》，兰州：甘肃教育出版社，2013，第173页。
② 小川贯弌：「敦煌の学士郎について」、『印度學佛教學研究』第21卷2号、1973年、第595页。
③ 中国社会科学院历史研究所等合编《英藏敦煌文献（汉文佛经以外部分）第一卷》，成都：四川人民出版社，1990，第184页。

各个佛教寺院通过开设"三学院"的方式推动文化传承。张议潮建立归义军政权以后，寺学的教授范围就从佛家内典转变成了内外兼修。高明士①和伊藤美重子先生②对寺学学生所抄文献题记和内容做过整理，寺学学生所抄内容大致包括：佛经、儒家经典、类书、字书、书仪、文学作品、教训书等。虽然寺学学生所抄仍以佛教相关内容为大宗，但书仪等世俗文献被纳入教学之中是不争的事实。表现在写本形态上就是僧俗内容的并存。如前述法藏敦煌文书 P. 3502V，该卷正面为《大般涅槃经疏》。从其物理形态上推断，这是不同的书手（学生）利用同一卷纸进行抄写活动。

与之相对应的是，在书仪的纂修过程中，僧道的内容也被加入其中。③ 张敖编纂的《新集诸家九族尊卑书仪》（法藏敦煌文书 P. 3502V）中就有"与僧人书"的内容：

久阙顶谒，驰结但深。时候，伏惟和尚法体胜常，澄心幽寂，摄性禅林，感动众心，归依正觉。弟子厶乙限于王事，礼谒未申，伏增恋结，谨状不宣。弟子厶乙稽首，和尚和尚。

此外，在寺学中授业教徒的不只有僧侣。晚唐五代时期敦煌著名文士张球④就曾在晚年于古寺之中授课，英藏敦煌文书 S. 5448《敦煌录》为我们保存了张球晚年教书的基本情况：

郡城西北一里有寺，古木阴森，中有小堡，上设廊殿，具体而微。先有

---

① 高明士：《唐代敦煌的教育》，《汉学研究》1986 年第 2 期，第 256~259 页。

② 〔日〕伊藤美重子：《唐宋时期敦煌地区的学校和学生——以学郎题记为中心》，载金滢坤主编《童蒙文化研究（第三卷）》，北京：人民出版社，2018，第 47~48 页。

③ 其大背景是中晚唐以来士人到佛寺拜师求学已经成为一种风气（严耕望：《唐人习业山林寺院之风尚》，载《严耕望史学论文选集》，北京：中华书局，2006，第 232~271 页）。

④ 有关张球的生平经历可以参考杨宝玉先生的系列文章：《晚唐文士张球生平索隐》（《敦煌研究》2021 年第 6 期）、《晚唐敦煌寺学名师张球名字之异写》〔载金滢坤主编《童蒙文化研究（第六卷）》，北京：人民出版社，2022〕、《晚唐敦煌文士张球及其署名作品研究平议》（《丝绸之路研究集刊》2019 年第 1 期）、《〈张淮深碑〉抄件卷背诗文作者考辨》（《敦煌学辑刊》2016 年第 2 期）、《外来文士张球与晚唐敦煌汉文化的重建》（《形象史学研究》2016 年第 2 期）。

> 沙倅张球，已迈从心，寓上于此。虽非博学，亦甚苦心。盖经乱年多，习业人少，遂集后进，以阐大猷。天不愁遗，民受其赐。①

（二）寺学的作用

可以说，寺学在晚唐五代对敦煌本地的童蒙教育发挥了重要的作用，僧俗人士均得以参与其中，收徒授课。在这一大背景下，具有实用性质的书仪也得以传播，保障了社会人际礼仪交流。敦煌地区历经战乱，或许许多教授者"虽非博学"，但通过他们的努力，文教得以播迁传衍。在这一过程中，书仪成为重要的载体和素材，也成为文化发展的重要见证者。

如前所述，书仪是具有实用性的格式仪规。它的使用在官场之中也有很多体现。书仪中的表状笺启书仪即用于官场往来的文牍。它向社会普及的过程本身也反映出唐五代时期社会的平民化趋向。学子所抄英藏敦煌文书 S.3691、法藏敦煌文书 P.3716V、法藏敦煌文书 P.3502V 均包含部分表状笺启书仪，这也体现出寺学教育的一个目的。寺学所使用的其他教材也能反映这一点，净土寺学士郎所抄 BD08668《百行章》以及法藏敦煌文书 P.2621 所抄实用类文书体现出寺学培养符合归义军政权所需文书人才的指向。学士郎随手题写的打油诗颇能反映他们的心境，在 BD08668《百行章》卷后写道：

> 写书不饮酒，恒日笔头干，且作随宜过，即与后人看。
> 学郎身姓□，长大要人求，推亏急学得，成人作都头。②

这样的打油诗在敦煌地区得到一定的传播，与之相类似的是法藏敦煌文书 P.2621《事森》卷末也有学郎题诗：

---

① 中国社会科学院历史研究所等合编《英藏敦煌文献（汉文佛经以外部分）第七卷》，成都：四川人民出版社，1992，第 94~95 页。
② 任继愈主编《国家图书馆藏敦煌遗书》第 103 册，北京：北京图书馆出版社，2008，第 367 页。

写书不饮酒，恒日笔头干；且作随疑过，即与没人看。①

　　虽然这两首诗中的个别文辞有差异，但所传达的意思是一致的。法藏敦煌文书 P. 2621 的卷背亦抄有书仪和其他童蒙教育材料，而在《渔父歌沧浪赋》后有"长兴五年岁次□□八月五日敦煌郡净土寺学士郎□（员）□（义）"② 字样的题记。这位学士郎的名字又见 P. 2049V《净土寺直岁愿达算牒》抄本中，二人当为同一人。由此可知敦煌本地童蒙教育的发展情况。

　　在寺学接受教育的除了普通民众之外还有归义军家族的子弟。这也可以反映在书仪（文范）抄本中，英藏敦煌文书 S. 5803《僧统谢太保状》就反映了这一历史事实：

　　厶乙虽为僧首，文义难明。伏蒙太保不怪愚才，特赐郎君访学，非厶某乙一品，直亦二部释流。有赖感恩，无任惶惧。③

　　此状中的"太保"或为同光三年（925 年）称"检校司空兼太保"的曹议金。从其他童蒙教育的材料来看，曹氏归义军时期有多位曹氏家族子弟于寺学中求学。④ 其实，归义军统治者的子弟与僧人之间的密切关系可以追溯到张氏归义军时期。杨宝玉和吴丽娱先生曾对法藏敦煌文书 P. 3730V 的书状进行过研究，指出敦煌本地高僧恒安是张议潮子的老师，并在张议潮束身归阙以后与其仍保持密切的联系。⑤

　　总而言之，寺学的繁荣在一定程度上"可能意味着寺学的师资条件和教学

----

① 上海古籍出版社、法国国家图书馆编《法藏敦煌西域文献 16》，上海：上海古籍出版社，2001，第 311 页。
② 上海古籍出版社、法国国家图书馆编《法藏敦煌西域文献 16》，上海：上海古籍出版社，2001，第 313 页。
③ 中国社会科学院历史研究所等合编《英藏敦煌文献（汉文佛经以外部分）第九卷》，成都：四川人民出版社，1994，第 156 页。
④ 金滢坤：《唐五代寺学与童蒙教育》，载金滢坤主编《童蒙文化研究》（第一卷），北京：人民出版社，2016，第 107 页。
⑤ 杨宝玉、吴丽娱：《归义军政权与中央关系研究——以入奏活动为中心》，北京：中国社会科学出版社，2015，第 170 页。

水平优越于州县官学"。① 它的发展不仅促成了儒家与佛教的协调与融合，也推动了礼仪文本在社会上的普及与传播，对于中古时期敦煌地区的童蒙教育有重要的推动作用。借助对寺学的讨论，我们可以更具体地看到书仪在实际传播中的流变情况，也可以更好地理解书仪对于教育、社会的价值。

三 "以阐大猷"：童蒙教育所用书仪中的文化互动

书仪是大众日常生活与社会交往中的一种媒介，在中古时期发挥了重要的作用，也成为童蒙教育的教材。但敦煌文书中所见的书仪本质上是文化互动的结果，接下来，笔者试图勾勒出童蒙教育所用书仪背后的文化交流线索，以便更好地通过这一载体认识中古社会的侧面。

敦煌在吐蕃占领时期与中原之间几乎音信断绝，中原官方制作的书仪也很难传入敦煌。张议潮收复敦煌以后才有了中原书仪西来的过程。前引法藏敦煌文书 P. 2646《新集吉凶书仪（上下两卷并序）》中说："今朝廷遵行元和新定书仪，其间数卷，在于凡庶，固无所施，不在于此。"这就表明张敖的撰作是在郑余庆书仪的基础上进行的，而这背后的关键因素在于归义军的遣使入奏。敦煌在刚被收复的时候与中原之间的人员往来并不通畅，而中原书仪传入敦煌很大概率是到长安的使者在结束入奏活动之后将其带回敦煌的。

如果按照学者所推测的张敖撰作书仪的时间在大中五年至十年的话，② 那么这也反映出书仪对于当地社会的重要性。从大中二年（848 年）张议潮起义到书仪改撰不过短短几年。而值得注意的是，传入敦煌的元和书仪并未流行开来，今天敦煌文书中所见的仅有英藏敦煌文书 S. 6537V 一卷，这与张敖所编纂的新书仪在敦煌的广泛传播形成了鲜明的对比。

但是无论如何，张敖的改撰也是在继承元和书仪的基础上进行的。以法藏敦煌文书 P. 2646 学士郎赵怀通所抄《新集吉凶书仪（上下两卷并序）》为例，其中的"十二月相辨文"、"与四海书"、节日相迎书、婚书、起居贺谢书状等均与

---

① 李正宇：《唐宋时期的敦煌学校》，《敦煌研究》1986 年第 1 期，第 45 页。
② 吴丽娱：《关于唐五代书仪传播的一些思考——以中原书仪的西行及传播为中心》，《敦煌学辑刊》2018 年第 2 期，第 7 页。

《大唐新定吉凶书仪》基本体现共同的旨趣，而删去了与归义军政权关系不紧密的朝廷礼法制度。这也鲜明地反映出了敦煌本地书仪的实用性，这是唐代书仪有别于"草奏三复，只令宣示中外；星周六纪，未有明诏施行"① 的国家礼典之处，在本质上体现了中晚唐以来礼法下行和礼仪民间化的趋向。此外，《新集吉凶书仪》还加入了《大唐新定吉凶书仪》中没有的"僧道告书仪"与"天使及宣慰使并敕书到贺语"等内容。这些新增内容一方面体现了敦煌本地宗教与儒学的互动，另一方面体现了处理与中央的关系是归义军政权的重要任务。

在今存带学郎题记的书仪抄本中可以发现不少与"天使"有关的仪规，略举几例。

《天使及宣慰使并敕书到贺语》（法藏敦煌文书 P. 2646）：

> 厶官到。伏承圣躬万福。厶乙等忝事旌麾，无任抃跃。贺使长加官语，伏承天恩，特加荣命。厶乙等忝伏事旌麾，无任抃跃。②

《迎天使顿上送书》（法藏敦煌文书 P. 3691）：

> 初马上相见，呼本使官，厶官起居，厶官尊体万福。

《敕书到谢天使至》（法藏敦煌文书 P. 3691）：

> 伏承圣躬万福，厶乙等杀事旌麾，无任抃曜（跃）

《使加官谢》（法藏敦煌文书 P. 3691）：

> 厶位勋业崇高，天恩累加宠命。厶乙等忝事旌麾，下情无任抃曜

---

① 吕温：《代郑相公请删定施行六典开元礼状》，载（宋）李昉等编《文苑英华》卷 644，北京：中华书局，1982，第 3306 页。

② 上海古籍出版社、法国国家图书馆编《法藏敦煌西域文献 17》，上海：上海古籍出版社，2001，第 86 页。

（跃）。①

"天使"是地方政权对中央朝廷使者的称谓，在敦煌文书中体现为归义军政权与唐五代中央朝廷之间的关系。作为地方藩属政权，归义军的统治合法性在于中央朝廷的承认，其中最核心的就是派使者授予统治者以旌节。如果归义军的最高统帅没有获得"节度使"的旌节，其统治就很难稳固。第二任节度使张淮深即为典例。所以，书仪中多次出现的接待天使的仪规在实际使用中是归义军向朝廷表忠心以获得支持的理想空间的重要仪式。吴丽娱先生曾讨论使者与地方官员的往来以及节度使上任的过程，② 杨立凡先生细致地阐述了归义军接待天使的仪礼。③ 在此基础上，笔者认为在考察这一时期的童蒙教育的时候应该对这一部分书仪加以关注。

孩童在接受童蒙教育的过程中抄写这种文范，在一定程度上可以说是归义军与中央政权的关系在教育中的透视。归义军政权有着处理与中央关系的需要，因而会使掌握这些书仪文范的读书人进入官吏体系之中。事实上，相当数量的在敦煌公私学校中接受教育的孩童会进入归义军政权之中，成为"官"或者"吏"。这也体现在卷子中孩童随手写的学郎诗里。

在这些诗歌中，学生意识到"丈夫不学闻（问），观（官）从何处来"（BD04291V），④ 希望"推亏急学得，成人作都头"（BD08668）⑤。这种略显直白浅近的表达切实地体现出他们求学的心理。当时读书求宦已经成为社会自上而下的一种风气。金滢坤先生在讨论科举制对社会的影响时指出：

> "丈夫学问"、"读书"便是"随身宝"的观念已被世人接受，成为世人劝夫教子专事举业的精神支柱。在中晚唐五代科举考试以"写才文字"、"词章"为取士原则的情况下，"官职比来从此出"的观念已经植根

---

① 上海古籍出版社、法国国家图书馆编《法藏敦煌西域文献 26》，上海：上海古籍出版社，2002，第 318~323 页。
② 吴丽娱：《唐礼摭遗——中古书仪研究》，北京：商务印书馆，2002，第 546~572 页。
③ 杨立凡：《敦煌归义军接待天使仪礼初探》，《敦煌研究》2020 年第 4 期，第 99~105 页。
④ 任继愈主编《国家图书馆藏敦煌遗书》第 58 册，北京：北京图书馆出版社，2007，第79 页。
⑤ 任继愈主编《国家图书馆藏敦煌遗书》第 103 册，北京：北京图书馆出版社，2008，第 367 页。

于世人心中。①

孩童如果要在以后进入政权体系之中，那么就必须接受实用文书教育。除了书仪以外，诸如《百行章》这类教授官吏行为规范的著作也在他们的教材之列。通过学习书仪这样的实用类文书，他们之中的优秀人才才能够进入政权基层体系，为政权的文书行政、对外交流来服务。有学者认为："当时净土寺教育是为了培养官吏。"② 这一说法稍显绝对，因为还有不少学子在接受教育之后成为书手，即以给人书写各种文书为业，通过替人抄录典籍、撰写文书来获得经济报偿。这种方式也确实能够减轻生活压力，维持自己的生活。在英藏敦煌文书S. 692《秦妇吟》的卷末，学士郎安友盛就作诗："今日写书了，合有五升米。高代（贷）不可得，坏（还）是自身灾。"③

总而言之，归义军政权十分注意与中原传统的衔接，上述论及的两个方面都体现了这一点。通过使者往来，敦煌继承了中原的书仪文范并结合当地实际加以改造利用，这恰恰体现出中原文化对敦煌的影响。而本地制作的书仪中加入了大量迎接中央政权使者的内容，并且这些内容作为童蒙教育的素材得到了广泛传播。这反映出归义军政权对于处理和中央关系的重视，当然也突出了晚唐五代时期敦煌当地教育的实用性特征。

四　余论

书仪是中古时期礼制发展的产物，并在这一过程中逐步进入童蒙教育教材之中。对于晚唐五代的敦煌地区来说，书仪是童蒙教育的重要素材。一方面，它的制作与传播体现了归义军政权的实际需要；另一方面，它的内容反映了边地与中原的文化互动情况。敦煌虽为边地，但在文化上与中原文化具有相当的一致性，

---

① 金滢坤：《唐五代科举制度对童蒙教育的影响》，《浙江师范大学学报》（社会科学版）2012 年第 1 期，第 25~26 页。

② 〔日〕伊藤美重子：《唐宋时期敦煌地区的学校和学生——以学郎题记为中心》，载金滢坤主编《童蒙文化研究（第三卷）》，北京：人民出版社，2018，第 49 页。

③ 中国社会科学院历史研究所等合编《英藏敦煌文献（汉文佛经以外部分）第二卷》，成都：四川人民出版社，1990，第 117 页。

这种文化上的向心力推动了书仪的制作与传播，也进一步促进了礼仪的民间化。书仪作为童蒙教育的载体一方面突出了优秀传统文化中所强调的道德精神、尊卑等级，另一方面凸显出敦煌本地教育的实用性特质。

启蒙教育是中华优秀传统文化传承发展的"第一棒"。作为礼仪范本和程式的书仪，既是中古时期社会风俗的体现，又有着弘扬道德、转移风俗的妙用。书仪中包含的许多传统礼仪文化在今天仍然有价值，是中华优秀传统文化的组成部分。作为童蒙教育载体的书仪，历经千年，仍然向我们传达"正身范物、修己安人"的精神。

法藏敦煌文书 P. 2622《吉凶书仪》末题有言："竹林清郁郁，伯（百）鸟取趋天飞，今照（朝）是我日，且放学生郎归。"在这戏谑言语中，我们仿佛能够看到穿越千年的教育场景和共有的情感体验。这或许也是笔者完成本文时的一种独特的心境吧。

（指导老师：杨宝玉）

棋盘上的文化变迁

——从六博到双陆

卢梓辰*

摘　要　六博是一种以博局、博棋、投具（箸或茕）以及博筹等为器具，靠双方掷采以行棋决胜的游戏，在春秋战国至两汉期间曾大行于世。东汉中期以后，六博游戏逐渐走向衰退。南北朝以降，六博棋业已失传，而另一种依靠掷采行棋决胜的游戏——双陆取而代之，流行于时。本文将从棋类游戏具有的功能与意义入手，结合时代变迁，就六博的衰落与双陆的兴起进行探索，从而揭示隐藏在二者"此消彼长"现象背后的种种因素。

关键词　六博；双陆；古代棋类游戏；博弈；物质文化史

一　六博之兴

六博和双陆都是兼具娱乐性与赌赛性的游戏。目前，学界对于二者的研究主要集中于三个方向：游戏形制研究、游戏发展史研究、游戏意义研究。许多学者围绕这三个方向进行讨论，两种游戏的形制特点与发展脉络已经较为明晰。但是，为什么在魏晋南北朝期间会出现六博衰双陆兴的趋势？在这趋势的背后有什么因素在起作用？目前，已有研究对于以上两个问题尚无明确答案，这就为本文提供了探索空间。

---

*　卢梓辰，厦门大学历史与文化遗产学院硕士研究生，主要研究方向为汉唐考古。

"六博"之名，始见于《史记》与《穆天子传》。《史记·殷本纪》载商王武乙无道，以人偶为"天神"，与之"博"。① 《穆天子传》载周穆王曾"北入于邠，与井公博"。② 尽管二者的成书年代晚于所记之事的年代，但可以确定的是，对于文献中关于六博的记载，春秋战国时期业已丰富，两汉时期则更甚。春秋至两汉间六博游戏的兴盛同样也能从考古资料中得到佐证。③ 六博在这一时期的流行，与其本身具有的丰富功能及多重价值紧密相关，而人们的追捧又反过来在实践中为六博注入更多价值，使其具有旺盛的生命力。对于六博的价值，我们可以从以下四个方面来分析。

（一）娱乐性

作为一项棋类游戏，六博首要的一项功能便是娱乐。从器具和规则中可以看出，六博行棋既要考验掷骰子的运气，又需要行棋者选择最优棋道的行棋技巧，因而兼具技术性与意外性，既能益智，也有趣味，具有很强的可玩性。在闲暇之时玩玩六博，便成为古人消磨时间的好方法。《战国策》尝载苏秦形容齐都临淄："甚富而实，其民无不吹竽鼓瑟，击筑弹琴，斗鸡走犬，陆博蹴鞠者。"④ 这说明在战国时六博已经成为平民阶层重要的娱乐用具。而许博昌创作的六博口诀"三辅儿童皆诵之"，⑤ 也能证明六博游戏的流行程度。同时，《汉书》中记载汉宣帝在登基前与陈遂相随博弈，在即位后又授予其官位的故事，⑥ 这说明六博的娱乐性在当时甚至能改变人的命运。

六博具有的这种娱乐性会带来意想不到的后果。六博游戏需要通过掷彩与争

---

① （西汉）司马迁：《史记》卷3，韩兆琦译注，北京：中华书局，2007，第104页。
② （晋）郭璞注《穆天子传汇校集释》卷5，王贻樑、陈建敏校释，北京：中华书局，2019，第237页。
③ 目前出土以及传世的六博棋具实物共51件，其中，春秋至秦有16件，西汉时期有28件，两汉之间有2件，东汉时期有2件，年代属两汉时期未能具体区分者有2件，除另有1件年代未知外，目前还没有发现两汉以后的六博棋具实物；除六博棋具实物之外，尚有六博游戏模型（俑）实物10件，其中西汉时期有2件，两汉之间有1件，东汉时期有4件。在两汉时期，未能具体区分的共2件，另有1件的年代未知。
④ 诸祖耿编撰《战国策集注汇考（增补本）》卷8，南京：凤凰出版社，2008，第520页。
⑤ （汉）刘歆撰、（晋）葛洪集《西京杂记》卷4，向新阳、刘克任校注，上海：上海古籍出版社，1991，第203页。
⑥ 《汉书》卷92，北京：中华书局，1962，第3709页。

抢棋道来决胜，因此充满了刺激性与冲突性。一些人因此沉迷这种游戏，从而不走正道、荒唐度日，如《孟子》中言"博弈好饮酒，不顾父母之养，二不孝也"①。一些人则在游戏的刺激性与投机心理驱使下，将六博视为赌博的工具。"六博"中的"博"因而与"赌"紧密联系在一起，逐渐成为一种负面称谓。还有一些人则因博生怨，招致意想不到的灾祸。如《汉书》载汉景帝为太子时与吴国太子玩六博，也因为"争道"产生争执，而将吴太子杀死②。可见六博的娱乐性在促使六博流行的同时，也为游戏本身带来一层阴影，甚至在一定程度上为之后六博走向衰落埋下伏笔。事实上，六博之棋本身只是一种器物，从善者以之自娱，而从二者以之祸己，关键在于博弈之人。

（二）装饰性

六博具有的装饰性集中体现在目前考古出土以及传世收藏的六博图像中，③这些图像绘于画像石、画像砖、墓室壁画以及以博局镜为代表的器物之上。

六博图画像石年代在两汉时期数量最多，集中于鲁南、皖北、南阳、巴蜀等几个画像石墓集中分布的地区。④其在墓葬中多位于石棺、石椁之上，内容既有神仙对博，亦有凡人对博，前者常与升仙图、仙境图同时出现，后者常与出行图、仪仗图、车马图、乐舞图同时出现。也有题材杂糅同出者，如在山东微山岛沟南村发现的几块石椁隔板、侧板中，博戏图便与宴饮图、车马图、乐舞图以及带有西王母形象的升仙图同时出现。⑤

---

① 《孟子译注（简体精装本）》离娄篇章句下，杨伯峻译注，北京：中华书局，2018，第221页。
② 《汉书》卷35，北京：中华书局，1962，第1904页。
③ 本处所提之"图像"意为"图绘形象"，即表现主人公正在或准备做这两种游戏的图画形象。详见林圣智《图像与装饰：北朝墓葬的生死表象》绪论，台湾大学出版中心，2019，第9~11页。
④ 目前发现于山东滕州马王村、嘉祥宋山、邹城高辛村、滕州王开东汉晚期墓、济宁城南东汉晚期墓、临沂的西汉瓮砖石棺墓、微山县万庄、微山县沟南、枣庄小山西汉画像石墓、临沂庆云山西汉中期墓，河南南阳唐河、南阳陈棚墓、新野张楼，江苏铜山东沿东汉墓、沛县栖山一号画像墓，四川新津县城南砖室墓、新津宝子山崖墓、新津老君山崖墓、彭山高家沟282号崖墓、彭山梅花村496号崖墓、郫县新胜2号及3号砖室墓、南溪长顺坡砖室墓、简阳鬼头山崖墓、宜宾弓子山崖墓、屏山斑竹林遗址、富顺邓井关2号崖墓，安徽宿州褚兰镇，湖北省姚家岗东汉墓等处。
⑤ 唐宇：《新莽时期六博图像探微》，《中国国家博物馆馆刊》2018年第11期，第94~105页。

六博图画像砖数量次之，年代在两汉时期的有发现于四川彭县义和公社、[①]成都曾家包东汉画像砖石墓、[②] 河南新野张楼村砖墓、[③] 偃师辛村新莽时期壁画墓等处的六博图画像砖；[④] 年代在魏晋的有发现于四川大邑[⑤]以及嘉峪关新城乡7号墓[⑥]的六博图画像砖。

墓室壁画中的六博图发现于河南偃师市辛村壁画墓，[⑦] 该壁画绘有两人对博的场面：右侧者似正在下棋，左侧者专心关注棋盘，两人神态动作栩栩如生。该墓年代为新莽时代，墓内同时发现有六博图壁画砖。

博局镜因类似博局"T"形、"V"形以及"L"形棋道的纹饰而得名，是两汉时期常见的镜种，于湖南、江苏、广东、河北、山东、河南、陕西等省区市内均有发现，河南和陕西二省较多。除博局镜外，还有一些物品把博局或类似博局的图案作为装饰形式，包括博局占、日晷以及压胜钱等。因其可能具有特殊的象征性或仪式性，故放于后文讨论。

（三）象征性

尽管六博原本只是一种用于消闲度日的游戏，但在六博发展过程中，在不同的历史语境下，在不同身份群体的互动过程中，其象征意义超越了游戏本身。首先，就形制及设计理念而言，博局的布置就与秦汉时代的天地观念有关，尹湾汉墓出土的一件博局镜刻有"刻治六博中兼方，左龙右虎游四彭（旁），朱爵（雀）玄武顺阴阳，八子九孙治中央，常葆父母利弟兄，应随四时合五行"[⑧] 的铭文。同墓出土的博局占其棋道类似干支排列，很可能是用来预测吉凶的。中国国家博物馆藏有的一份来自一面新莽时代四神博局镜的拓本中则有"左龙右虎

---

① 陈显双：《四川彭县义和公社出土汉代画像砖简介》，《考古》1983年第10期，第896~902页。

② 陈显双：《四川成都曾家包东汉画像砖石墓》，《文物》1981年第10期，第25~32、100页。

③ 王褒祥：《河南新野出土的汉代画象砖》，《考古》1964年第2期，第90~93页。

④ 李雅梅、董磊：《洛阳汉墓壁画六博图的装饰语言研究》，《美与时代》（下旬刊）2019年第11期，第41~45页。

⑤ 王煜：《四川汉墓画像中"钩绳"博局与仙人六博》，《四川文物》2011年第2期，第61~67页。

⑥ 张军武：《嘉峪关魏晋墓砖画——六博》，《体育文史》1989年第3期，第21页。

⑦ 潘欣欣：《"博塞以游"——六博与塞戏探微》，《学理论》2012年第17期，第200~201页。

⑧ 李学勤：《〈博局占〉与规矩纹》，《文物》1997年第1期，第49~51页。

掌四彭，朱爵玄武顺阴阳，八子九孙治中央，刻具博局去不羊（祥）"① 的铭文，这说明秦汉时期之所以流行类似博局的规矩纹，很可能并不只是因为博局是常见之物，而是因为博局本身就象征着天地布局，体现了神灵对世人的庇佑。

除了博局之外，博箸、棋子也能体现六博具有的特殊含义。东汉人边韶在《塞赋》中言："棋有十二，律吕极也；人操厥半，六爻列也；赤白色者，分阴阳也；乍亡乍存，像日月也。"② 也就是说，六博来源于或体现了阴阳六爻，是战国至秦汉时代受《周易》及阴阳五行学说影响而产生的宇宙运行观的具体体现。

此外，清光绪二十三年（1897 年）在内蒙古托克托县出土了汉代日晷一件，该日晷刻有类似博局中央的方框以及"T"形、"L"形、"V"形棋道的纹路，③ 疑似博局的图案出现在用于测日计时的仪器当中，这也能从侧面说明博局与古人宇宙运行观间存在的联系。

（四）仪式性

目前所发现的两汉六博图画像石多为"仙人六博图"或"西王母六博图"，《风俗通义》中记载秦昭王与汉武帝曾"与仙人博"，《汉书》载哀帝建平四年"京师郡国民聚会，里巷阡陌，设张博具，歌舞祀西王母"。④ 仙人六博图、西王母六博图的流行与文本中帝王同仙人玩六博的记载可以说明，在秦汉时期，六博棋不单风行于俗世，也融入了人们对于神仙世界的想象。用博局祭祀西王母的行为表明，六博棋甚至作为仪式的一部分在祀神活动中起到一定作用。

一些特殊器物上的博局图案也可以佐证，在祀神仪式之外，两汉时代的占卜、祈福仪式中可能同样有六博的位置。目前发现于江苏东海尹湾汉墓群 6 号墓的博局占是一种占卜用具，呈简牍状，绘有类似博局棋道的图案。李学勤先生认为，汉代占卜者很可能根据占卜日的干支以及占卜内容，通过在博局占中的棋道行进而预测吉凶。⑤ 此外，中国古代有一种用于驱恶祈福的特殊钱币——压胜

---

① 李学勤：《〈博局占〉与规矩纹》，《文物》1997 年第 1 期，第 49~51 页。
② 龚克昌等评注《两汉赋评注》，济南：山东大学出版社，2011，第 824 页。
③ 孙机：《托克托日晷》，《中国历史博物馆馆刊》1981 年总第 3 期，第 74~81、91 页。
④ 《汉书》卷 27，北京：中华书局，1962，第 1476 页。
⑤ 李学勤：《〈博局占〉与规矩纹》，《文物》1997 年第 1 期，第 49~51 页。

钱，不同时代的压胜钱有不同的形制、装饰。在《古泉汇》中即有花纹极似博局的压胜钱出现，并带有汉代常见的"长乐未央"铭文，这说明六博与祝福或祈祷仪式也很可能存在联系。

二 六博之衰

两汉以降，六博游戏虽然仍有记载，但出现频率大大下降。至南北朝时，《南史》载"博塞当时独绝，莫能对者"，[①] 而《颜氏家训》中称"古为大博则六箸，小博则二茕，今无晓者，比世所行，一茕十二棋……"[②] 同时，在这一时期的考古遗址中，六博实物已不再出现。换言之，在经历春秋至两汉的兴盛后，六博游戏逐步衰落，最终走向了失传或异变。关于其失传的原因，以下尝试从三个方面分析：六博本身概念的俗化、社会大众对六博评价的改变，以及现实需求转变带来的影响。

（一）象征功能的丧失

在秦汉时期，六博不但风行于俗世，甚至与神仙世界也存在关联。但是，在东汉灭亡以后，博局镜逐渐衰落，六博图更是在墓葬中匿迹，而后人谈及六博时也很少将其与天地神明相联系——这是不是意味着六博与宇宙以及神仙方面的联系中断了？这个问题目前还没有一锤定音的解答。不过，从另一个角度来看，六博之所以在秦汉时期能与天地神明产生联系，一方面是因为其诞生很可能与阴阳学说有关，另一方面，正是因为阴阳谶纬学说本身的盛行，才能使六博持续与之发生关系。

两汉流行的阴阳谶纬学说，早在春秋战国时期便有所发端，阴阳家更是作为一个学说流派参与到百家争鸣之中。两汉时期，今文经学与阴阳学说合流，逐渐成为一时显学。受此影响，汉代出现了将日常事务、自然现象神秘化的风气。而作为汉代主流游戏的六博，自然容易被披上神秘主义面纱。虽然西汉末年起今文经学便受到古文经学的冲击，但由于符合统治者利益，谶纬学说与神秘主义反而

---

① （唐）李延寿撰《南史》卷 72，北京：中华书局，1975，第 1774 页。
② 王利器撰《颜氏家训集解（增补本）》卷 7，北京：中华书局，1993，第 591 页。

在新莽与东汉时代达到鼎盛，而"仙人六博图"的数量也存在新莽与东汉多于西汉的现象。但是，今文经学与谶纬学说神秘烦琐，甚至荒诞不经，存在致命的弱点，加之东汉末年以后社会动荡不安，旧儒学的书籍流散，传承者死亡。魏晋以后，在种种不利因素的影响下，旧经学与迷信风气受到玄学与佛教的夹击，进而走向落寞，而这一时间段以后，六博遗物也基本不再见于墓葬中。也就是说，六博与阴阳谶纬学说很可能存在"一荣俱荣，一损俱损"的关系。

（二）社会评价的转变

六博象征意义的变化，直接影响社会价值观对六博的衡量。如前文提到的六博具有的刺激性与冲突性常常造成不良影响，因此在六博大规模流行于世之后，很快就有人主张少玩甚至禁绝六博，如《管子·四时篇》中言，在国家于秋季应该颁布的政令中，"禁博塞"就是第一条。[1]

一方面，六博游戏在战国秦汉社会因本身的缺点而受到批评；另一方面，时人对于六博的评价并不局限于其弊端。例如，成书年代较晚的《颜氏家训》和《孔子家语》均假借孔子之口，表达了由于六博游戏易"兼行恶道"[2]因而"君子不博"的思想，但《论语》中记载孔子尝言："饱食终日，无所用心，难矣哉！不有博弈者乎？为之犹贤乎已。"[3]换言之，孔子认为尽管六博只是游戏，但与其无所事事、荒废光阴，不如有空下下六博，这也是有益的。同样在《塞赋》中，边韶认为，六博"质象于天，阴阳在焉；取则于地，刚柔分焉；施之于人，仁义载焉；考之古今，王霸备焉；览其成败，为法式焉"[4]，小小的博塞游戏，竟能同时蕴藏着天地运行的规律与人间成败的法则。

值得一提的是，在东汉晚期的诸城前凉台砖石墓出土的画像石中，有一方"宴饮讲学图"。[5]该图分为前后两部分，一人坐于画面前方的厅堂中，众人簇拥，其动作似正在讲经授课，另一人坐于画面后方的厅堂内，似乎在宴饮娱乐，桌上摆放有博筹。无独有偶，《后汉书》载汉代大儒马融既"才高博洽，为世通

---

① 黎翔凤撰《管子校注》卷11，北京：中华书局，2004，第851页。
② 《孔子家语校注》卷第1，高尚举、张滨郑、张燕校注，北京：中华书局，2021，第83页。
③ 《论语》阳货篇，陈晓芬译注，北京：中华书局，2016，第242页。
④ 《艺文类聚》卷74，上海：上海古籍出版社，1965，第1280页。
⑤ 任日新：《山东诸城汉墓画像石》，《文物》1981年第10期，第14~21页。

儒，教养诸生，常有千数"，也"居宇器服，多存侈饰。常坐高堂，施绛纱帐，前授生徒，后列女乐，弟子以次相传，鲜有入其室者"。① 这种探讨经义、教徒授课与娱乐活动在同一人身上出现的现象从侧面说明，在当时作为娱乐游戏的六博是能够与主流社会价值观并行不悖的。

然而，这种六博不违背社会主流价值观的情况在两汉过后似乎就消失了。一方面，在汉末兴起的薄葬风气的助推下，六博实物与画像于墓葬中出现的次数急剧下降；另一方面，文献资料中对六博的评价似乎呈现一边倒的状态，如前文所述声称孔子认为"君子不博"的《颜氏家训》和《孔子家语》也成书于东汉以后；而《抱朴子·自叙》更是用了大段篇幅来叙述六博的危害，认为玩六博不仅会影响心情，还会产生矛盾，甚至导致社会不稳定。② 六博似乎成为人人喊打的对象，这与前代其能够与主流社会价值观并行，甚至与"仙人""风流"相结合的现象天差地别。

（三）社会风气与现实需求的冲击

东汉以降，随着阴阳谶纬学说的式微，六博具有的阴阳占卜属性不断下降，六博本身的赌博意义也为越来越多的人所厌弃。社会价值评判体系的转变，则助推六博进一步从人们的日常生活中退出。

东汉时期，察举制度进一步发展，选官途径逐渐为世家大族所垄断，"名士"的身份与优越的政治和社会地位几乎可以画上等号。在这种背景下，东汉出现了"尚名"的社会风气。在《后汉书》中，范晔就认为，在这种风气影响下，东汉的士人大多"刻情修容，依倚道艺，以就其声价"。③《廿二史札记》中有"东汉尚名节"一条，曰："盖当时荐举征辟，必采名誉，故凡可以得名者必全力赴之。"④

"刻情修容"以提高"声价"，是其时成为"名士"的第一要务，其基本方法就是遵照伦理与道德来修饰个人形象，满足"清议"，提升个人名声，从而博取"终南捷径"。自我克制、提高修养本为美德，但在东汉时期，这种追求过于

① 《后汉书》卷60，北京：中华书局，2000，第1580页。
② 葛洪：《抱朴子外篇》卷50，上海：上海古籍出版社，1990，第336页。
③ 《后汉书》卷82，北京：中华书局，2000，第2188页。
④ 赵翼：《廿二史札记校证》卷5，北京：中华书局，1984，第88页。

盛行，以至于从单纯地提高个人修养、进行自我修饰，变成在修养的同时，通过矫揉造作以极力追求外界的"公认"。因此，有碍于追求"令名"的东西，在此时就会因为与时人需求相违而大受打击。

前文提到，六博具有的附加价值在东汉以后渐渐失去，其本身的一些弊端又被人嫌恶，因此对于继续培养名声的士人来说，六博就成为一项惹嫌之物。翻开《盐铁论》、《论衡》以及《后汉书》等相关文献，可见"博戏驰逐之徒"①、"博戏之人，其志复求食乎"②、"与之对博，上下喋嗫，有亏尊严"③ 以及"（梁冀）少为贵戚，逸游自恣，性嗜酒，能挽满、弹棋、格五、六博、蹴鞠、意钱之戏"④ 这类认为六博与"名节"相违的叙述，这说明六博在东汉晚期已经开始被列入社会价值评判体系的对立面。

从汉末至西晋，世家大族多以"礼仪""清誉"起家，更是名教与伦常的维护者，九品中正制的确立也使人才评判更加系统化，纲常与礼教成为雷池，时人若是再像前人一样沉迷游戏、沉迷六博，就很可能面临被"清誉"所弃的危险。

三　从六博到双陆

在六博游戏的热潮渐趋衰退以后，另一种棋类游戏——双陆逐渐出现在古人的视线内，并在日常生活中逐渐取代原本具有娱乐属性的六博，从而在南北朝至明清的广大时间范围内持续流行。这一"取代"过程的发生，同样也是多重因素共同作用的结果。

（一）双陆游戏的起源与传入

关于双陆棋的起源，古人的看法主要可分为两大类：本土起源说与"西来"说。持"西来"说观点的记载大多将双陆的起源与另外三种棋类——波罗塞棋、长行以及握槊相结合，如《魏书·术艺传》载："赵国李幼序、洛阳丘何奴并工

① 恒宽撰集《盐铁论校注》卷6，王利器校注，北京：中华书局，1992，第422页。
② 王充：《论衡》卷10，上海：上海人民出版社，1974，第161页。
③ 《后汉书》卷48，北京：中华书局，2000，第1291页。
④ 《后汉书》卷34，北京：中华书局，2000，第932页。

握槊。此盖胡戏，近人中国。"① 隋代《菩萨戒义疏》载："波罗塞戏者，西国兵戏。"② 宋人洪遵《谱双》载双陆"盖始于西竺，流于曹魏"。③ 这些记载说明双陆棋很可能是魏晋南北朝时期由西域或天竺地区传入中国的一种"胡戏"。明人谢肇淛在《五杂俎·卷六》中亦载："双陆一名握槊，本胡戏也……又名长行，又名波罗塞戏。"④ 可见在明清时期，人们已将双陆与长行、波罗塞相等同，认为其本自胡中。

也有部分文献持双陆本土起源说，前蜀人冯鉴《续事始》载："陈思王曹植建制双陆，置投子二，唐末有叶子之戏，遂加至六。"⑤ 其认为双陆由曹植所创，并由唐人改良。

欲搞清楚双陆棋的真正来源，必须先明确双陆与握槊、长行以及波罗塞棋三者之间的关系。一些记载认为它们很可能是同一种东西，如唐人邢宇在《握槊赋》中曰："握槊，今人谓之长行。"⑥《谱双》载双陆"获四名：曰握槊、曰长行、曰波罗塞戏、曰双陆"。⑦《菩萨戒义疏》解释了波罗塞棋的玩法，即两玩家各持二十颗棋子，通过占领棋盘上的"道"以争胜。⑧ 而清人孔继涵的《长行经》则认为："十二棋为双陆，三十棋为长行矣。"⑨ 双陆棋共十二子的说法在《资治通鉴》中也有体现："双陆者，投琼以行十二棋，各行六棋，故谓之双陆。"⑩ 换言之，双陆与长行皆是依骰子点数行棋的游戏，其区别在于棋子数以及骰子掷法。

那么双陆、长行与西域有没有关系？《长行经》中有对长行规则的具体描

---

① 《魏书》卷 37，北京：中华书局，1974，第 1972 页。

② 智顗、灌顶：《菩萨戒义疏》卷 2，载《大正新修大藏经》第 40 册，新文丰出版有限公司，1983，第 595 页。

③ 陶宗仪编《说郛三种》第 8 册，上海：上海古籍出版社，1985，第 4659 页。

④ 谢肇淛：《五杂俎》，北京：中国书店，2019，第 250 页。

⑤ 《资治通鉴》卷 162 梁太清三年二月条，北京：中华书局，1956，第 5006 页。

⑥ 邢宇：《握槊赋》，载《全唐文》卷 436，北京：中华书局，1983，第 4443~4444 页。

⑦ 《说郛三种》第 8 册，上海：上海古籍出版社，1985，第 4659 页。

⑧ 智顗、灌顶：《菩萨戒义疏》卷 2，载《大正新修大藏经》第 40 册，新文丰出版有限公司，1983，第 595 页。

⑨ 孔继涵：《长行经》，载《中华杂经集成》卷 3，北京：中国社会科学出版社，1994，第 147 页。

⑩ 《资治通鉴》卷 208 神龙元年二月条，北京：中华书局，1956，第 6587 页。

写，其中有一条："方者，偶局之路，各十有二……道二十有四，以法节气。"①
这说明，长行棋盘有两边，每边各有 12 个行棋点。无独有偶，在亚欧大陆另一
侧的古罗马，曾经流行过一种叫"Ludus Duodecim Scriptorum"（十二条线棋）的
游戏。这种游戏有 2 名参加者，他们各持 15 颗棋子，棋盘有 12 个行棋点。此
外，在公元 2 世纪的波斯帝国，曾经流行一种名为"Nardshir"（"纳尔德"）的
游戏。对这种游戏的玩法，曾有"每一边的 12 个凹槽就是 1 年的 12 个月，所有
的 24 个凹槽代表了 1 天的 24 个钟头，30 颗棋子象征着 1 个月的 30 天"的记载，
这与长行几乎一致。这种游戏后来从波斯传入天竺，而"波罗塞"一词正由梵
文词语翻译而来。②

　　双陆与西域的关系同样也能从考古遗存中发现端倪。早期（隋唐及以前）
双陆遗物的出土地点主要位于关中、河西、西域等地。目前发现的最早关于双陆
的遗物是陕西西安北周安伽墓中的双陆图，该图直白地描绘了两胡人对坐下双陆
的画面，同时，在该墓内发现了其他描述胡人生活的围屏图画。③ 据墓葬中出土
的墓葬铭载，墓主安伽本贯姑臧昌松（今甘肃武威），其家族为"黄帝之苗裔分
族，因居命氏"。④ 安伽之父在北朝朝廷中任职，其母为"杜氏昌松县君"。⑤ 安
伽本人曾担任"同州萨保"一职。对于"萨保"者，《隋书》载："雍州萨保，
为视从七品""诸州胡二百户已上萨保，为视正九品"。⑥ 目前，"萨保"一般被
解释为粟特聚落的政教首领。⑦ 北朝隋唐政府设置"萨保府"，以作为管理粟特
人聚集地的机构。⑧ 籍贯、官职以及说明"因居命氏"的习俗说明，安伽父子很
可能来自"昭武九姓"，是从西域迁来中原的粟特人或其后裔。而安伽墓中的围

---

① 孔继涵：《长行经》，载《中华杂经集成》卷 3，北京：中国社会科学出版社，1994，第
147 页。

② 马建春：《大食双陆棋弈的传入及其影响》，《回族研究》2001 年第 4 期，第 59~62 页。

③ 尹申平、邢福来、李明：《西安北郊北周安伽墓发掘简报》，《考古与文物》2000 年第 6 期，
第 28~35 页。

④ 尹申平、邢福来、李明：《西安北郊北周安伽墓发掘简报》，《考古与文物》2000 年第 6 期，
第 28~35 页。

⑤ 陕西省考古研究所编著《西安北周安伽墓》，北京：文物出版社，2003，第 86 页。

⑥ 《隋书》卷 28，北京：中华书局，1973，第 780~791 页。

⑦ 荣新江：《隋及唐初并州的萨保府与粟特聚落》，《文物》2001 年第 4 期，第 84~89 页。

⑧ 张桢、梁敏：《"萨保"社会职能的再研究》，《文博》2015 年第 6 期，第 50~57 页。

屏图案，正是旅居中国的粟特贵族的生活写照。①

综上所述，波斯的"纳尔德"游戏很可能便是双陆棋的前身。其由波斯传出后，再经商旅僧人或迁徙的游牧民族自西北带入中国，形成了波罗塞戏、双陆以及长行（握槊）。虽然存在玩法之别，但三者间具有大同小异的关系。古人也常常将"双陆"、"握槊"以及"长行"混用，互相指代。

（二）政权变迁与族群融合的影响

作为一项非"原生"型游戏，双陆能够传入并成功在中原扎根，与南北朝时期政权变迁与族群融合的特殊时代背景紧密相关。自汉代开始，来自西、北的少数民族便不断进入中原。魏晋以后，匈奴、羯、鲜卑、氐、羌等民族先后建立政权，而柔然、龟兹、粟特以及突厥等族群也与中原发生了互动。前文提到的安伽父子来自西域却入仕中原；身为粟特人，配偶从姓氏上（"杜氏昌松县君"）来看应该是汉人；而安伽墓的葬式及随葬品虽与汉人有所不同，但又采用了汉人常见的墓葬形式②——这些有趣的对比正是多族群融合现象的直观写照。

除了双陆之外，还有其他例子也能够佐证"胡戏"与"胡俗"可以借助民族融合的东风而于中原落地生根。以龟兹乐为代表的西域音乐为例，龟兹乐与双陆一样从南北朝开始流行，《隋书》认为，后世所谓源自北魏的"洛阳旧乐"其实来源于"吕光出平西域，得胡戎之乐"，③ 是"秦声"与"西凉之乐"的杂糅。到了北齐，以龟兹乐为代表的胡乐的影响力更大，《隋书》载："《龟兹》者，起自吕光灭龟兹，因得其声。吕氏亡，其乐分散，后魏平中原，复获之。其声后多变易。至隋有《西国龟兹》、《齐朝龟兹》、《土龟兹》等……杂乐有西凉鼙舞、清乐、龟兹等……至河清以后，传习尤盛。后主唯赏胡戎乐，耽爱无已。"④ 这直接说明了龟兹乐在北齐的流行。而《北齐书》载："西域丑胡，龟兹杂伎，封王开府，接武比肩……其帝家诸奴及胡人乐工，叨窃贵幸，今亦出焉。"⑤ 这也说明源自西域的胡人乐师在北齐甚得宠幸。到了隋代，《龟兹伎》与

---

① 陕西省考古研究所编著《西安北周安伽墓》，北京：文物出版社，2003，第87页。
② 陕西省考古研究所编著《西安北周安伽墓》，北京：文物出版社，2003，第86页。
③ 《隋书》卷14，北京：中华书局，1973，第313页。
④ 《隋书》卷15，北京：中华书局，1973，第378页。
⑤ 《北齐书》卷50，北京：中华书局，1972，第685页。

由前文"洛阳旧乐"演化而来的《国伎》一同被列入官定的《七部乐》中，标志着"胡乐"正式成为中原王朝的"官乐"。而曲项琵琶、竖箜篌等西域乐器尽管器型、音调有别于中原旧器，但也随之扎根于华夏大地。

在《隋唐制度渊源略论稿》中，陈寅恪先生借助齐朝君臣危难时刻不忘玩"龟兹国子"的例子说明以龟兹乐为代表的西域胡族文化对齐朝乃至整个北朝产生了深刻影响。① 从另一个角度来看，所谓西域文化肯定不会只包括音乐，双陆棋很有可能采取与龟兹乐相似的模式，在社会风气变化、时人需要游戏以丰富娱乐生活而六博游戏又已从人们的记忆中淡出的时代背景下，随"胡化"之潮而于中原迅速传播。

（三）从"刻情修容"到"纵情风流"的社会风气

前文提到，东汉以来，礼制与纲常逐渐森严，汲汲于名者皆"刻情修容"以悦清议，使六博因为容易"玩物丧志"而在社会被边缘化。在这样一种虚伪、森严的文化心理下，虽然六博不可避免地日益走向衰败，但有利于新游戏发展的思想也在悄然萌芽。

早在东汉时期，就已有人对虚伪僵化的礼法质疑，隐士戴良曾说："礼所以制情佚也，情苟不佚，何礼之论！"② "礼"本身就是为了表达感情而形成的，如果过于刻意以至违背"人情"，那么"礼"又有什么用呢？到了魏晋时代，虽然官方一度标榜维护礼法，但士大夫阶层反而对此更加抗拒，许多人意识到，"刻情修容"是虚伪且无意义的行径，而满足情感、释放欲望，才是人类真正的天性。在这种"任性"和"纵情"思潮的孕育下，加之当时政治局势不稳，社会动荡，士族阶层反而生出了一股不拘礼法、放纵享乐的风气。"玩物"不仅不会因为影响名望而被束之高阁，反而因为能够体现"风流"和"纵情"而重新被正大光明地"请"回人们的生活中。六博此时衰弱已久，玩法不为时人所知。③而新近传入的双陆由于具有较丰富的娱乐性而很好地填补了六博留下的空缺，因而迅速风行于世。

体现南北朝人以双陆为乐的例子非常多，比如《酉阳杂俎》载："梁时荆州

---

① 陈寅恪：《隋唐制度渊源略论稿（第2版）》，上海：上海古籍出版社，2020，第135页。
② 《后汉书》卷83，北京：中华书局，2000，第2227页。
③ 前文提到《南史》载当时"博塞当时独绝，莫能对者"。

掾属双陆赌金钱。钱尽，以金银花相足。"① 除日常娱乐以外，在一些记载中，我们可以看到这一时期部分上层人士对双陆游戏的痴迷已经到了耽误政事、害人性命的地步，如《梁书》载："方诸与泉不恤军政，唯蒲酒自乐，贼骑至，百姓奔告，方诸与泉方双陆，不信……贼骑遂入，城乃陷。"② 敌军已攻至城下，而守将还沉迷于双陆之中。《南史》载："贲，骨鲠士也，每恨湘东（梁元帝）不入援。尝与王双六，食子未下，贲曰：'殿下都无下意。'王深为憾，遂因事害之。"③ 一方借助双陆而劝谏，另一方身为天子，竟因双陆棋局中的言语讥讽而杀人，这说明即使身为九五之尊，在当时也不能对双陆"免疫"。

（四）双陆的持续流行

南北朝时期结束后，双陆游戏并没有随之走向衰落。进入隋唐时期，双陆棋在达官贵人中更加兴盛。在相关史料中，有人因为双陆而化解矛盾。"薛万彻尚丹阳公主，太宗尝谓人曰：薛驸马村气。主羞之，不与同席数月。帝闻而大笑，置酒召对，握槊，赌所佩刀子。佯为不胜，解刀以佩之。罢酒，主悦甚。"④ 也有人冒着生命危险也要带着双陆棋子。"（高宗）咸亨中，贝州潘彦好双陆，每有所诣，局不离身。曾泛海，遇风船破，彦右手挟一板，左手抱双陆局，口衔双陆骰子。二日一夜至岸，两手见骨，局终不舍，骰子亦在口。"⑤ 除文字记录外，这一时期的双陆模具实物也是双陆流行情况的重要体现。⑥

到了辽、金时代，随着民族交流与融合程度的加深，先后登上历史舞台的契丹、女真等少数民族皆对中原物质文化表现出一定仰慕之情。作为一项娱乐游戏的双陆棋，既顺着民族交融的潮流来到中原，又在这一潮流中得到了更多的发展机遇。

辽朝统治者对双陆的喜爱不减唐代，君臣共博双陆、极尽欢娱的景象依旧被记录在史料当中，如《辽史》尝载："丁酉，皇太后幸韩德让帐，厚加赏

① 段成式：《西阳杂俎》前集卷19，许逸民、许桁点校，北京：中华书局，2018，第394页。
② 《梁书》卷30，北京：中华书局，1973，第449页。
③ 《南史》卷80，北京：中华书局，1975，第2006页。
④ 刘餗：《隋唐嘉话》，北京：中华书局，1979，第25页。
⑤ 张鷟：《朝野佥载》，北京：中华书局，1979，第158页。
⑥ 考古出土以及传世收藏的双陆棋具实物、模型（俑）共20件，其中，隋唐时期有9件，辽金宋元时期有5件，明清时期有6件。

赉，命从臣分朋双陆以尽欢。"① 而辽兴宗甚至以居民城邑为筹码与其弟重元赌双陆，甚至到了"前后已偿数城"② 的情况。到了金元时期，双陆棋继续流行。在金代时，女真人痴迷双陆游戏的风气甚至引起金世宗的不满，他对西南路招讨使阿离补说："女直旧风，凡酒食会聚，以骑射为乐。今则弈棋双陆，宜悉禁止，令习骑射。"③ 到了元代，亦有"（元顺帝）每即内殿，与哈麻以双陆为戏"④ 的记载，可见此时统治阶级依旧热爱双陆运动，甚至达到了为此妨碍正事的程度。

四　结语

尽管形制与规则不同，但六博与双陆拥有相似的娱乐功能。六博兴起于战国末年，秦汉时期流行于世。东汉灭亡以后，六博走向衰落。到了南北朝时期，双陆逐渐兴起，取代了六博作为一种娱乐棋类游戏在人们生活中的地位。

六博衰落的原因可以归结为自身游戏以外功能的丧失、负面功能的放大以及社会风气与现实需求的影响。尽管在汉末至魏晋初年，六博游戏因为不利于塑造个人形象而不受力图"刻情修容"的时人欢迎，甚至连形制与玩法也逐渐失传，但到了南北朝时期，随着人们纵情享乐意识的再次觉醒以及多民族文化的碰撞融合，源于西域的双陆填补了六博留下的空缺，成为流行于棋盘上的新娱乐形式，在当时及之后的很长一段时间持续流行。

六博与双陆，是形制、玩法以及流行年代皆有所差异的两种游戏，但二者并非完全分离。回顾六博的盛衰史以及双陆棋在中国走向流行的历程发现，在不同时空背景下发生的数次文化变迁，恰似一条细微但坚韧的红线，将这两种棋类游戏的命运串联了起来。身为"游戏"，六博从盛到衰，双陆后继兴起。对于二者，古人的态度也是矛盾的：作为肉身凡胎、普普通通的"个体"，古人本能地沉醉于二者带来的快乐与兴奋之中；作为拥有智慧与理性的"人类"，古人在享受游戏的同时，也在不停地思考"游戏"究竟能为生活带来什么。从六博到双

① 《辽史》卷 12，北京：中华书局，2016，第 141 页。
② 《辽史》卷 109，北京：中华书局，2016，第 1630 页。
③ 《金史》卷 80，北京：中华书局，2020，第 1926 页。
④ 《元史》卷 92，北京：中华书局，1997，第 4581 页。

陆，既是游戏的变迁，也象征着文化的变迁，更体现出在不同环境下，古人的集体智慧所进行的衡量与取舍。理性与感性，现实与情绪，仿佛手持双陆、六博棋子永恒对峙的二人，他们在时代的演进当中互相拉扯，在名为"生活"的棋局中互相对决——斯所谓"博弈"是也。

塑造隐士：意义符号的历史书写

陈若凡*

摘 要 比之中国古代隐士的实然状态，二十四史呈现的隐士形象更多具有"典范性"特征，尤其是背后的浓厚政治底色，符号意义大于实质意义，本文基于历史政治学视角寻找作为意义符号的隐士如何在"正史"中被书写，以解读其深层次政治意涵，统合史学史与现象学以重构"隐士"作为意义符号的观念，运用多值集定性比较分析（mvQCA）技术，对源于二十四史隐逸列传的共 233 份样本进行赋值、量化、比较分析，共找寻到 21 条隐士塑造路径，解读路径并重点追踪其中的两个案例，将隐士纳入中国古代政治统治框架下，从多路径中总结出构造隐士意义符号以用于维护政治统治方面的主要目的，将中国古代正史的书写过程等同于史书所蕴含意义符号被政治俘获的过程，同时发掘隐士在历史书写过程中体现出的多样化因果关联与时间性等历史政治学特征。

关键词 隐士；意义符号；二十四史；历史政治学；多值集定性比较分析

一 绪论

（一）研究背景与研究意义

进一步提升国家治理效能，将是之后一个时期国家经济社会发展要努力实现

---

* 陈若凡，中国社会科学院大学政府管理学院博士研究生，主要研究方向为党内法规学、政治学研究方法。

的重要目标，其仰赖多元治理主体的广泛政治参与，① 充分发挥专家学者的智能水平，为国家治理现代化提供智力支持是实现这一要求的重要因子。由此，应对新一轮的现代国家治理图景及其所带来的全新治理挑战，需营造"海纳百川"的人才环境并实施"不拘一格"的人才政策，使政策更好地调动高层次人才的社会积极性，深度参与国家治理过程。这就要求国家改革现有的精英吸纳制度，提升本国的精英吸纳能力，尤其是注重打造开发竞争性的政治精英吸纳模式②。已有研究发现，本国历史文化传统会对政治参与意愿产生持久深远的影响，③ 若要追溯高层次人才与社会精英参与政治生活的文化传统，就需考察我国古代一个特殊的文化群体——隐士。

隐士，又称逸民、处士、高士、隐者等，是中国古代以不参与政治生活为标准的文化精英，隐士既有"士"的属性，是中国古代德才兼备人士、精英人士的集中体现，又拥有"隐"的特点，以政治冷漠这一最特殊的方式参与政治生活。二十四史是中国古代最具有正统性的纪传体史料，其中多有对隐士的记载，自许由、子州支父、善卷、巢父以降，所记述的隐士数量超过 300 个，更有 16 部为隐士专门创制列传。但作为具有"正史"属性的官修史书④，二十四史在创制过程中遵循"究天人之际，通古今之变"的"史意"，在选取人物时具有合目的性色彩，这使其不可避免地抛弃了隐士在现实中的实然状态，塑造出符合官方价值的"正史隐士"群像。二十四史所记载的隐士是一种典型的意义符号，更能体现官方所认定的典范性隐士的应然形象，即被政治伦理所吸纳的在野文化精英的形象，具有政治意义与统治意义，从这样的隐士群像中塑造的隐士文化，作为"有关人类群体秩序和权力安排的意义系统"⑤，对中国古代官方政治文化面

---

① 燕继荣等：《中国现代国家治理体系的构建》，北京：社会科学文献出版社，2018。

② 政治精英（political elite）具有多样化意涵，本文选取王炳权、李海洋在《中国政治精英吸纳模式的历史演进与转换逻辑》（《社会科学文摘》2017 年第 4 期）一文中的定义："指政治系统或政治组织中有才华、有能力和最精明能干的人，他们是握有权力之人，同时也包括其支持基础和后备之人。"

③ E. B. Henry, V. Sidney, L. S. Kay, "Beyond SES: A Resource Model of Political Participation," *American Political Science Review*, 1995, 89 (2).

④ 《二十四史》中最早的官修史书始于东汉明帝令班固"终成前所著书"，《史记》并非真正意义上的"正史"，但《史记》亦为后代所承认的纪传体官史，所蕴含的史观多被后代官史所吸收，也具有"正史"的属性。

⑤ 胡鹏：《政治文化新论》，上海：复旦大学出版社，2020。

貌的深刻影响直达今时，这对许多文化精英的性格养成起到塑造作用，在使文化精英保持谦卑精神并努力自我实现的同时，也促成囿于自我文化性格的养成，消解文化精英主动参与开放竞争性政治精英吸纳的意愿。基于此，本文立足历史政治学因果机制研究视野，力图解析作为中国古代官方文化符号的"隐士"如何被史书所塑造，探寻这一意义符号的历史书写机制，以期为这一由中国古代所独有的特殊政治精英吸纳模式提供更多元的研究视角。

（二）研究路径与研究方法

1. 作为研究路径的历史政治学视角

2019 年末出现并不断发展的"历史政治学"是中国政治史研究的一个热点与全新领域，它脱胎于 20 世纪西方的历史社会学研究，受到摩尔、安德森、蒂利、斯考切波、曼等历史社会学学者的影响。而不同于西方历史社会学将工业资本主义和民族国家产生的原因和后果作为核心议题，[①] 滥觞于中国文明基体的历史政治学主要以本国历史文化为素材，立足本国而展望世界，[②] 是构建政治学研究"中国视野"的一支有生力量。

与历史社会学不同，历史政治学强调中国视野与中国逻辑，更具本土化优势，在将中国传统作为研究对象时具有更充分的解释力，得以摒弃西方"国家—社会中心主义"二元视角带来的逻辑与思维禁锢，在处理中国史料时更为灵活；与历史制度主义相比，历史政治学不强调制度研究专美于前，采用多元化视角使文化史与思想史研究得以"海阔凭鱼跃，天高任鸟飞"；与传统制度史和思想史研究视野与方法论相比，政治学研究的历史政治学范式以"案例"为研究单元，注重在具有时间性的历史发展过程中研究历史现象背后的因果机制[③]，尤其是重视对于路径依赖的研究，且不局限于传统文献挖掘与观念史梳理的研究方法，历史政治学不排斥使用多种新型研究方法。以上多种优势使历史政治学成为研究贯穿中国古代正史典籍的隐士意义符号，并运用定性比较分析挖掘其背后塑造机理的最佳视角。

---

① 赵鼎新：《什么是历史社会学?》，《中国政治学》2019 年第 2 期，第 101~117、217~218 页。
② 姚中秋：《学科视野中的历史政治学：以历史社会学、政治史、比较政治学为参照》，《政治学研究》2020 年第 1 期，第 21~31、124~125 页。
③ 释启鹏：《历史政治学的方法论基础》，《中国政治学》2019 年第 2 期，第 70~98、217 页。

2. 作为研究方法的定性比较分析

定性比较分析（QCA）由查尔斯·拉金所创，是一种基于布尔逻辑的以案例和因果为导向的技术，在探究多因果组合关系上具有显著优越性，兼顾研究的整体性并方便开展组态比较①。传统的 QCA 技术主要分为四种，分别是由拉金开发的集定性比较分析、基于传统集合论的清晰集定性比较分析（csQCA）和引入隶属度后开发的模糊集定性比较分析（fsQCA），以及由克朗克齐斯特开发的多值集定性比较分析（mvQCA）。多值集在用途上可看作清晰集与模糊集间的中间状态，也是研究超过两种情况的结果变量时最为便利的方法，本文所研究的史书中隐士产生原因大于两种且为定类变量，故采用 mvQCA 技术。

二 观念重构：史学史与现象学的统合

（一）被赋予：诉诸史学史

在对隐士进行定性比较分析前，一个至关重要的问题是：史书中的隐士何以作为分析对象？更进一步来说，需要讨论史书所塑造的隐士是否具有历史意义外的其他意义，使之得以作为意义符号被进一步解读。对问题的回答需要诉诸中国史学史，探讨史学史中的"史官"形象，找寻隐士被赋予其他意义的线索。

史官制度本是中国古代最早发源的制度之一，商周时期就有史官存在，并设置太史、小史、内史等多种名目加以分别，在当时就已经发展到非常先进的阶段。其在春秋战国与秦时期进一步发展，《史记·廉颇蔺相如列传》中记载的史官在渑池之会中作为国家博弈工具更是发挥了重要政治作用。汉承秦制，司马迁所继承的正是其父亲司马谈的太史令职位并以太史公自居，班固编撰《汉书》时的身份为兰台令史。自唐代起，设置国史馆等专职修史机构，以将史官制度进一步规范化。② 在此制度框架下，中国官修史书具备民间私撰史书无可比拟的影响力，二十四史更是其中的翘楚。

编撰二十四史的史官群体亦是具有高角色意识的史家群体，司马迁"究天

---

① 杜运周、贾良定：《组态视角与定性比较分析（QCA）：管理学研究的一条新道路》，《管理世界》2017 年第 6 期，第 155~167 页。

② 〔日〕内藤湖南：《中国史学史》，马彪译，上海：上海古籍出版社，2008。

人之际，通古今之变，成一家之言"，"网罗天下放失旧闻，略考其行事，综其始终，稽其成败兴坏之理"（《报任安书》），体现其具有高度角色意识，其思想也被之后史官继承，以至二十四史充分蕴含史学经世理念。史学史专家瞿林东将其经世理念阐发为以下几点：[①]

（1）以伦理的或道德的准则警醒、教育人们；

（2）以历史经验启迪人们心智，丰富人们智慧；

（3）以历史上的种种制度与思考模式，提供进行现实选择的参考；

（4）以众多的历史人物的事迹、言论，向人们提供做人的标准。

由此，塑造于二十四史中的隐士意向具有史学意义之外的经世意义，该意义的赋予需要一定技术作为支撑。依据中国史学史观点，官修史书中赋予经世意义的技术主要为运用"史法"并蕴藏"史意"。"史法"与"史意"是清代史学批评家章学诚对唐代史学批评家刘知幾和自身史学批评思想的区别性总结。刘与章皆对纪传体官修史书重点关注，刘知幾认为其具有"显隐必该，洪纤靡失"（《史通》）的特色，章学诚则批评"纪传行之千有馀年，学者相承，殆如夏葛冬裘，渴饮饥食，无更易矣"（《文史通义》）。"史法"侧重修史的技术手段，二十四史所使用的技术包含："断代"技术"详一代之兴废"；"直书"技术尽可能还原史料真实性；"纪传"技术使等级秩序"名实相允"等。"史意"侧重修史理念，所追求的"意"与使乱臣贼子惧的"春秋大义"具有一致性，其中的技术包括"知人论世"设身处地还原历史人物场景、"彰往察来"描述史实背后规律性认识、"蓄德明道"突出史书教化功能。[②] 技术的使用过程同时也是塑造并赋予隐士意义的过程，此过程成为将隐士作为意义符号纳入现象学分析框架的先决条件。

（二）意义符号的解读：胡塞尔、格尔茨与卢曼

从符号现象学角度来看，"符号"与"意义"间存在"表现体"与"解释项"的内在逻辑关系。斯坦福哲学百科（SEP）"意义"词条通过讨论符号与意义在不同层面的关联性，将意义理论分类为阐释符号系统中单词与句意的语义理论（a semantic theory）和试图解释部分个体或群体如何为其语言符号赋予意义

① 瞿林东：《中国史学的理论遗产——从过去到现在和未来的传承》，北京：北京师范大学出版社，2013。

② 瞿林东：《中国简明史学史》，上海：上海人民出版社，2014。

的意义基础理论（a foundational theory of meaning）[1]。意义与符号关系的两种不同类别也催生出两种不同的"现象学"流派：前者诉诸语义，由皮尔斯开创符号学；后者更体现哲学方法论特色，主要表现为胡塞尔的现象学。[2] 从研究对象与研究目的角度来看，本文采用意义基础理论对"意义"进行解读，即把胡塞尔的现象学观点作为"隐士"意义符号分析的理论依据。

上文对二十四史的史学史讨论，成功验证了对"隐士"在历史书写过程中被史官"赋予意义"这一先决条件，也使"隐士"被纳入胡塞尔的现象学分析框架得以可能。依据胡塞尔的现象学立场，符号虽有所指称，但只有指示性的符号才具有意义。[3] 也就是说，胡塞尔的意义产生于意向行为，其实质由意向发出者所赋予。而史官在进行历史书写过程中的"史意"，正是其作为史学领域政治统治代表的精神投射，历史书写中的"史法"实质上也是对"隐士"符号的"获义意向行为"，证成了史书中隐士作为意义符号的本质。使文章得以抛却原有研究者对隐士实然状态的既有定见，直面史书中的隐士现象，并对其进行各种属性的挖掘。

在现象学层面成果将隐士的观念得以重构为意义符号后，另一个亟待解决的问题是，被纳入中国古代政治社会中考察的隐士与停留在文本中的隐士意义符号是否具有合意性？通过引入格尔茨的文化符号研究理论与卢曼的复杂性系统理论，可以成功实现文本与社会的平稳链接。

具有一致性的是格尔茨与卢曼均深受现象学的启发，二者的求学年代也与胡塞尔及其学生海德格尔的学术活跃期相近，格尔茨与卢曼的重要成果均可看作现象学方法作用于社会实际问题研究的重要实践。在《文化的解释》中，格尔茨使用相当篇幅解析在文化人类学研究中，符号与其承载的意义间如何得以贯通。通过研究人类文明中最重要的文化体系之一的宗教文化，并实地参与印度尼西亚

---

[1] 参见斯坦福哲学百科"意义"词条。"Theories of Meaning," *Stanford Encyclopedia of Philosophy*, Jun. 27, 2019, https：//plato. stanford. edu/entries/meaning/。

[2] 皮尔斯的现象学是关于意义形式的理论，作为其符号学的哲学支撑，其手稿多次使用"现象学"（phenomenology）一词，而在其发展符号现象学过程中并没有机会接触同时代胡塞尔的现象学体系，故可将皮尔斯符号学与胡塞尔现象学并列为两种不同的现象学流派。赵毅衡：《意义理论，符号现象学，哲学符号学》，《符号与传媒》2017年第2期，第1~9页。

[3] 〔德〕埃德蒙德·胡塞尔：《逻辑研究 第二卷 第一部分》，倪梁康译，上海：上海译文出版社，1998。

"爪哇岛""巴厘岛"等较落后地区具有原始特征的习俗，格尔茨对人类学中文化的概念进行"深描"，将其形象地比喻为用于悬挂人的意义之网。① 在格尔茨的逻辑中，文化作为历史上各种意义组成的意义体系，由符号得以承载。由此推论，得以将文化行为作为符号与意义的桥梁，即通过建构、理解、运用符号的行为，使符号得以成为意义的载体，这相当于胡塞尔现象学理论层面的"表述"，这类行为如话语、仪式等，而历史书写同样是此类文化行为，可以作为承载官方隐士文化（隐士意义符号）的载体。

与格尔茨不同，卢曼的研究使对意义符号进行历史性把握得以可能。卢曼的主要贡献是对复杂性与偶联性的论述，成功让意义分析进入社会的动态性视角，被纳入系统的逻辑分析框架中研究。从问题导向的功能分析角度把握"意义"出发，代入瞬息万变社会的"意义"失去了超验视角，由意义构成的"意义综合体"是不同于格尔茨编织文化视角的动态系统。通过引入控制论，区别意义系统之自身反馈回路与目标导向行为，使所有可能性意义信息得以在意义系统中递归运行，避免其逻辑层面的"自反"。② 这使自东汉至明朝长周期对隐士这一"意义符号"的考察得以可能，成功将不同政治、经济状况下符号的表征顺利纳入整体的符号意义系统之中。同时，卢曼研究系统逻辑时重点使用的等值功能主义方法论，强调其中因果解释的关键性地位，也为体现因果特征的历史政治学视角和寻找逻辑集合的定性比较分析方法纳入隐士的意义符号研究提供理论支撑。③

三　研究设计：案例选择与变量赋值

（一）案例样本的选择

《中国隐士与中国文化》中提及，中国隐士不下万余人，在这样庞大的样本量下，通过人工翻阅典籍筛查历朝历代诸隐士人物及事迹，工程量浩大且效率低下，机器抓取法亦显精确度较差，且历朝历代流传史书不知凡几、泥沙俱下，甚

---

① 〔美〕克利福德·格尔茨：《文化的解释》，韩莉译，南京：译林出版社，2014。
② 〔德〕尼克拉斯·卢曼：《法社会学》，宾凯、赵春燕译，上海：上海人民出版社，2013。
③ 秦明瑞：《系统的逻辑——卢曼思想研究》，北京：商务印书馆，2019。

至出现对隐士生平事迹记载相互矛盾的地方。① 本文选取二十四史作为数据唯一来源，在保证前后一致性的同时更体现方便原则。基于前文所述之原因，本文只选择专辟出的《隐逸列传》作为考察对象，对逸散在该列传之外被史家认为是"求名干禄"的隐士不进行统计，以求更突出该意义符号的属性特征。

《后汉书》是二十四史中第一部特辟隐士专传的史书，除《后汉书》外，另有 15 部正史为隐士专门列传，由此，本文选取《后汉书·逸民列传》《晋书·隐逸列传》《宋书·隐逸列传》《南齐书·高逸列传》《梁书·处士列传》《魏书·逸士列传》《北史·隐逸列传》《南史·隐逸列传（上、下）》《隋书·隐逸列传》《旧唐书·隐逸列传》《新唐书·隐逸列传》《新五代史·一行列传》《宋史·隐逸列传（上、中、下）》《金史·隐逸列传》《元史·隐逸列传》《明史·隐逸列传》为数据源，筛去其中重复记录的人物，共 233 位隐士成为案例样本，并通过阅读其生平事迹进行分类与赋值。②

（二）隐士的诸类别

《后汉书》中将隐士分为六类：或隐居以求其志，或回避以全其道，或静已以镇其躁，或去危以图其安，或垢俗以动其概，或疵物以激其清。蒋星煜认为这一分类方法太主观且太零乱。借鉴前人学者对实然状态下隐士的分类标准，加以史料阅读，笔者从五个维度对正史中塑造的隐士进行分类，以求穷尽所有样本的共性特征，即分为处世哲学、个体行为、政治状态、经济生活与隐逸行为，每一维度按照不同标准分为若干数量的类别。

处世哲学依照蒋星煜的分类标准，意指从主观性支配隐士隐居的主要动因，分为失败主义与个人主义两类。失败主义意为政治参与受挫转而产生隐逸倾向，如伯夷、叔齐，若非武王伐纣，二者已然不会隐居，而会继续作为孤竹国的政治精英参与政治生活，由武王伐纣事件产生出的隐逸倾向即为隐士的失败主义哲学。个人主义则是最单纯的隐士处世哲学，如许由、野王二老、严光等几乎无任何外部性因素参与的政治冷漠。

个体行为分移情、逃遁与不仕三类，侧重于隐士在行为层面的解释。移情指

---

① 蒋星煜编著《中国隐士与中国文化》，上海：生活·读书·新知三联书店上海分店，1988。
② （西汉）司马迁等：《二十四史》，北京：北京出版社，2008。

参与政治生活后向往隐居但未进行辞官的活动，即情动而身未动，此类包含身居官职心念自然（"时景帝辅政，召群官会议，粲又不到，朝廷以其时望，优容之。粲又称疾，阖门不出。"《晋书·范粲传》）与累试不第转于隐居（"尝以乡荐试京师不利，即罢举。"《宋史·陈烈传》）；"逃遁"指参与政治生活后为恢复隐士身份而辞官；"不仕"则指从始至终未参与政治生活。

用政治状态描述隐士政治活动，分假隐与真隐，蒋星煜将"在野之身应在朝之命""在野之名务在朝之实""在野之法求在朝之位"等因某种条件而不从政但有一定政治生活的隐士称为假隐，本文由于先行剔除多数求名干禄的"假隐"，故将所有经历过自发性参与政治实践行动者称为假隐，将从未参与政治的称为真隐。

经济生活指所记录隐士的经济状况，分官宦、有业与无业，具有一定经济实力、本身当过官有财富积累或背靠家族过隐居生活的为官宦，如贺知章；有业指依靠农耕或教书等为生的给养于小农经济的隐士；无业则指过着原始的、生产力水平极低的生活的隐士，如伯夷、叔齐。

作为结果组态的隐逸行为侧重于阐述隐士产生的表象性原因，分为政隐、儒隐、道隐、释隐、德隐。政隐由于政治失意或不愿做贰臣，秉持无道则隐的态度；儒隐涉及尊崇儒家教化，甘愿皓首穷经、独善其身或为尽孝等儒家美德而隐居的隐士；道隐涉及受到道家学说或道教的影响，乐于山水、潜心求导的逸士或修士；释隐涉及受到佛教影响，心神空寂、遁入空门的隐者与僧人；德隐则是最为彻底的隐逸状态，如许由等无其他隐居目的，不受外在影响而全凭内心的不事王侯、高尚其事的隐者，这是最高隐逸状态。

通过阅读各隐逸列传，从处世哲学、个体行为、政治状态、经济生活与隐逸行为五个维度对各隐士的基本情况进行标注（见表1）。

表1　中国古代隐士基本情况（节选）

书名	姓名	处世哲学	个体行为	政治状态	经济生活	隐逸行为
《后汉书·逸民列传》	野王二老	个人主义	不仕	真隐	无业	德隐
	向长	失败主义	不仕	真隐	有业	儒隐
	逢萌	失败主义	逃遁	假隐	有业	政隐
	周党	失败主义	逃遁	假隐	有业	儒隐
	王霸	失败主义	逃遁	假隐	无业	政隐

续表

书名	姓名	处世哲学	个体行为	政治状态	经济生活	隐逸行为
《后汉书·逸民列传》	严光	个人主义	不仕	真隐	无业	德隐
	井丹	个人主义	不仕	真隐	有业	德隐
	梁鸿	个人主义	不仕	真隐	无业	德隐
	············					
《晋书·隐逸列传》	孙登	个人主义	不仕	真隐	无业	德隐
	董京	个人主义	不仕	真隐	无业	德隐
	············					
《宋书·隐逸列传》	戴颙	个人主义	不仕	真隐	有业	道隐
	宗炳	个人主义	不仕	真隐	有业	道隐
	周续之	个人主义	逃遁	真隐	有业	儒隐
	王弘之	个人主义	逃遁	真隐	有业	道隐
	阮万龄	失败主义	移情	假隐	官宦	道隐
	············					

（三）变量赋值

隐士研究者将许由、巢父、严光等称为最彻底的隐者，他们完全依据内心而不带任何其他目的隐居，这是隐逸的最高状态，由此，笔者赋予各变量中最少具有外部干预属性的那一个最大值。

1. 结果组态

mvQCA 研究方法较 csQCA 与 fsQCA 研究方法的优越性在于结果变量不限于两种情况，故依据最高状态赋予最高值的方法，为五种隐逸状态赋予 0~4 五个值。

2. 条件变量

本文将处世哲学、个体行为、政治状态、经济生活四个维度作为条件变量，依据 mvQCA 研究方法的赋值原则，需要将多于两项的变量类型合并为两项，并依据靠近最高状态赋予最高值的方法进行赋值。

个体行为维度，由于移情与逃遁都是拥有过政治生活的状态，因此共同赋低值；经济生活维度，将有业和无业两类依靠自我劳动实现自足的状态赋予较高值。

四　实证分析：数据检验与定性比较

（一）真值表构建

本文使用复旦大学唐世平团队开发的"全功能多值定性比较分析"（fully functional multiple-valuedQCA，fm-QCA）软件进行 mvQCA 操作，与另一款多值集分析软件 Tosmana 相比，fm-QCA 软件在多值逻辑化简等方面更简洁，且更便于国内研究者使用。

将各变量用字母表示：隐逸行为（CON）、处世哲学（PHI）、个体行为（ACT）、政治状态（POL）、经济生活（ECO）。

（二）单一条件的必要性检验

多值集定性比较分析通过计算一致性和覆盖率解释变量之间的必要性和充分性关系。一致性是指纳入分析的全部案例在多大程度上共享了导致结果出现的某个给定的条件或条件组合，覆盖率是指这些给定的条件或条件组合在多大程度上解释了结果的产生。[①] QCA 的阈值通常设置为 0.8，表示有 80% 案例符合一致性条件。本文采用 fm-QCA 软件对单个条件变量是否对隐士有塑造作用的必要条件进行分析，分析结果见表 3。当一致性大于 0.9 时，可认定该条件变量是结果变量的必要条件。而在所有隐逸行为塑造的过程中，假隐是塑造政隐的必要条件，自给自足式的经济社会是塑造儒隐的必要条件，个人主义、不仕和真隐则共同作为德隐的必要条件。

表 2　单一条件变量必要性分析结果

条件变量	结果组态一致性									
	0		1		2		3		4	
	否	是	否	是	否	是	否	是	否	是
PHI	●	○	○	●	○	●	○	○	○	●
ACT	○	○	○	○	○	○	○	○	○	●
POL	●	○	○	○	○	○	○	●	○	○

---

① 陈宇、闫倩倩：《"中国式"政策试点结果差异的影响因素研究——基于 30 个案例的多值定性比较分析》，《北京社会科学》2019 年第 6 期，第 42~52 页。

续表

条件变量	结果组态一致性									
	0		1		2		3		4	
	否	是	否	是	否	是	否	是	否	是
ECO	o	o	o	•	o	o	o	o	o	•
单一条件变量类型（0，1）										

注：单一条件变量类型中"是"表明条件发生或存在，"否"表明条件不发生或不存在，"•"表明一致性高于 0.8，"o"表明一致性低于 0.8。

资料来源：王洛忠、崔露心《公民参与政策制定程度差异的影响因素与路径模式——基于 31 个案例的多值定性比较分析》，《南京大学学报》（哲学·人文科学·社会科学）2020 年第 6 期，第 99～111、159～160 页。

（三）多值集定性比较分析

为排除众多生成的逻辑余项，使所形成的组合都可以在史料中得以解释，mvQCA 通常会采用分析结果中的中间方案，由中间方案所构成的所有隐逸行为生成路径如表 4 所示。

表 3 多值集定性比较分析结果

隐逸行为	条件组合	原始覆盖率	净覆盖率
0	~PHI * ~POL	0.8484849	0.0
	ECO * ~POL	0.54545456	0.0
	~ACT * ~ECO * ~POL	0.33333334	0.0
	PHI * ECO	0.09090909	0.0
	ACT * POL	0.09090909	0.0
	PHI * ~ACT * ~POL	0.060606062	0.0
	所有组合覆盖率	1.0	
1	PHI * ECO	0.7209302	0.0
	PHI * POL	0.6395349	0.023255814
	ACT * ECO	0.54651165	0.023255814
	~ACT * ~POL	0.30232558	0.0
	~PHI * ~POL	0.1627907	0.0
	PHI * ~ACT * ~ECO	0.069767445	0.0
	所有组合覆盖率	1.0	

续表

隐逸行为	条件组合	原始覆盖率	净覆盖率
2	PHI * ECO	0.70212764	0.021276595
	PHI * POL	0.63829786	0.04255319
	~ACT * ~POL	0.34042552	0.14893617
	PHI * ~ACT * ~ECO	0.10638298	0.0
	所有组合覆盖率	1.0	
3	PHI * POL	0.8333333	0.25
	PHI * ECO	0.75	0.16666667
	所有组合覆盖率	1.0	
4	PHI * POL	0.9464286	0.17857143
	ACT * ECO	0.78571427	0.0
	~PHI * ~POL	0.05357143	0.035714287
	所有组合覆盖率	1.0	

注："＊"表示和；"～"表示非即不存在；原始覆盖率表示该条件组合能够解释案例的比例，同一结果有可能被多条路径反映；净覆盖率表示有多少案例仅能被该条路径所解释，数值越大表示该路径越容易导致结果产生。

五　案例追踪：显著路径的重点阐释

对比隐士塑造的 21 条路径，可以通过对其中最具解释力（覆盖程度最好）的两种条件变量组合方式，即 PHI * ECO 与 ~PHI * ~POL 进行重点追踪，通过史论结合方式挖掘其背后所隐藏的历史书写规律，前者重点追踪《后汉书》所记载的东汉隐士，后者则纵向类比《旧唐书》《新唐书》《宋史》《明史》中的《隐逸列传》隐士群像。

（一）案例分析 1：隐士中的无业者

被几乎所有隐士研究者盖棺定论的一个意见是，中国古代隐士大多来自相对富裕家庭。隐士符号中"士"的属性代表其作为文化精英的社会阶层属性，这一阶层基本由官宦门第或富裕世家所垄断，而来自贫苦家庭的读书人，虽得以跻身为文化精英，却并无归隐所具有的物质基础，如杜甫诗言"何路沾微禄，归山买薄田"、戴亨诗"惭余世路遭危颠，无钱难买归山田"①。吊诡的是，对于统计数据中所有经济状态显示为"无业"的隐士，相当数量集中于东汉这一统计时间轴的起始时期，也是时间轴中物质生产力最为低下的时期，而这明显与事实逻辑相悖，历史书写与实然状态的差异，与该时期特殊的精英吸纳模式密切相关。

汉朝施行以察举征辟制为主的选官制度，朝廷多举"贤良方正能直言极谏者"（《史记·孝文本纪》），但在东汉时代，察举征辟制多为"门第""阀阅"所把持，贫民子弟上升途径受阻，寄希望于通过成为隐士博取名声，"隐居岩穴之士，设为名高者，安归乎？归于富厚也"（《史记·货殖列传》），"干禄求进，所以引其志也"（《后汉书·周黄徐姜申屠传序》）②，然《后汉书·逸民列传》中的隐士大多不在此列。《逸民列传》中塑造了"野王二老""汉阴老父""陈留老父"此类带有神秘色彩的角色，此三者被标注时均为"不知何许人也"，历史描述也仅为与他人接触后遗留的风闻。从史学史角度来看，这类人物塑造历史意义并不深刻，但从文化解释角度来看，"野王二老"等已非其作为隐士的本体意义，而作为意义符号另有其实。

《逸民列传》刻意对此类隐士赋予极高的道德评价，"然而蝉蜕嚣埃之中，自致寰区之外，异夫饰智巧以逐浮利者乎！荀卿有言曰，'志意修则骄富贵，道义重则轻王公'也"。一方面是以对比求名干禄者，彰显真正不求闻达隐者的高尚品性，另一方面从另一个角度达成统治文化与隐士文化的和解。从个人发展角度来看，隐者不仕固然受其本身处世哲学与道德信仰影响，却也是精英吸纳制度不充分的另一种体现，古时盛世在人才选用方面的最高标准并非以隐士多寡而定，而是达到"野无余贤"的状态。在此意义上，流落民间、连征不应的隐士本身为统治政权的异见者，隐居行为亦是对抗现实政治的行为，如汉阴老父言："我野人耳，不达斯语。请问天下乱而立天子邪？理而立天子邪？立天子以父天下邪？役天下以奉天子邪？昔圣王宰世，茅茨采椽，而万人以宁。今子之君，劳人自纵，逸游无忌。吾为子羞之，子何忍欲人观之乎！"（《后汉书·汉阴老父传》）。在此情景下，官修史书侧重于书写隐士隐居的背后所受个人处世哲学与

---

① 前诗出自（唐）杜甫《重过何氏五首》，后诗出自（清）戴亨《为蔚千张同年寿》。
② 齐涛：《论东汉隐士》，《安徽史学》1992年第1期，第12~17页。

价值选择，尤其是作为统治文化的儒家文化的影响，成功将该意义符号锚定在隐士本体角度，同时侧重描述严光与天子友善、梁鸿与士大夫交往的事迹，顺利将隐士纳入统治秩序与统治文化解释框架之内，掩盖政治社会矛盾对隐士生成所起到的关键性作用，以便利消解非开放性精英吸纳制度所产生的尖锐矛盾，维护国家的政治统治秩序。

（二）案例分析2：隐士中的无道则隐

《明史·隐逸列传》中写："明太祖兴礼儒士，聘文学，搜求岩穴，侧席幽人，后置不为君用之罚，然韬迹自远者，亦不乏人。迨中叶承平，声教沦浃，巍科显爵，顿天网以罗英俊，民之秀者，无不观国光而宾王廷矣。其抱瑰材，蕴积学，槁形泉石，绝意当世者，靡得而称焉。由是观之，世道升降之端，系所遭逢，岂非其时为之哉。"这一论断映射出史家对隐士与外部政治环境互动关系的认知，即认可隐士在政治无道时归隐避祸选择的合情理性。自唐宋时期，随着科举取士技术的不断发展，拥有为官经历隐士出现频率较前代明显增长，处于政治意识上假隐状态的隐士也较之前增多。科举取士提高国家精英吸纳能力，该领域的社会矛盾较之前而放缓。在此时段，隐士评价标准较之前发生迁移，由以"德行"为主的一元标准转向"德才并举"的二元标准，隐士作为意义符号被史书赋予监控政权治乱兴衰的"晴雨表"功能。

作为监控治乱的晴雨表，隐士数量的增加标志着政治衰败与社会动荡，文化精英不得不隐居避祸，丧失自我实现的社会渠道。此类特征在《旧唐书·隐逸列传》《新唐书·隐逸列传》《宋史·隐逸列传》《明史·隐逸列传》中表现得尤为典型。唐、宋、明三朝较其临近朝代（五代、辽、金、元）而言，最主要的优势为存在时间较长，无剧烈朝代更替现象，在此前提下，三朝史书中的隐士分布却呈现明显的规律性：《唐书》中隐士多分布在贞观以前和中唐以后，且几乎或多或少主动参与过政治生活；《宋史》中处于南北宋交替时期或南宋中后期的隐士数量较多且更易受失败主义处世哲学支配，表现为假隐状态或发生逃遁、移情行为；《明史》共记载隐士12位，他们大多为洪武、永乐、天启、崇祯四朝人士。

《唐书》《宋史》《明史》中隐士符号的塑造，充分实现史官将精英自我实现与国家政权稳定的捆绑。二十四史除《史记》等少数外，多非本朝史官所撰，后朝撰写前朝史书时，本身就有蕴"成败兴坏之理"的政治考量。通过重点书写动乱时期的隐士，亦可起到对本朝文化精英的规劝，即通过引发读者对动乱时期隐士的共鸣，劝导读书人中入朝为官者力保政治清明、纲纪有序，尚在野者也永怀忠君爱国之心，摒弃叛逆思想，最终使上下一心，道洽政治，泽润生民。史书所塑造的无道则隐的隐士意义符号的背后蕴含着有道则仕的政治意涵，作为统治者规训、俘获文化精英的一种技术手段，其最终依然导向维护国家政治统治秩序。

六 余论

本文从历史政治学视角出发，运用定性比较分析的研究方法，通过对二十四史中被辟入《隐逸列传》的所有隐士全景扫描，共生产 21 条塑造路径，通过对 21 条塑造路径的解读与对"无业者"和"无道则隐者"两类群体的重点追踪，共发现对史书中"典型性隐士"意义符号塑造过程中的如下特征。

1. 表象特征：各塑造路径的诸变量间本身密切联系

除去部分个性化组合，诸多构成路径间的要素本身相辅相成，如失败主义之于假隐、个人主义之于真隐、小农经济之于不仕，这些要素之间的密切联系使其在塑造隐逸行为的过程中更是水到渠成、一蹴而就。

同样，部分要素之间还存在相反相成的关系，出现一些让人耳目一新的组合，如小农之于假隐、个人主义之于移情，甚至出现在野之身亦享在朝之位这样出人意料却又逻辑自洽的组合（《梁书·陶弘景传》）。

2. 横比发现：个体心理层面意义符号的塑造机理更为单纯

比较政隐和儒隐的六种生成路径，在横向结果组态中，道隐、释隐与德隐的塑造路径更为精简，塑造机理更为单纯。受到外物影响深刻的政隐与追求外物（格物）的儒隐，更有机会与更多种类的构成要素在外部交互，要素之间彼此排列组合构成全新路径，这为此类隐士塑造增添多样化可能。

而追求本心的道隐、释隐与德隐更多依赖隐士自身，相应地也会刻意降低对外物的欲望，外部交互频次较少，在塑造机理上更为单纯，多依靠处世哲学的影响。

3. 深层挖掘：隐士塑造的因果机制体现历史政治学的时间性特征

分析数据的集中程度，对应编号人物所在的朝代年份，尤其是纵向对比后汉与唐宋明的重点案例，可以寻找许多具有深刻时代特征的塑造路径，这深刻体现了中国通史与历史政治学范式中的时间性特征。

如大量的德隐行为发生在后汉与魏晋时期，这从侧面反映出儒学与佛道在并不算发达时代的特征，也从一定程度上体现人们对更古时期许由、巢父的美德的向往，这间接体现了中国厚古的文化特征。与之相比较的是，对于在玄学发达的魏晋南北朝时期和在儒学与科举繁荣的宋代所独具的特色，世家贵族寄情山水和寒门累试不第者被迫隐居，都是时代特有的文化符号，具有深厚的时间感。

4. 整体把握：历史书写中的隐士作为意义符号的塑造目的是服务国家政治统治秩序

无论隐士中的无业者形象，还是隐士中的无道则隐者，相异的表征却导向共同的目的，即维护国家政治统治秩序。与古代隐士的实然状态不同，史书所塑造的典范性隐士更能体现其政治意涵而非文化目的，这与中国古代官修史书"蓄德"与"明道"的社会政治功能相匹配。

史书中"隐士"符号的实质为统治文化的载体，携带封建时代皇权大一统的信息因子，虽具有上文所述的历史政治学之时间感，但在整体性方面依然具有一致性特征。将历史政治学的分析视角与研究方法引入对片段式"断代史"与某层面单一意向的解读，可助力对历史进行逻辑性整体把握，从历史一侧管窥中国几千年发展全貌。

5. 总结升华：中国古代正史的书写过程也是其中所蕴含意义符号被政治俘获的过程

梁启超曾言："二十四史非史也，二十四姓之家谱而已。"对二十四史解读的"家谱论"体现出梁启超富有前瞻性的史学素养，其中蕴含阶级史观的特质。虽然史官在历史书写过程中强调"直笔"与"知人论世"，反对"曲笔"或基于个人好恶的"蔽真""溢真"，力保史料真实性，但在实际书写过程中，对"史法""史意"的追求以及"名教"的目的使修士会带着史官主体的立场。而在官修史书的大环境下，具有官员属性的修史者的立场也必然是政治统治所要弘扬的"意识形态"。正史的书写过程，意味着以"隐士"等"典范性"意义符号被政治一步步俘获，是被纳入政治统治框架下的过程，而这也是后人在运用史料过程中应具有的重要史学素养。

塑造隐士，彰显其背后"有关人类社会秩序与权力安排"的符号意义，体现出历史文化与政治、社会间的密切关系。意义符号角度的隐士研究在补充该领域本身的同时，亦为思考政治文化与政治制度双主体间关系提供相应启发——就塑造隐士的过程而言，文化维度与政治维度并无想象中的深厚鸿沟，这也有助于研究者针对文化多样性所导致的治理现代化路径的多样性，提供合理的应对策略。

土地财政与政府隐性债务：
来自聚束估计的证据

付亚鹏*

摘　要　稳妥处置地方政府隐性债务问题是未来政府工作的重点和难点，本文基于聚束估计方法，利用工业用地出让最低价标准政策对土地交易市场的冲击，识别地方土地出让行为对政府隐性债务的影响。研究发现，《全国工业用地出让最低价标准》的实施使土地成交单价出现了显著的聚束效应，平均有 11.09% 的地块成交单价受《全国工业用地出让最低价标准》影响而调整至最低价标准右侧；地方政府工业用地出让价款受政策影响，相较于反事实分布平均增加了 8%，地方政府综合土地出让价款受到政策影响，相较于反事实分布平均降低了 1.5%，地方政府隐性债务规模受政策影响，相较于反事实分布平均增加了 14.1%。Wald 估计结果显示，地方工业用地出让价款每增加 1%，地方政府隐性债务规模将增加 1.768%，综合土地出让价款每增加 1%，地方政府隐性债务规模将减少 9.502%，这意味着地方政府工业用地收入对于政府隐性债务具有正向效应，而地方政府综合土地出让收入对于政府隐性债务具有负向的挤出效应。研究结果为防范化解地方政府债务风险、实现高质量发展提供了创新路径和理论证据。

关键词　工业用地；土地财政；政府隐性债务；聚束估计

＊　付亚鹏，中国社会科学院大学经济学院 2020 级本科生。

一 引言

地方政府隐性债务的治理问题成为有效防范系统性金融风险、实现经济健康可持续性发展的重点和难点。关于地方政府债务的形成，有学者认为，以分税制为核心的政府间财政关系是地方政府债务持续增长的制度原因①。核心逻辑是，1994 年分税制改革后，地方财政自主度减弱而公共支出刚性增长，地方财力紧缩的严峻现实迫使地方政府借助负债维持运转。但另有文献指出，与分税制改革早期县乡财政困难相对应的"被动负债"不同，2008 年国际金融危机爆发后，地方政府表现出持续"主动负债"的特征②。大量研究证实，发展压力是近年来地方政府债务持续扩张的主要驱动力。此外，地方政府在发展压力驱动下实现"主动负债"，离不开土地融资发挥的关键作用，土地财政收入对地方政府债务规模具有显著正向效应，即"以债养地"的主动负债模式。但从理论上来讲，当土地财政不稳定、土地交易市场低迷时，政府财政收入减少，从而政府也会具有大幅举债的动机，二者表现为反向变动关系，即"以地生债"的被动负债模式。随着各级党委和政府政绩观不断优化以及政府债务的规模和风险管控力度持续加大，地方政府盲目和无序举债等行为大幅减少。目前，地方政府债务规模的增长是否仍由发展压力下的"主动负债"所驱动，值得商榷和深入研究。

基于以上分析，本文利用聚束估计法（Bunching）和 Wald 估计相结合的方法识别土地财政收入与地方政府隐性债务间的关系。首先构建了两期政府财政支出及借贷行为模型，研究土地市场交易对政府支出行为和借贷行为的影响。接着，将 2007 年实施的《全国工业用地出让最低价标准》作为政策冲击，利用中国土地市场网 2000~2020 年的 40 多万条地块交易信息，基于聚束估计方法识别工业用地出让最低价标准政策对地方土地交易市场的局部平均处理效应，并利用

---

① 贾康、白景明：《县乡财政解困与财政体制创新》，《经济研究》2002 年第 2 期，第 3~9 页。
② 龚强、王俊、贾坤：《财政分权视角下的地方政府债务研究：一个综述》，《经济研究》2011 年第 7 期，第 144~156 页。李永友、马孝红：《地方政府举债行为特征甄别——基于偿债能力的研究》，《财政研究》2018 年第 1 期，第 65~77、100 页。

269 个地级市的城市统计数据以及债务数据，构造 Wald 估计量以识别土地出让收入对地方政府隐性债务的替代效应。

本文可能的贡献在于：（1）拓展了聚束估计方法的应用范围，将聚束估计方法与因果推断相结合，依靠微观生产理论和宏观均衡模型，构建了基于聚束估计方法的政策评估和因果推断方法，并且与中国经济问题相结合；（2）将聚束估计与 Wald 估计相结合，有效解决了政策冲击的内生性问题和样本自选择问题，拓展了现有的因果推断方法；（3）丰富了中国隐性债务问题的研究数据，当前文献仅侧重于测算地方土地财政收入与地方政府债务规模间的比例系数，本文利用 2009~2020 年的土地交易市场数据和中国城市统计数据，估计出了逐年的政策效应和"地-债"弹性；等等。

本文的安排如下：第二部分为制度背景与理论分析；第三部分为研究设计；第四部分为实证检验；第五部分为进一步分析；第六部分为结论与政策启示。

二　制度背景与理论分析

（一）制度背景

"以地谋发展"的土地出让和开发模式成为早期地方政府引领经济发展的常规手段，通过出让工业用地给予企业从而拉动后者驻地投资，地方政府将工业用地低价出让作为招商引资和发展经济的重点抓手，但地方政府肆意压低工业用地实际价格，不仅降低了招商引资的质量，也进一步导致出现十分严重的土地资源浪费和城市内资源错配。2007 年国土资源部颁布了《全国工业用地出让最低价标准》（简称《标准》），首次在国家层面对工业用地出让价格做出了明确规定。《标准》首先按照区县将全国土地划分为 15 个等级，并规定了各等级的最低出让价格标准，最低价格依照土地等级从 840 元/平方米（一级）到 60 元/平方米（十五级）不等，且规定各地国土资源管理部门不得以土地取得来源不同、土地开发程度不同等各种理由对规定的最低价标准进行减价修正，这在很大程度上提高了工业用地出让的价格水平。但实践中依旧为地方政府留出了放松执行力度的余地，因此仍有一部分地块的出让价格远远低于《标准》规定的最低价格。在数字直觉上，本研究参考范子英等①的做法，假设某地区内存在大量用地企业，各个企业的当期生产率均外生给定，并且企业当期生产率分布函数 $\varphi(\cdot)$ 是一个连续平滑的分布图形，当不存在限价政策时，可以推导出政府出让土地给这些用地企业的价格 $I_\omega(\cdot)$ 也是一个连续平滑的分布图形（见图1A）；当存在限价政策时，原本那些出让价格低于标准价格（I^*）的工业用地将受限价政策的影响，调整至标准价格右侧。需要注意的是，并非所有原本低价出让的土地的价格都会调整至标准价格右侧，价格调整区间存在一个下限 I^m，这是因为当企业原本的拿地价格低于 I^m 时，强行调整价格将使这些企业成本增加过多而选择退出土地交易市场。综上所述，用地企业的拿地价格的分布曲线将变成图1B，在价格区间 $[I^m, I^*]$ 内出现缺失（即塌陷效应），而在标准价格 I^* 右侧出现群聚（即聚束效应）。

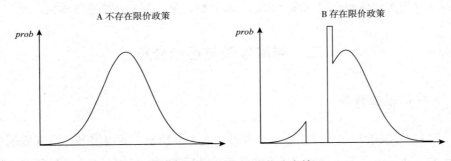

图1　用地企业的拿地价格分布情况

通过以上的分析，本文提出第一个假设。

H1：《标准》实施后导致工业用地出让价格在最低价标准右侧出现明显聚束效应，而在最低价标准左侧出现明显塌陷效应。

（二）理论分析

首先构建一个两期的政府支出模型，研究政府土地出让收入对政府隐性债务的影响。考虑到中国地方政府每年会在年初的《政府工作报告》中设定本年的

---

① 范子英、程可为、冯晨：《用地价格管制与企业研发创新：来自群聚识别的证据》，《管理世界》2022年第8期，第156~169页。

经济增长、财政收支等管理目标①，假设地方政府的效用来源于利用有限的财政收入实现既定的财政收支目标②，则政府的目标函数具体设定为：

$$\max W = \frac{1}{2}T_1^2 - \frac{\xi}{2}(G_1 - G^*)^2 + \beta\left[\frac{1}{2}T_2^2 - \frac{\xi}{2}(G_2 - G^*)^2\right] +$$

$$\frac{\theta}{2}L^2 - I(D > D^*)pC \tag{1}$$

$$0 < \beta < 1, 0 < p \le 1, \xi > 0, \theta > 0, C > 0$$

其中，T_1 和 T_2 分别表示地方政府第一期和第二期的税收收入，G_1 和 G_2 分别表示地方政府的第一期和第二期财政支出，G^* 表示地方政府预定的财政支出目标，L 为地方政府的土地出让收入，D 为地方政府实际债务总额，D^* 为中央政府规定的地方政府债务限额。$I(\cdot)$ 为指示函数，括号内条件满足时，$I = 1$，否则 $I = 0$。β 用来刻画地方政府对于远期目标的重视程度，β 越小说明地方政府越重视短期利益。p 为政府隐性债务被发现的概率，与政府举债行为有关。C 为中央政府对于地方政府隐性债务的处罚力度。其余字母均为外生参数。

显然，当地方政府的最优债务规模不超过债务限额时，政府不会有隐性负债，而当地方政府的实际债务规模超过债务限额时，地方政府的显性债务规模即债务限额，则其隐性债务规模为 $D^I = \Delta = D - D^*$，假设地方政府隐性债务被发现的概率与其隐性债务规模和财政透明度 γ 成正比，$p = \frac{\gamma}{2}\Delta^2 = \frac{\gamma}{2}(D - D^*)^2$，当其隐性债务被发现时，其将面临一项大小为 C 的固定惩罚成本。继续假设除税收收入、土地出让收入和债务收入外，中央政府会根据地方政府的财政收支情况给予一定转移支付，以体现"预算软约束"，这里假设中央对地方的转移支付与地方的债务规模（显性债务）成正比，并且第一期无转移支付。

另外，假设地方政府只在第一期进行举债和出让土地，第二期需要偿还债务本息。同时考虑到地方政府出让土地具有招商引资和促进公共投资的目标，假设地方政府在第一期会额外进行公共基础设施投资 k，这部分公共投资和土地要素投资会在第二期形成额外产出 $y(L, k)$。这里仅考虑存在隐性债务的政府，据

① 徐现祥、刘毓芸：《经济增长目标管理》，《经济研究》2017 年第 7 期，第 18~33 页。
② 向辉、俞乔：《债务限额、土地财政与地方政府隐性债务》，《财政研究》2020 年第 3 期，第 55~70 页。

此得到地方政府两期的财政约束条件：

$$
\begin{aligned}
&\text{第 1 期}: T_1 + D + L = G_1 + k \\
&\text{第 2 期}: y(L,k) + T_2 + Tr = G_2 + D + S \\
&\text{其中}, y(L,k) = \alpha L + (1 - \alpha) k \\
&Tr = mD^*, S = rd, D^l = D - D^*
\end{aligned}
\tag{2}
$$

其中，Tr 为中央对地方的转移支付（债务救助补贴），S 为政府债务的平均利息，α 为土地要素投资的回报率，$(1 - \alpha)$ 为政府公共投资的回报率，r 为政府债务的平均利息率，m 为中央政府对地方政府的救助预期，且 $0 \leqslant m \leqslant 1 + r$，以体现中央对地方政府债务"不兜底"原则。

对式（2）进行求解，可以得到地方政府隐性债务和土地出让金的最优规模：

$$
\begin{aligned}
D^l &= \frac{\alpha + r}{C\gamma} \cdot \frac{(\alpha + r - m) D^* + (1 - \alpha) G^*}{\dfrac{(1 - \xi)(1 - \alpha)^2}{\xi} + \dfrac{1 - \xi}{\xi\beta} + \dfrac{\alpha}{\theta} - \dfrac{(\alpha + r)^2}{C\gamma}} \\[2ex]
L &= \frac{\alpha}{\theta} \cdot \frac{(\alpha + r - m) D^* + (1 - \alpha) G^*}{\dfrac{(1 - \xi)(1 - \alpha)^2}{\xi} + \dfrac{1 - \xi}{\xi\beta} + \dfrac{\alpha}{\theta} - \dfrac{(\alpha + r)^2}{C\gamma}}
\end{aligned}
\tag{3}
$$

进一步考虑土地出让收入与政府隐性债务规模间的替代弹性，假设地方政府的土地出让行为和举债行为将同时受目标函数中参数 θ 的影响，从而二者的相互替代弹性可以采用简约形式来估计：

$$
\begin{aligned}
e &= \frac{\partial D^l D^l}{\partial L / L} = \frac{\partial D^l / \theta}{\partial L / \partial \theta} \cdot \frac{\alpha C\gamma}{\theta(\alpha + r)} \\[2ex]
&= \frac{\alpha^2}{\theta\left[\dfrac{(\alpha + r)^2}{C\gamma} - \dfrac{(1 - \xi)(1 - \alpha)^2}{\xi} - \dfrac{1 - \xi}{\xi\beta}\right]}
\end{aligned}
\tag{4}
$$

式（4）的正负情况受相关参数的影响，分母部分的括号内一项可以变形为

$A = \dfrac{(\alpha + r)^2}{C\gamma} + \left(\dfrac{1}{\xi} - 1\right)\left[\dfrac{1}{\beta} - (1 - \alpha)^2\right]$，由于 $0 < \beta < 1$，当 $0 < \xi \leqslant$

$\dfrac{1}{1 - \dfrac{\beta(\alpha + r)^2}{C\gamma[1 - \beta(1 - \alpha)^2]}}$ 时，$A > 0$，当 $\xi > \dfrac{1}{1 - \dfrac{\beta(\alpha + r)^2}{C\gamma[1 - \beta(1 - \alpha)^2]}}$ 时，$A < 0$，

且 $\partial e/\partial \xi>0$。

ξ 的大小衡量了地方政府对于财政支出的重视程度，这意味着 ξ 在一定范围内，政府隐性债务与土地出让收入的替代弹性为正，并且政府的目标越倾向于提高财政支出水平，二者的替代弹性就越大，同时由式（3）可知，$\partial D^I/\partial \xi>0$，其经济学解释是，当地方政府重视财政支出水平并致力于基础设施公共投资时，其政府债务规模会快速膨胀，但政府仍致力于提高税收征收与治理能力，对于土地财政的依赖程度并不高，此时地方政府的土地出让行为的目的不在于获取财政收入，而是将其作为举债的信用抵押，因此会持续获得较高水平的债务，即"以债养地"的主动负债模式，另外，随着 ξ 的继续增加，地方政府的债务规模不断增加，政府对于土地的依赖程度也会提高，因此二者的替代弹性会增加。然而，当政府过于重视财政支出而不考虑自身税收能力时，这意味着地方政府的税收征管是比较困难的，政府主要的财政收入来源于土地出让金，这意味着此时政府的财政收入极易受土地市场影响而有所波动，因此地方政府用于举债的信用抵押并非土地价值，那么地方政府的债务风险与土地财政间的关系表现为相互替代，二者呈反方向变动态势，即"以地生债"的被动负债模式。本文从而提出第二个假设。

H2：财政压力较小、税收收入较充足的地区，"地-债"弹性为正值，即"主动负债"模式，而财政压力较大、税源不足的地区，其"地-债"弹性为负值，即"以地生债"的"被动负债"模式；财政支出水平较高、公共投资需求较大的地区，"地-债"弹性更大，其土地融资的敏感性更加显著。

三　研究设计

（一）特征事实

使用聚束估计的前提是，政策对象能准确把握政策断点从而做出调整。为了判断《标准》实施后的政策冲击是否产生聚束效应，首先利用中国土地市场网中公布的地块成交公告信息，筛选出 1496026 条交易公告信息，其中包含 439857 条工业用地信息、563928 条住房用地信息、227642 条商服用地信息。定义标准价格为土地实际出让价格减去《标准》规定的最低价标准，将标准价格以 10

元/平方米为分组宽度确定价格区间，并计算每个价格区间内的土地交易频数，就得到了土地出让价格的频数分布图。图2展示了不同时期工业用地出让标准价格的频数分布情况，黑色实线表示标准价格为0，2007年之前的工业用地价格远低于最低限价标准，而2007年之后在黑色实线两侧产生明显断点，并且在实线右侧形成群聚，而在实线左侧形成塌陷。另外，由于《标准》只针对工业用地，那么这种聚束效应只出现在工业用地出让过程中，住房用地及商服用地无明显聚束（见图3）。

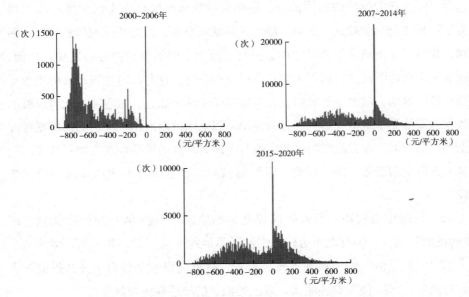

图 2　不同时期土地出让标准价格频数分布情况

（二）　实证研究设计

参考已有文献使用断层点（Notch）类型政策冲击识别因果效应的思想①，本文利用《标准》实施导致的地方土地交易市场中存在最低价标准附近的调整行为，通过对地块出让单价分布曲线进行多项式回归从而拟合企业购地单价的反事实分布，并比较实际分布与反事实分布来估计《标准》实施的政策冲击对土

①　Rebecca Diamond, Petra Persson, "The Long-Term Consequences of Teacher Discretion in Grading of High-Stakes Tests," *NBER Working Paper*, 2016.

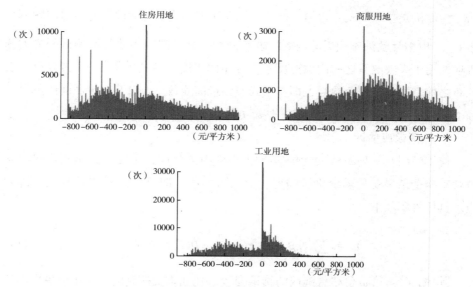

图 3　不同用途土地出让标准价格频数分布情况

地市场的直接因果效应。

1. 拟合反事实分布

聚束估计方法要求概率分布曲线在无政策冲击时是连续平滑的，利用未受政策影响的个体分布情况，我们可以利用未受政策影响的个体的频率分布拟合出反事实分布，并将其作为受政策影响的个体的反事实分布，那么，一方面要求我们所用的数据必须是全样数据，另一方面找出政策的影响区间是进行聚束估计的关键。为了识别出具体的政策影响区间，我们首先将样本数据中的工业用地出让标准价格以 10 元/平方米为间距进行分组并统计每个价格分组内的频率，随后利用式（5）对 2008 ~ 2020 年的工业用地出让的标准价格分布曲线进行拟合。

$$C_{\omega} = \sum_{i=0}^{q} \beta_i I_{\omega}^i + \sum_{j=I^m}^{I^p} \gamma_j \cdot D(I_{\omega} = j) + \varepsilon_{\omega}$$

$$\widehat{C_{\omega}} = \sum_{i=0}^{q} \beta_i I_{\omega}^i$$

（5）

其中，C_{ω} 表示样本数据中工业用地出让的标准价格为 I_{ω} 时的频率，并进行标准化处理，令 $\sum C_{\omega} = 1$，q 为多项式回归方程的最高阶数，I^m 和 I^p 分别为政策影响区间的下界和上界，$D(\cdot)$ 为指示函数，当 $I^m \leqslant I_\omega \leqslant I^p$ 时，$D=1$，否则 $D=0$，ε_ω 为随机误差项。式右边第一部分为用 q 阶多项式拟合无政策冲击时的频率分布 $\widehat{C_\omega}$，以估计政策影响区间内的反事实分布，第二部分为政策影响区间内的随机项，用于吸收政策区间内偏离反事实分布的程度。在利用式（5）拟合反事实分布之前需要确定三个参数，即多项式回归最高阶数 q，以及政策区间的下界 I^m 和上界 I^p，参数组合 $[q, I^m, I^p]$ 估计方法参见范子英等[①]的方法。

2. 政策效应估计

使用断层点（Notch）类型政策冲击识别因果效应，主要思路是利用多项式拟合来构造结果变量随价格区间变化的反事实值，即可估计平均的政策处理效应。具体方程如下：

$$Y_\omega = \sum_{i=0}^{q} \beta_i I_\omega^i + \sum_{j=I^m}^{I^p} \gamma_j \cdot D(I_\omega = j) + \varepsilon_\omega \tag{6}$$

其中，Y_ω 为第 ω 价格区间内的结果变量（比如本文研究的工业用地单次出让面积、单次出让总价，政府隐性债务规模等），其余变量与式（5）中相同，式（6）第一项表示结果变量随价格区间变化的反事实分布，第二项表示政策区间内结果变量的跳跃（即受政策影响导致的异常分布），图 4 将所有个体区分为政策从不接受者、政策永远接受者和政策依从者，我们需要关注的是政策依从者的平均处理效应，因此我们需要得到政策区间 $[I^m, I^p]$ 内政策依从者的真实值和反事实值，二者的差异即为政策对结果变量的意向处理效应 ITT。

根据式（6），我们能够计算得到所有个体的结果变量的反事实值 $y_{i\omega}^0$，然后将区间 ω 内所有企业的反事实值取平均值，得到每个价格区间的反事实值 y_ω^0。根据图 4，在区间 $[I^m, I^*]$ 内，真实观察值表示政策从不接受者的平均值 $y_\omega = y_\omega^{NT}$，而反事实数值对应政策从不接受者和政策依从者的加权平均值，这意味着 $y_\omega^0 = \left(\frac{h_\omega}{h_\omega^0}\right) y_\omega^{NT} + \left(1 - \frac{h_\omega}{h_\omega^0}\right) y_\omega^{CP, 0}$，其中，$y_\omega^{CP, 0}$ 表示政策依从者的反事实值，h_ω 和 h_ω^0 分别表示价格区间内观测个体的真实数量和拟合的反事实数量。而在区间 $[I^*, I^p]$ 内，反事实数值对应政策永远接受者的平均值 $y_\omega^0 = y_\omega^{AT}$，真实观测值表示政策

① 范子英、程可为、冯晨：《用地价格管制与企业研发创新：来自群聚识别的证据》，《管理世界》2022 年第 8 期，第 156~169 页。

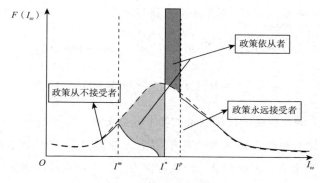

图 4　政策效应估计示意

依从者和政策永远接受者的加权平均值，即 $y_\omega = \left(\dfrac{h_\omega}{h_\omega^0}\right) y_\omega^{AT} + \left(1 - \dfrac{h_\omega}{h_\omega^0}\right) y_\omega^{CP}$，其中，$y_\omega^{CP}$ 表示政策依从者的真实值。因此，我们得到政策依从者的平均处理效应：

$$ITT = E[y_\omega^{CP}] - E[y_\omega^{CP,0}]$$

$$= \frac{\sum_{[I^*,I^P]} y_\omega^{CP}(h_\omega - h_\omega^0)}{\sum_{[I^*,I^P]} (h_\omega - h_\omega^0)} - \frac{\sum_{[I^m,I^*]} y_\omega^{CP,0}(h_\omega^0 - h_\omega)}{\sum_{[I^m,I^*]} (h_\omega^0 - h_\omega)}$$

$$= \sum_{[I^m,I^P]} y_\omega \left(\frac{h_\omega}{N^{CP}}\right) - \sum_{[I^m,I^P]} y_\omega^0 \left(\frac{h_\omega^0}{N^{CP}}\right)$$

$$= \sum_{\omega=I^m}^{I^P} Y_\omega C_\omega - \sum_{\omega=I^m}^{I^P} \widehat{Y_\omega} \frac{\widehat{C_\omega}}{\sum \widehat{C_\omega}} \tag{7}$$

其中，$N^{CP} \equiv \sum_{[I^*,I^P]} (h_\omega - h_\omega^0) = \sum_{[I^m,I^*]} (h_\omega^0 - h_\omega)$，表示政策依从者的数量。式（7）表明，利用式（5）和式（6）的拟合结果，可以估计出政策对结果变量的 ITT 大小。本文中使用的因变量除微观个体数据外，还有地级市层面的数据，如政府隐性债务规模、土地出让收入、财政缺口、GDP 水平、公共投资额、人口流动、房地产开发投资总额等。此外，利用城市层面的指标作为控制变量对结果变量进行回归，提取回归残差得到标准化的、不受可观测因素影响的同质化因变量，近似服从全样本性质，从而满足聚束估计的前提①。

---

① 范子英、程可为、冯晨：《用地价格管制与企业研发创新：来自群聚识别的证据》，《管理世界》2022 年第 8 期，第 156~169 页。

具体来说，根据式（8）对结果变量进行回归：

$$\ln(Y+1)_{b,c,t} = \sum \beta_k X_k + bin_b + city_c + year_t + \varepsilon_{b,c,t}$$

(8)

$$\widetilde{\ln(Y)}_{b,c,t} = \ln(Y+1)_{b,c,t} - \widehat{\ln(Y+1)}_{b,c,t}$$

其中，X 为城市层面的控制变量，参考已有文献，本文选取产业结构、人口流动、人口密度、科技创新水平、规模以上工业总产值（对数处理）等指标，其中，产业结构用第二产业和第三产业占比表示，人口流动用地区户籍人口与常住人口的差额占总人口比例表示，科技创新水平用 R&D 支出占 GDP 比重表示，其他指标直接来源于《中国城市统计年鉴》。bin_b，$city_c$，$year_t$ 分别控制了土地单价分组、城市和年份固定效应，$\varepsilon_{b,c,t}$ 为随机误差项。据此得到的 $\widetilde{\ln(Y)}_{b,c,t}$ 即为标准化的结果变量，代入式（7）从而得到平均处理效应 ITT。

对结果变量进行对数处理后，ITT 实际上衡量了政策前后结果变量的变化率，如果 Y 是地方政府工业用地出让收入，那么 ITT_{land} 表示政策的实施导致地方工业用地出让收入的变化率；如果 Y 是地方政府隐性债务规模，那么 ITT_{debt} 表示政策的实施导致地方政府隐性债务规模的变化率。$e = ITT_{debt} / ITT_{land}$ 即可衡量政府隐性债务规模对地方工业用地收入的弹性。另外，本文中选取的《标准》规定了工业用地出让最低价，能够对土地交易市场产生直接影响，而对于地方政府的举债行为并无直接的显著影响，可以将《标准》作为地方政府土地收入的工具变量，因此，弹性 e 实际上是利用 Wald 估计得到的平均局部处理效应（LATE），从而避免了内生性问题。

$$
\begin{aligned}
e_{debt,\,land} &= \frac{\Delta debt / debt}{\Delta land / land} \\[2mm]
&= \frac{E[\ln(debt) \mid 有政策冲击] - E[\ln(debt) \mid 无政策冲击]}{E[\ln(land) \mid 有政策冲击] - E[\ln(land) \mid 无政策冲击]} \\[2mm]
&= \frac{ITT_{debt}}{ITT_{land}} = \beta_{IV,\,Wald}
\end{aligned}
$$

(9)

（三）数据来源与处理

我们搜集的中国土地市场交易信息来自"中国土地市场网"，利用"爬虫工具"对 2008~2020 年已成交地块的交易结果公告进行整理，将位于港澳台地区、地块位置信息模糊、交易信息不全、成交总价格低于 100 元、土地等级不明或属于未评估地区等不符合要求的数据剔除后，共得到 1496026 条交易公告信息，其中包含地块所处具体位置、交易时间、总价、面积、土地用途、土地级别、所属行业、买方名称、土地类型等信息。并且根据成交地块的所处位置（省、区、市信息）和成交时间，匹配地级市的当年债务余额数据与其他相关的城市统计数据，债务余额数据来源于 Wind 数据库中的分城市城投债余额，其他城市统计数据来源于《中国城市统计年鉴》。

表 1 报告了主要变量描述性统计结果。从表 1 中的土地微观交易数据可以发现，工业用地的出让单价平均水平要显著低于住房用地和商服用地，工业用地的出让面积平均水平要显著高于住房用地和商服用地，工业用地的出让总价平均水平高于住房用地的出让总价平均水平，但也意味着中国土地交易市场中的工业用地出让的总宗数要少于住房用地的出让总宗数，工业用地和住房用地之间依旧存在资源错配的情况，不过，一般来说，中国土地交易市场是一个"卖方市场"，因此出现这种资源错配的可能原因是地方政府在土地出让时依旧会着重考虑高价土地获取直接性收入的盈利功能，而不会像过去那样将大部分工业用地转让给城投公司以拉动融资。

表 1　主要变量描述性统计结果

		样本数	平均值	标准差	25 分位	50 分位	75 分位
Panel A 土地微观交易数据	工业用地出让单价（对数）	439857	5.30	0.83	4.931	5.328	5.771
	工业用地出让面积（对数）	439857	1.13	0.78	0.526	0.986	1.552
	工业用地出让总价（对数）	439857	5.76	1.56	4.883	5.846	6.771
	住房用地出让单价（对数）	563928	6.23	2.19	5.519	6.583	7.583
	住房用地出让面积（对数）	563928	0.72	0.82	0.010	0.317	1.388
	住房用地出让总价（对数）	563928	4.76	3.66	1.047	4.784	8.144
	商服用地出让单价（对数）	227642	6.85	1.41	6.095	6.844	7.697
	商服用地出让面积（对数）	227642	0.71	0.74	0.120	0.439	1.113
	商服用地出让总价（对数）	227642	5.99	2.63	4.220	6.261	7.975

续表

		样本数	平均值	标准差	25 分位	50 分位	75 分位
Panel B 城市统计数据	地方城投债余额（对数）	2676	6.74	1.50	5.593	6.512	7.699
	GDP 水平（对数）	2676	7.46	0.88	6.881	7.368	8.008
	规模以上工业企业数（对数）	2676	6.73	1.03	5.996	6.741	7.409
	规模以上工业总产值（对数）	2676	16.97	1.12	16.351	16.939	17.686
	固定资产投资总额（对数）	2676	16.47	0.98	15.871	16.506	17.131
	房地产开发投资完成额（对数）	2676	14.37	1.19	13.625	14.336	15.092
	住宅开发投资完成额（对数）	2676	14.05	1.19	13.286	14.023	14.802
	产业结构（%）	2676	88.30	7.48	83.960	89.365	94.130
	人口城镇化率	2676	0.42	0.27	0.244	0.352	0.526
	人口流动	2676	0.87	48.43	−0.100	0.000	0.100
	人口密度	2676	449.76	323.08	198.000	387.500	658.000
	科技创新水平	2676	0.02	0.02	0.005	0.011	0.021

四　实证检验

图 5 利用分布密度图直观展现了工业用地出让价格聚束现象，其中，横轴表示标准化处理后的每宗土地交易的成交单价（公告中的成交单价减去《标准》规定的最低价格）区间，纵轴表示对应价格区间内土地交易宗数占总数的比例。式（5）中的最优参数组合 $[q, I^m, I^p]$ 为 $[7, -210, 110]$，即多项式回归的最高次幂为 7 次，政策区间（即价格操纵区间）为 -210 元/平方米到 110 元/平方米，据此即可拟合价格的反事实分布，图 5 中的点线表示真实观测值，实线表示拟合得到的反事实值，两条竖直虚线分别表示政策区间的上下界。此外，进一步计算得到，在区间 $[-210, 0)$ 中，真实分布相较于反事实分布缺失了约 11.63%（标准误 0.23）的样本，在区间 $[0, 110]$ 中，真实分布相较于反事实分布多出了约 11.09%（标准误 0.01）的样本，这意味着有 11.09% 的地块受政策影响出现了价格上涨。这验证了 H1：《标准》实施后导致工业用地出让价格在最低价标准右侧出现明显聚束效应，而在最低价标准左侧出现明显塌陷效应。另外，我们还报告了 $M=B$ 的 p 值为 99.79%>10%，这说明不能拒绝"断点

右侧的群聚量 B 等于断点左侧的凹陷量 M" 的原假设。

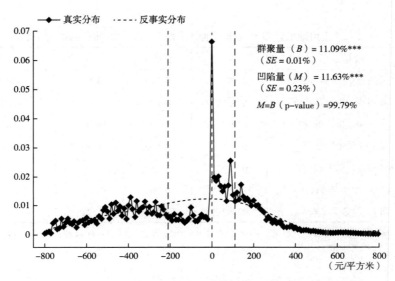

图 5　工业用地出让价格的聚束估计结果

注：*** 表示在 1%水平下显著，括号内 SE 为标准误（扩大 100 倍展示为百分比形式），标准误通过 Bootstrap 重复抽样 800 次得到 $M = B$（p-value）报告了"群聚量（B）与凹陷量（M）相等"这一假设检验的概率。

进一步，表 2 报告了相关结果变量的政策效应 ITT，可以看到，《标准》实施后，不仅工业用地出让平均价格出现上涨，而且工业用地单次出让面积和单次出让总价相比反事实分布分别上涨了 7%（标准误为 0.023）和 8%（标准误为 0.004），前文中已经提到地方政府低价出让工业用地的目的是吸引厂商来本地投资，那么地方政府提高工业用地单次出让总价意味着提高了企业的用地成本，这是否意味着地方出让工业用地的动机有所改变？因此，结果变量选取地方工业用地出让价款和综合土地出让价款，结果发现工业用地出让价格管制政策实施后，地方工业用地出让价款平均增加了 8%，而地方综合土地出让价款降低了 1.5%（当然这一系数在经济上并不是那么显著），结合前文分析，我们猜测《标准》实施以后，企业因用地成本增加将减少用地需求，地方政府预期其工业用地收入将出现下降，因此，为了保持土地出让收入的稳定，通过增加工业用地的单块供应面积以提高工业用地的出让收入。同时，地方政府隐性债务规模相比反事实分布平均增加了 14.1%，可能也是政府预期其财政收入降低而进行违规举债。

表 2　工业用地出让限价政策对地方土地出让、政府债务的影响情况

变量	ITT	标准误	t 值	样本数
ln（工业用地单次出让面积）	0.07 ***	0.023	3.043	439857
ln（工业用地单次出让总价）	0.08 ***	0.004	20	439857
ln（工业用地出让价款）	0.08 ***	0.004	19.92	2676
ln（综合土地出让价款）	−0.015 ***	0.005	−2.965	2676
ln（政府隐性债务规模）	0.141 ***	0.014	10.06	2676
政府债务-工业用地收入[a]	1.768 ***	0.101	17.5	2676
政府债务-综合土地收入[b]	−9.502 ***	0.584	−16.27	2676

注：*** 表示在 1%水平下显著，标准误通过 Bootstrap 重复抽样 800 次得到；a、b 对应的"ITT"一列实际上为"弹性 e"。

另外，根据 Wald 估计的结果，地方工业用地出让价款每增加 1%，地方政府隐性债务规模将增加 1.768%，综合土地出让价款每增加 1%，地方政府隐性债务规模将减少 9.502%，这意味着地方的举债行为极易受土地市场波动的影响，并且土地出让收入对于地方债务的挤出效应要大于挤入效应。换言之，当地方政府主要考虑土地出让的直接收入而非利用土地作为担保进行融资时，土地出让收入作为财政收入的重要来源，与政府隐性债务之间存在反向变动的关系，即土地出让收入对地方债务收入具有挤出效应；反之，地方政府主要利用土地作为担保以进行融资，那么土地价格较高意味着政府能够进行的举债规模也会增加，因此，二者存在正向变动关系，即土地出让收入对地方债务收入具有挤入效应。以上结果在经过调整模型参数、替换代理变量、排除其他政策干扰、剔除极端样本等一系列稳健性检验后依旧成立。

五　进一步分析

（一）机制分析

以上结论初步表明，工业用地出让价格管制后，地方政府为保持土地出让收

入的稳定采取提高单次交易面积的策略提高了工业用地出让收入，同时，地方政府的债务规模也出现增长，但是由于地方政府综合土地收入也有降低，我们依旧无法判断政府债务的增长是"主动负债"还是"被动负债"，一般来说，政策实施后，如果地方财政收入水平提高，则意味着政府举债动机是弥补财政缺口的"被动负债"；如果地方财政收入水平没有提高但地方公共投资等增加，则意味着政府举债动机是追求城市建设发展的"主动负债"。因此我们要进一步区分地方政府的举债动机，探讨并检验地方土地财政对政府债务的影响机制。

政府举债动机。结合前文分析，我们选取地方政府一般公共预算收入／一般公共预算支出表示地方政府的财政自给率，考察工业用地出让价格管制政策对地方政府财政收入水平、地方经济发展水平的影响，表3给出机制检验结果，从中可以发现，《标准》实施后，地方政府财政自给率相比反事实情况降低了3.4%，城市GDP水平相比反事实情况提高了13.4%。Wald估计结果表明，工业用地收入每增加1%，地方政府财政自给率和GDP水平将分别降低0.427%和增加1.684%；而综合土地出让收入每增加1%，地方政府财政自给率和GDP水平将分别增加1.673%和降低6.361%，这意味着地方政府的确是依靠高价出让非工业用地（一般来说是价格较高的住房用地和商服用地）弥补财政缺口，而出让工业用地主要是谋求地方经济增长，但是会降低财政自给率。

国有土地出让价格。那么工业用地价格管制政策是否显著提高了地方国有土地出让价格水平？把国信房地产信息网中统计的地级以上城市国有土地平均出让价格作为结果变量，研究《标准》对于综合土地出让价格的影响。表3结果显示《标准》实施后，地方国有土地平均出让价格并没有显著变化，这说明依靠价格管制政策，并不能有效提高国有用地出让价格。

公共投资水平。进一步，工业用地出让收入的增加能够促进地方GDP增加，其是不是通过促进社会公共投资进而提高当地经济发展水平呢？表3结果显示，《标准》实施后，地方固定资产投资额、社会公共投资总额相比反事实情况均有所降低，但房地产开发投资总额增加了13%，这说明地方政府债务规模增加并不是用于加强城市基础设施建设，而更多的是用于房地产开发投资，以进一步提高商住用地的创收能力。

表3　机制检验：工业用地出让限价政策对于地方经济发展的影响情况

	ITT	标准误	t 值	样本数	95%置信区间	
财政自给率	−0.034 ***	0.003	−10.756	2676	−0.039	−0.029
ln（GDP 水平）	0.134 ***	0.006	21.698	2676	0.124	0.145
ln（国有土地平均出让价格）	0.0004	0.023	0.019	2676	−0.037	0.038
ln（固定资产投资额）	−0.421 ***	0.005	−85.133	2676	−0.429	−0.413
ln（房地产开发投资总额）	0.13 ***	0.004	29.28	2676	0.122	0.137
ln（社会公共投资总额）	−0.388 ***	0.008	−47.112	2676	−0.401	−0.374

	ln（工业用地出让价款）			ln（综合土地出让价款）		
	弹性 e	标准误	t 值	弹性 e	标准误	t 值
财政自给率	−0.427 ***	0.021	−20.105	1.673 ***	0.221	7.558
ln（GDP 水平）	1.684 ***	0.041	40.869	−6.361 ***	1.487	−4.278
ln（国有土地平均出让价格）	0.005	0.168	0.033	−0.021	4.337	−0.005
ln（固定资产投资额）	−5.28 ***	0.033	−162.409	20.594 *	12.13	1.698
ln（房地产开发投资总额）	1.63 ***	0.029	55.613	−6.351	3.958	−1.604
ln（社会公共投资总额）	−4.864 ***	0.054	−90.07	18.584 *	9.775	1.901

注：***、* 分别表示在1%、10%水平下显著，标准误通过 Bootstrap 重复抽样 800 次得到。

（二）异质性分析

本文的理论分析部分提出地方的土地出让行为可能受地方财政收支结构影响，这里主要考虑地方政府财政压力、地区分类、非税收入占比和人口流动情况对地方土地出让行为的影响。表4的异质性分析结果表明，南方和北方地区、人口净流入和人口净流出地区的土地交易市场以及政府债务受价格管制政策的影响是相似的，各个 ITT 估计值符号均与基准分析相似，但是，相较而言，南方地区以及人口净流入地区的数值较大，这意味着这些地区受价格管制政策影响较大。同时，财政压力较大地区和非税收入占比较高地区的土地交易市场受政策影响与基准分析结果相反，具体来说，《标准》实施后，这些地区的工业用地出让价款平均减少了 4.8%～15.9%，综合土地出让价款平均增加 4.4%，同时，其政府债务规模与工业用地出让收入呈反向变动、与综合土地出让收入呈正向变动，这是与基准分析截然相反的。异质性分析的结果验证了 H2。

表 4　异质性分析结果（地区、财政收支结构、人口流动异质性）

		ITT 估计			弹性 e 估计	
		ln（工业用地出让价款）	ln（综合土地出让价款）	ln（政府隐性债务规模）	债务规模-工业用地出让收入	债务规模-综合土地出让收入
A. 基准分析		0.08 *** (0.004)	−0.015 *** (0.005)	0.141 *** (0.014)	1.768 *** (0.101)	−9.502 *** (0.584)
B. 地区分类	南方	0.326 *** (0.021)	−0.129 *** (0.027)	0.74 *** (0.051)	2.273 *** (0.084)	−5.744 (25.6)
	北方	0.076 *** (0.004)	−0.016 *** (0.008)	0.553 *** (0.014)	7.308 *** (0.102)	−34.17 *** (2.56)
C. 财政压力	较小	0.096 *** (0.02)	−0.033 *** (0.018)	0.857 *** (0.056)	8.896 *** (0.336)	−25.65 *** (1.098)
	较大	−0.159 *** (−0.038)	0.044 *** (0.005)	0.137 ** (0.062)	−0.862 * (0.516)	3.118 *** (0.515)
D. 非税收入占比	较低	0.062 *** (0.018)	−0.062 *** (0.011)	0.43 *** (0.032)	6.884 *** (0.442)	−6.903 *** (0.162)
	较高	−0.048 *** (0.018)	0.044 *** (0.005)	0.824 *** (0.036)	−17.33 ** (7.629)	18.57 *** (0.212)
E. 人口流动	净流入	0.105 *** (0.031)	−0.056 *** (0.006)	1.604 *** (0.047)	15.25 *** (1.509)	−28.54 *** (0.216)
	净流出	0.086 *** (0.009)	−0.035 *** (0.011)	1.261 *** (0.017)	14.597 *** (0.316)	−35.923 (55.44)

注：***、**、* 分别表示在 1%、5%、10% 水平下显著，括号内的标准误通过 Bootstrap 重复抽样 800 次得到。

六　结论与政策启示

本文利用两期财政支出模型，结合 Wald 估计的聚束分析法，实证测算了中国地方政府土地出让收入与地方政府隐性债务规模的替代弹性，研究发现，《标准》的实施使土地成交单价出现了显著的聚束效应，平均有 11.09% 的地块成交单价受《标准》影响而调整至最低价标准右侧；地方政府工业用地出让价款受政策影响，相较于反事实分布平均增加了 8%，地方政府综合土地出让价款受政策影响，相较于反事实分布平均降低了 1.5%，地方政府隐性债务规模受政策影响，相较于反事实分布平均增加了 14.1%。Wald 估计结果显示，地方工业用地出让价款每增加 1%，地方政府隐性债务规模将增加 1.768%；综合土地出让价款每增加 1%，地方政府隐性债务规模将减少 9.502%，这意味着地方政府工业用地收入对于政府隐性债务具有正向效应，而地方政府综合土地出让收入对于政府隐性债务具有负向的挤出效应。机制分析结果表明，增加地方政府的土地出让收入主要通过降低政府财政自给率、提高房地产投资水平来增加地方政府债务，但不会提高地方政府城市建设公共投资支出水平。异质性分析结果显示，对于财政压力较小、税收收入较充足的地区，"地-债"弹性为正，即"主动负债"模式，而对于财政压力较大、税源不足的地区，其"地-债"弹性为负，即"以地生债"的"被动负债"模式；对于财政支出水平较高、公共投资需求较大的地区，"地-债"弹性更大，其土地融资的敏感性更加显著。

本文的研究结果对于稳妥处置地方政府隐性债务具有一定政策启示：（1）推进地方政府转变"以债养地"融资模式，我国地方政府隐性债务规模与土地财政波动密切相关，财政压力较小、税源充足的地区应积极推进政府投融资体制改革，限制把土地作为质押的融资方式；（2）深化财税体制改革，明确中央与地方、省际的财权与事权划分，健全以人口为主要依据的转移支付制度，提高欠发达地区的财政收入水平，从而控制地方政府债务规模；（3）推进土地市场要素化配置，创新工业用地供应方式，规范工业用地出让行为，通过市场机制形成土地要素价格，消除工业用地与商住用地的价格扭曲，降低土地融资依赖；等等。这为防范化解地方政府债务风险、实现高质量发展提供了创新路径和理论证据。

（指导老师：修晶）

数字金融能否促进工业企业技术创新?[*]

——基于空间计量模型的实证检验

廖健聪^{**}

摘 要 数字金融作为新时代传统金融创新性的金融模式,对工业企业技术创新乃至宏观经济发展质量都有着深远影响。本文基于 2011~2020 年我国 30 个省区市规模以上工业企业数据,运用多种空间计量分析技术,探讨数字金融对于工业企业技术创新的影响。研究发现,数字金融具有正向空间相关性,在促进本地工业企业技术创新的同时,对周边地区工业企业技术创新有明显的空间溢出效应;在异质性影响方面,数字金融覆盖广度激励工业企业的技术创新活动;门槛效应结果显示,数字金融对工业企业技术创新的影响存在显著的单一门槛,数字金融对工业企业技术创新存在结构性影响。

关键词 数字金融;工业企业;技术创新;空间计量

一 引言

技术进步是保持经济增长的决定性因素①,尤其面对当前全球经济局势不稳

---

* 本文为中国社会科学院国家治理领域重大创新项目(项目编号:2023YZD011)、中国社会科学院大学"研究生科研创新支持计划"科学研究项目(项目编号:2024-KY-083)的阶段性成果。

** 廖健聪,中国社会科学院大学商学院博士研究生,主要研究方向为创新管理。

① P. M. Romer, "Endogenous Technological Change," *Journal of Political Economy*, 1990, 98: S71-S102.

定性增加以及新技术引发新一轮产业革命浪潮，创新驱动高质量发展已然成为我国迈向高端制造强国和挖掘新经济增长点的重要抓手①。目前，我国已建立了世界上唯一拥有联合国产业分类中全部工业门类的现代工业体系，拥有 39 个工业大类、191 个中类、525 个小类②。然而，"卡脖子"技术问题，以及依赖技术引进和技术联合开发的传统技术创新模式难以为继，导致企业专利创新在全球价值链中陷入"低端锁定"。为此，工业"大而不强"破局的关键在于能否激励微观创新主体工业企业的创新能力与意愿。但是技术创新作为一项风险高、投资周期长和不确定性强的行为，需要稳定、高效的金融支持③。党的十九大报告亦指出，"深化金融体制改革，增强金融服务实体经济能力"。因此，关注优化金融资源配置，促进工业企业技术创新，对于我国实现制造强国目标以及经济高质量发展具有重要的现实指导意义。

本研究以我国 30 个省区市的规模以上工业企业为研究对象，时间跨度为 2011～2020 年，基于 OLS 回归，采用多种空间计量分析技术和门槛回归分析，尝试从理论与实证两个方面探究数字金融对于工业企业技术创新的影响。本文可能的边际贡献在于：一是考虑了空间相关性下的数字金融与工业企业技术创新之间的关系；二是鉴于数字金融的复杂性，考察了数字金融对于工业企业技术创新的异质性影响；三是考虑到数字金融对于工业企业技术创新影响存在的阶段性特征，考察了数字金融对于工业企业技术创新的结构性影响。

二 理论分析与研究假设

（一）数字金融与工业企业技术创新

数字金融能够促进工业企业技术创新。相较于一般企业，工业企业创新活动具有投资周期更长、风险更高且不可逆的特征，因此工业企业技术创新容易陷入

---

① 张军扩、侯永志、刘培林等：《高质量发展的目标要求和战略路径》，《管理世界》2019 年第 7 期，第 1～7 页。

② 黄群慧：《改革开放 40 年中国的产业发展与工业化进程》，《中国工业经济》2018 年第 9 期，第 5～23 页。

③ 王玉泽、罗能生、刘文彬：《什么样的杠杆率有利于企业创新》，《中国工业经济》2019 年第 3 期，第 138～155 页。

较强的融资约束困境，而数字金融可以缓解企业融资约束。一是数字金融借助数字技术降低金融服务成本和门槛，拓展工业企业融资渠道。数字金融基于人工智能、大数据和云计算等新兴技术，利用互联网平台为各类工业企业创新活动提供高效、便捷及安全的金融服务，打破时空边界，无论是从质量还是数量上都实现了对传统金融服务的有益补充，尤其是针对资金需求大的工业企业，金融规模的扩张能够有效避免金融资源配置扭曲，从而缓解企业融资约束[1]。二是数字金融能够缓解金融市场信息不对称问题，从而降低融资约束的负外部性。MM 理论假设认为，企业的融资决策与投资决策各自独立，且金融市场是完全竞争无交易成本的。[2] 然而，该理论假设过于理想化，现实情况是工业企业与资方往往存在较大的信息差，增加了交易成本，对工业企业融资行为造成了负外部性影响。而数字金融能够运用信息技术搭建科学的风控及监测系统，根据用户画像提高投融资者之间的信息透明程度，缓解投融资双方事前、事中及事后信息不对称问题，从而激励工业企业技术创新。此外，由于数字技术的高扩散性和高流动性，不同于传统金融服务，本地数字金融的发展很有可能会对周边地区的工业企业技术创新产生溢出影响。有鉴于此，本文提出第一个研究假设：

H1：数字金融能够激励本地区工业企业技术创新，同时还会对周边地区工业企业技术创新产生空间溢出效应。

（二）数字金融、异质性影响与工业企业技术创新

由于数字金融服务具有多层次性和多元化表征[3]，数字金融通常从覆盖广度、使用深度和数字化程度三个维度对工业企业技术创新产生异质性影响。从数字金融覆盖广度来看，与传统金融"服务网点"等实体性金融机构不同的是，数字金融服务打破地理边界限制，其基于数字平台能够对更大范围内的工业企业

---

[1] S. Claessens, L. Laeven, "Financial Development Property Rights and Growth," *Journal of Finance*, 2003, 58.

[2] F. Modigliani, M. H. Miller, "The Cost of Capital Corporation Finance and the Theory of Investment," *American Economic Review*, 1959, 48 (4)：443~453.

[3] 郭峰、王靖一、王芳等：《测度中国数字普惠金融发展：指数编制与空间特征》，《经济学》（季刊）2020 年第 4 期，第 1401~1418 页。

创新活动提供金融支持，具体的金融服务通过电子账户实现；在数字金融使用深度方面，其主要通过工业企业创新活动实际使用金融服务来体现，一方面通过为工业企业创新活动提供多元金融服务，包括支付服务、货币基金服务、信贷服务、保险服务和投资服务等；另一方面通过提高工业企业用户黏度，即提升工业企业使用数字金融服务频次及活跃度。从数字化程度来看，其主要取决于地方新型基础设施建设情况，更加完善的数字化基础设施能体现工业企业使用数字金融服务的便利性、低成本和信用化，也能表征数字金融的低成本和低门槛优势，从而激励工业企业创新行为。有鉴于此，本文提出第二个研究假设：

　　H2：数字金融的异质性影响体现为从覆盖广度、使用深度和数字化程度三个维度对工业企业技术创新产生的不同影响。

（三）数字金融、结构性特征与工业企业技术创新

数字金融的不同发展阶段对工业企业创新活动有结构性影响。在数字金融发展初期，尽管我国"新基建"规模巨大，但面临关键核心技术能力不足、技术路线不确定风险等问题[1]，数字化基础设施建设的不完善，致使数字技术与金融融合深度不高，还不足以完全释放数字红利，此时数字金融对于工业企业创新活动激励作用还十分有限。然而，随着"新基建"进一步完善以及传统基建数字化改造的完成，数字技术与传统金融的深度融合，使我国数字化基础设施规模效应凸显，数字金融服务边际成本持续下降，金融资源配置优化使工业企业创新活动融资成本和搜寻成本得以进一步下降，当规模效应跨过某个临界值时，就将强化数字金融服务对于工业创新活动的激励水平。基于此，本文提出第三个研究假设：

　　H3：数字金融对工业企业技术创新存在结构性影响，数字金融发展跨过某个门槛值时，将强化其对于工业企业创新活动的正面影响。

---

[1]　刘艳红、黄雪涛、石博涵：《中国"新基建"：概念、现状与问题》，《北京工业大学学报》（社会科学版）2020年第6期，第1~12页。

三　计量模型设定、变量与数据

（一）空间计量模型的建立

金融发展影响各省区市本土工业企业技术创新并不是相互独立的，在高扩散性的数字技术加持下，某个省区市的工业企业科技创新水平有可能会受到其余省区市数字金融的影响。因此，忽视数字金融的空间相关性可能会引起模型设定错误的问题。有鉴于此，本文运用能够将经济活动空间相关性纳入研究范围的空间计量分析技术来考察数字金融发展与工业企业科技创新水平之间的关系，并对数字金融影响的实际溢出效应进行测度。

近年来，空间计量分析技术取得了长足的进步。其中仅包含空间误差项自相关的空间误差（SEM）模型和仅包含空间因变量滞后的空间自回归（SAR）模型，过去是空间计量模型主要集中应用的两项技术[1]。但是，随机冲击引起的误差项变化和因变量的空间滞后可能会同时影响空间效应的传导。在这一情境的启发下，LeSage 和 Pace 建立了同时考虑上述两种空间传动机制的空间杜宾模型（又称空间交互模型、SDM 模型）。[2]

实际上，不同假设下的空间传导机制所代表的经济含义也不相同。SEM 模型假定空间溢出效应由随机冲击所致，其空间传导机制的主要载体为误差项；SAR 模型则假定因变量都由空间相互作用对其余地区经济活动造成影响[3]，而综合考虑了上述两种空间传导机制的空间杜宾模型（SDM 模型），还包含空间交互作用，即假定一个省区市的工业企业技术创新行为不仅受本省区市自变量的影响，还会受到其他省区市工业企业科技创新水平和自变量的影响。可见，运用空间计量分析技术的关键在于模型的选择和设定。现有的文献在空间问题的处理上缺乏严密性，且在模型的选择及估计参数和稳健性分析上都还有所欠缺，还在选

---

[1]　李婧、谭清美、白俊红：《中国区域创新生产的空间计量分析——基于静态与动态空间面板模型的实证研究》，《管理世界》2010 年第 7 期，第 43~55 页。

[2]　J. P. LeSage, R. K. Pace, *Introduction to Spatial Econometrics* (New York: Chapman & Hall CRC Press, 2009).

[3]　L. Anselin, J. L Gallo, H. Jayet, *The Econometrics of Panel Data: Fundamentals and Recent Developments in Theory and Practice* (Berlin: Springer Verlag Press, 2008).

用单一的 SEM 模型和 SAR 模型，或选择 SDM 模型时直接使用空间交互系数表征空间溢出效应的大小。

鉴于不同类型空间计量模型的不同假定和经济内涵，为了获得更优的拟合效果，本文遵循 OLS-（SAR 和 SEM）-SDM 这一路径进行模型构建和检验，建立式（1）~（4）所见的空间计量模型。其中，式（1）为 SDM 模型，而式（2）~（4）是附加了限定条件下获得的 SAR 模型、SEM 模型和 OLS 模型。

$$\ln Y_{it} = \beta_0 + \delta\, W \ln Y_{it} + \beta_1\, \ln index_{it} + \beta_2\, \ln X_{control} + \theta_1 W \ln index_{it} +$$
$$\theta_2 W \ln X_{control} + \lambda w \mu_{it} + \varepsilon_{it} \tag{1}$$

当空间交互作用不存在时，省区市间只存在单向空间关联，即 $\theta_i = 0$（$i = 1, 2$）时，SDM 模型就退化为相应的 SAR 模型：

$$\ln Y_{it} = \beta_0 + \delta\, W \ln Y_{it} + \beta_1\, \ln index_{it} + \beta_2\, \ln X_{control} + \varepsilon_{it} \tag{2}$$

当空间交互系数 θ_i、因变量空间滞后系数 δ 和回归系数 β_i 之间满足 $\theta_i = -\delta \beta_i$ 时，SDM 模型就是对应的 SEM 模型：

$$\ln Y_{it} = \beta_0 + \beta_1\, \ln index_{it} + \beta_2\, \ln X_{control} + \lambda w \mu_{it} + \varepsilon_{it} \tag{3}$$

当上述空间项系数均为 0 时，即不考虑省区市间的空间相关性时，此时为经典的 OLS 模型：

$$\ln Y_{it} = \beta_0 + \beta_1\, \ln index_{it} + \beta_2\, \ln X_{control} + \varepsilon_{it} \tag{4}$$

其中，Y_{it} 为各省区市工业企业科技创新、$index_{it}$ 为各省区市数字金融发展指数，$X_{control}$ 为一系列控制变量，包含人力资本水平（lab）、产业结构（$stru$）、地区经济发展水平（$pgdp$）、固定资本投入（k）。w 为空间权重矩阵，μ_{it} 和 ε_{it} 是服从独立同分布的随机扰动项，满足 $\mu_{it} \sim iid(0, \sigma^2)$、$\varepsilon_{it} \sim iid(0, \sigma^2)$。

关于空间权重矩阵 w，空间计量实证文献中较为常见的权重矩阵一般包括邻接矩阵、地理距离权重矩阵、经济权重矩阵及嵌套矩阵等。[①] 上述 4 种空间权重矩阵各有优劣，其中，嵌套矩阵把地理距离权重矩阵和经济权重矩阵有机地结

---

① 王守坤：《空间计量模型中权重矩阵的类型与选择》，《经济数学》2013 年第 3 期，第 57~63 页。

合起来，旨在尽量精确地刻画空间效应的复杂性和综合程度。① 考虑到本文涉及空间效应可能同时蕴含地理距离和经济因素，因此，本文选择嵌套矩阵，计算公式为：

$$w = w_d \cdot diag\left(\frac{\overline{X_1}}{\overline{X}}, \frac{\overline{X_2}}{\overline{X}}, \cdots, \frac{\overline{X_i}}{\overline{X}}\right) \tag{5}$$

其中，w_d 是反距离权重矩阵；$diag$（…）是对角阵；其对角元素为 $\overline{X_i} = \sum_{t_0}^{t_1} X_{it}/(t_1 - t_0 + 1)$，为时间段 t_0 至 t_1 空间截面 i 的经济变量 X 的平均值，而 $\overline{X} = \sum_{i=1}^{n} \sum_{t_0}^{t_1} X_{it}/n(t_1 - t_0 + 1)$，为样本期内所有空间截面经济变量 X 的均值。

（二）空间计量模型的直接效应、空间溢出效应和总效应测算

纳入空间滞后项的空间计量模型中，解释变量对于被解释变量的影响不能简单地用回归系数进行表征。按照空间效应对于不同对象和范围的作用情况，LeSage 和 Pace 把解释变量对于被解释变量的影响归结为直接效应、空间溢出效应（间接效应）和总效应。② 直接效应表示解释变量 x 对于本区域被解释变量 y 的平均影响，空间溢出效应表示解释变量 x 对于其他区域被解释变量 y 的平均影响，总效应则表示解释变量 x 对于全部区域的平均影响。后来，LeSage 和 Pace 发现，运用偏微分方法可以提高由随机冲击引起各个变量影响的有效性，避免点估计法在解释空间效应方面的不足，进而准确测算解释变量对于被解释变量的直接效应、空间溢出效应和总效应。③

用矩阵表示的空间杜宾模型一般化形式如下：

$$y = (1 - \rho W)^{-1}X\beta + (1 - \rho W)^{-1}\varepsilon = \sum_{r=1}^{k}\beta(I - \lambda W)^{-1}x_r + (I - \lambda W)^{-1}\varepsilon \tag{6}$$

① J. P. LeSage, R. K. Pace, "Spatial Econometric Modeling of Origin-Destination Flows," *Journal of Reginal Science*, 2008, 48（5）：941~967.

② J. P. LeSage, R. K. Pace, "Spatial Econometric Modeling of Origin-Destination Flows," *Journal of Reginal Science*, 2008, 48（5）：941~967.

③ J. P. LeSage, R. K. Pace, *Introduction to Spatial Econometrics*（New York：Chapman & Hall CRC Press, 2009）.

其中，x_r 为解释变量，令 $Z_r(W) = \beta_r (I - \lambda W)^{-1}$，则有：

$$y = \sum_{r=1}^{k} Z_r(W) x_r + (I - \lambda W)^{-1} \varepsilon \qquad (7)$$

对式（7）中就省区市 i 相关的第 r 个解释变量求偏微分得：

$$\frac{\partial y_i}{\partial x_{jr}} = Z_r(W)_{ij} \qquad (8)$$

其中，$Z_r(W)_{ij}$ 是矩阵 $Z_r(W)$ 非对角元素的平均值，表示省区市 j 中 x_r 对省区市 i 的影响，即间接效应；当 $i=j$ 时，即 $Z_r(W)_{ij}$ 为矩阵 $Z_r(W)$ 对角元素的平均值，表示省区市 i 中自变量 x_r 对本地区的影响，即直接效应；而总效应等于上述两者之和。

（三）变量选取与数据来源

被解释变量：工业企业技术创新（pat）。过去的研究往往使用企业科技创新投入（R&D）衡量企业技术创新能力，然而，这种方法在很大程度上会高估企业的科技创新水平，这是因为现实科技创新活动一般具有高风险的典型表征，科技创新投入的转化存在较大障碍。① 因此，选择企业的专利产出数据作为技术创新的代理变量可能更为贴合实际。本文根据现有规模以上工业企业专利的数据，利用工业企业发明专利申请数作为代理变量。此外，利用工业企业专利申请数进行稳健性检验。

核心解释变量：数字金融（index）。本文利用郭峰等编制的"数字普惠金融指数"中省级层面的数字普惠金融指数作为数字金融代理变量②。此外，在异质性检验中，使用该指数的覆盖广度（cov_bre）、使用深度（usa_dep）和数字化程度（dig_lev）三个子系统作为代理变量，分别考察数字金融的异质性影响。

控制变量：地区经济发展水平（pgdp）。选择各省区市人均 GDP 作为代理变量；产业结构（stru）选择地区第二产业占 GDP 比重表征；对于固定资本投入

---

① 唐松、伍旭川、祝佳：《数字金融与企业技术创新——结构特征、机制识别与金融监管下的效应差异》，《管理世界》2020 年第 5 期，第 51~66 页。

② 郭峰、王靖一、王芳等：《测度中国数字普惠金融发展：指数编制与空间特征》，《经济学》（季刊）2020 年第 4 期，第 1401~1418 页。

（k），用全社会固定资产投资额占 GDP 比重表示；对于人力资本水平（lab），用各省区市劳动力的平均受教育年限进行衡量。① 由于西藏、香港、澳门、台湾部分数据缺失，本文选取 30 个省区市 2011~2020 年的数据，数据主要来源于国家统计局官网、历年《中国统计年鉴》、各省区市统计年鉴、《中国教育统计年鉴》、《中国科技统计年鉴》。以上指标均已做对数化处理，各变量描述性统计结果如表 1 所示。

表 1　描述性统计结果

变量	N	均值	标准误	最小值	50 分位数	最大值
$\ln pat$	300	8.224	1.419	3.611	8.323	11.76
$\ln index$	300	5.219	0.668	2.909	5.412	6.068
$\ln cov\_bre$	300	5.076	0.821	0.673	5.291	5.984
$\ln usa\_dep$	300	5.201	0.648	1.911	5.316	6.192
$\ln dig\_lev$	300	5.510	0.698	2.026	5.778	6.136
$\ln pgdp$	300	10.75	0.428	9.691	10.69	11.90
$\ln stru$	300	−0.916	0.235	−1.835	−0.870	−0.479
$\ln k$	300	−0.286	0.388	−1.669	−0.197	0.392
$\ln lab$	300	0.194	0.169	−0.265	0.207	0.538

四　实证结果与分析

（一）实证结果

（1）空间相关性。本文借助 Stata 15.1 对上文中的检验思路和模型设定进行实证分析。首先，在回归之前测算 2011~2020 年数字金融的空间 Moran's I 指数，进行空间相关性检验。结果如图 1 所示，数字金融 Moran's I 指数在 0.431~0.599 区间浮动，且均在 1% 的水平下显著，这表明其具有空间相关性。

（2）OLS 回归。OLS 回归结果如表 2 所示，数字金融对工业企业技术创新具有显著的促进作用，同时图 1 也显示数字金融具有显著空间相关性，因此利用

---

① 文荣光、王江波：《人力资本、产业结构与经济增长——基于中国省级面板数据的实证》，《经济问题》2020 年第 7 期，第 76~81 页。

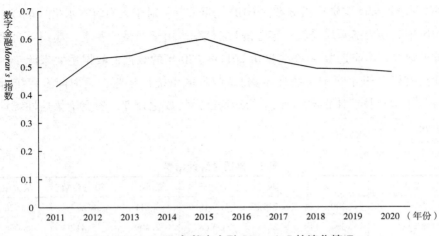

图1　2011~2020年数字金融 *Moran's* I 的演化情况

OLS回归不足以完整反映客观事实。为了提升回归结果合理性，有必要选取考虑了省区市间经济活动空间相关性的SDM模型、SAR模型和SEM模型进行估计，并参考Anselin等提出的判定标准①，采取自然对数值、Wald检验和LR检验对模型的拟合情况进行判断。接着，Hausman检验结果显示空间计量模型均选择固定效应模型。

表2　OLS回归结果

变量	ln*index*	ln*pgdp*	ln*k*	ln*lab*	ln*stru*	固定效应	R^2
回归系数	0.506** (2.68)	0.560 (1.06)	0.124 (1.11)	0.203 (0.37)	1.140** (2.47)	是	0.985

注：括号内为在地区层面聚类（cluster）的估计系数对应t统计量；** 表示在5%的水平下显著。

（3）基准回归结果。表3的估计结果显示，上述三个空间面板模型的空间项系数均在1%的水平下显著为正，表明本省区市工业企业技术创新会受到来自其余省区市创新活动的加权影响。从模型拟合效果来看，SDM模型的可决系数（0.769）具有高于另外两个空间计量模型的可决系数。为了进一步检验SDM模型选择的科学性，本文对SDM模型进行了Wald检验和LR检验，对应的Wald

---

① L. Anselin, J. L. Gallo, H. Jayet, *The Econometrics of Panel Data: Fundamentals and Recent Developments in Theory and Practice*（Berlin: Springer Verlag Press, 2008）.

空间滞后检验和 Wald 空间误差检验均在 1%的水平下显著，LR 空间滞后检验和 LR 空间误差检验分别在 10%和 5%的水平下显著，两类检验均拒绝原假设，验证了 SDM 模型具有最优拟合效果。此外，SDM 模型的回归系数并不符合假设 $H_0: \theta_i = 0$ 和 $\theta_i = -\delta\beta_i$。其无法退化为 SAR 模型和 SEM 模型，也即无法忽略 SDM 模型所包含的两种空间传导机制。因此，本文采用 SDM 模型展开分析。

表 3 中的回归结果显示，SDM 模型中数字金融（index）的空间交互项回归系数（0.673）和水平项回归系数（0.231）均为正值，且空间交互项回归系数表明数字金融在 1%的水平下显著促进了工业企业技术创新。然而，SDM 模型中的回归系数无法直接解释自变量对因变量的影响，故需要进一步测算直接效应、空间溢出效应和对总效应展开表征。

表 3　空间面板计量回归结果

模型	SDM	SAR	SEM
δ 或 λ	0.243 *** (4.73)	0.280 *** (5.44)	0.273 *** (4.86)
$W\times\ln index$	0.673 *** (2.66)	—	—
$\ln index$	0.231 (1.48)	0.397 *** (3.21)	0.414 *** (2.93)
$\ln pgdp$	0.431 ** (2.02)	0.477 ** (2.11)	0.473 ** (1.98)
$\ln stru$	1.440 *** (5.54)	1.265 *** (4.86)	1.305 *** (4.87)
$\ln k$	0.0556 (0.75)	0.105 (1.35)	0.114 (1.48)
$\ln lab$	0.165 (0.58)	0.246 (0.88)	0.185 (0.61)
时间固定效应	是	是	是
地区固定效应	是	是	是
cluster	是	是	是
R^2	0.769	0.707	0.698
$Log-L$	115.870	110.686	109.382

注：括号内为在地区层面聚类（cluster）的估计系数对应 t 统计量；***、** 分别表示在 1%、5%的水平下显著；本表未报告 SDM 模型中控制变量的空间交互系数。

（4）数字金融影响效应分解结果。表4的估计结果显示，数字金融的直接效应和空间溢出效应均为正，这说明数字金融不单存在直接效应，并且所引致的空间溢出效应对工业企业技术进步也有显著的促进作用。进一步地，观察空间溢出效应和总效应能够发现，数字金融的空间溢出效应占总效应的比重超过70%，基于此也可验证数字金融流动所带来的空间溢出效应对于工业企业技术创新的重要贡献。此外，与OLS回归系数（0.506）相比，SDM模型中数字金融的直接效应系数（0.280）更小，这也在某种程度上解释了OLS回归由于忽略空间溢出效应从而高估了数字金融的直接效应。至此，验证了假设H1。

表4　SDM模型的直接效应、空间溢出效应和总效应

效应类别	变量	系数	t统计量	P值
直接效应	ln$index$	0.280	1.850	0.065
空间溢出效应/间接效应	ln$index$	0.920	3.280	0.001
总效应	ln$index$	1.200	4.900	0.000

（二）数字金融异质性影响分析

从数字金融覆盖广度、使用深度和数字化程度三个维度探究数字金融对工业企业技术创新能力的异质性影响，表5报告了该回归结果。覆盖广度的空间项系数在10%的水平拒绝原假设，这表明数字金融覆盖广度能够显著促进工业企业技术创新，周边地区对于本地的工业企业技术创新亦有正向传导作用。而使用深度和数字化程度未能通过显著性检验，这说明数字金融使用深度和数字化程度对于工业企业技术创新没有显著促进作用。可能的解释在于，目前，我国还处在数字金融发展初期，数字化基础设施应用水平尚浅，数字金融使用深度和数字化程度较低[1]，因此未能很好地促进工业企业技术进步。

假设H2也得以证实。

---

① 汪亚楠、谭卓鸿、郑乐凯：《数字普惠金融对社会保障的影响研究》，《数量经济技术经济研究》2020年第7期，第92~112页。

表5 数字金融的异质性影响分析结果

变量	覆盖广度	使用深度	数字化程度
δ	0.239 *** (4.49)	0.293 *** (5.82)	0.299 *** (5.99)
$W \times lncov\_bre$	0.219 * (1.87)	—	—
$W \times lnusa\_dep$	—	−0.149 (−0.65)	—
$W \times lndig\_lev$	—	—	0.074 (0.51)
$lncov\_bre$	0.123 (1.63)	—	—
$lnusa\_dep$	—	0.382 *** (4.94)	—
$lndig\_lev$	—	—	−0.135 (−1.48)
时间固定效应	是	是	是
地区固定效应	是	是	是
cluster	是	是	是
R^2	0.763	0.781	0.700
$Log-L$	115.279	116.814	106.886

注：括号内为在地区层面聚类（cluster）的估计系数对应 t 统计量；***、* 分别表示在 1%、10%水平下显著。

（三）门槛效应检验

本文使用 Hansen 提出的门槛模型①，确定数字金融作为门槛变量，考察数字金融对工业企业技术创新的非线性影响，结果见表6。可以看出，数字金融在 5%的水平下存在单一门槛值，因此选择单一门槛回归模型进行分析。

① B. E. Hansen, "Threshold Effects in NonDynamic Panels: Estimation, Testing, and Inference," *Journal of Econometrics*, 1999, 93 (2): 345-368.

表 6　门槛效应检验结果

门槛变量	门槛个数	RSS	F 值	P 值	5%临界值	1%临界值
ln*index*	单一门槛	10.749 **	32.22	0.017	27.466	36.115
	双重门槛	10.375	10.45	0.333	20.905	28.508
	三重门槛	10.192	5.19	0.827	20.981	27.023

注：数据为采用 Bootstrap 方法反复抽样 300 次得到的结果，** 表示在 5%水平下显著。

面板门槛模型回归结果见表 7。从回归系数看，该表报告了数字金融小于等于门槛值 5.642 时，工业企业技术创新回归系数为 0.364，并在统计上显著。当数字金融跨过门槛值 5.642 时，工业企业技术创新回归系数增加至 0.4，且在 1%的水平下显著，即数字金融对于工业企业技术创新存在显著的激励作用，数字金融每提高 1 个百分点，工业企业技术创新将增加 0.4 个百分点。因此，数字金融对于工业企业技术创新存在结构性影响，验证了假设 H3。

表 7　面板门槛模型回归结果

门槛变量	门槛区间	ln*pat* 回归系数	t 值
ln*index*	ln*index* ≤ 5.642	0.364 ***	7.17
	ln*index* > 5.642	0.400 ***	7.81

注：*** 表示在 1%水平下显著。

（四）稳健性检验

本文使用多种方法进行稳健性检验。一是考虑替换被解释变量。本文将工业企业专利申请数作为因变量进行回归。二是使用地理-经济加权空间权重矩阵替换原空间矩阵。三是利用空间误差模型考虑内生性问题。上述稳健性检验报告的结果均显示数字金融的回归系数方向和显著性无根本性变化，因此验证了研究结果的稳健性（限于篇幅，结果留存备索）。

五　结论与政策建议

本文的主要研究结论如下：一是数字金融具有正向空间相关性，数字金融显著促进本地区工业企业技术创新，同时对周边地区工业企业技术创新存在正面空间溢出效应；二是异质性检验方面，数字金融覆盖广度对本地区和周边地区工业企业技术创新都能产生正面激励作用；三是数字金融对工业企业技术创新存在结构性影响，当数字金融跨过门槛值 5.642 时，显著增强了数字金融对工业企业创新活动的积极作用。

　　基于上述结论，本文的政策建议如下。首先，完善新型基础设施，推动传统金融数字化转型。继续完善创新制度和政策，保障 5G、人工智能、物联网、工业互联网和大数据中心等高科技领域的基础设施建设，赋能数字金融发展，提升数字技术覆盖广度，挖掘和释放数字红利，重视数字金融的空间溢出效应，使其更好地为工业企业技术创新服务。其次，鼓励工业企业自主创新研发活动。工业企业技术创新活动是创新驱动发展战略的重要组成部分，政府应当重视工业企业技术创新，为工业企业尤其是民营企业塑造公平的融资制度环境。最后，应加大金融领域创新和改革力度。建立包容审慎的金融科技创新容错试错机制，推出刚柔并济的金融科技监管工具，积极推动金融科技惠民利企。

劳动参与、婚姻稳定与家庭人口结构
——基于 CFPS 的实证研究

靳佳琪　周锦意　唐菲玥[*]

摘　要　本文使用 2014 年、2018 年和 2020 年 CFPS（中国家庭追踪调查数据）中的成人数据库、家庭经济数据库、家庭关系数据库中的数据，清洗出一份非平衡截面数据，运用 Logit 模型、Ordered Logit 模型和面板 Logit 模型，系统估计了劳动参与的绝对和相对时间对于个体婚姻满意度的影响方向和影响程度；从"家庭分工观念""家务劳动"两个方面直接、间接地分析劳动参与对婚姻满意度的具体影响机制；从性别、婚姻教育匹配、隔代抚养等不同维度考察劳动参与对个体婚姻满意度的异质性作用，以期通过严谨的经验证据回答相关问题。

关键词　劳动参与；婚姻满意度；家务劳动；隔代抚养

一　引言

2016 年 12 月 12 日，习近平总书记在第一届全国文明家庭表彰大会上发表重要讲话，强调家庭在社会中的基础地位："家庭是社会的细胞。家庭和睦则社会

---

* 靳佳琪，中国社会科学院大学应用经济学院 2020 级本科生；周锦意，中国社会科学院大学应用经济学院 2020 级本科生；唐菲玥，中国社会科学院大学社会与民族学院 2023 级本科生。

安定，家庭幸福则社会祥和，家庭文明则社会文明。"①这一论断深刻地指出家庭作为社会微观单位对整体社会的深远影响。在当时的经济社会环境下，这一发言显得尤为重要，因为它凸显了家庭对社会稳定和幸福的关键作用。婚姻关系因其特殊的社会属性而具有不可忽视的影响力，能够为社会氛围带来难以计量的正向外部效应，直接关系到家庭的稳定以及社会的长期建设和稳步发展。

本文重点关注"夫妻"劳动参与对婚姻幸福的影响。在以人为基本载体的背景下，在我国人口红利逐渐消失并逐步迈入老龄化社会的今天，劳动参与如何影响个体婚姻满意度成为一个重要问题。是否存在性别、家庭子女数量、"隔代抚养"等方面的差异？劳动参与对婚姻满意度的具体影响程度有多大，这一影响是通过哪些机制实现的？回答这些问题有助于厘清劳动参与对婚姻满意度和婚姻稳定的逻辑，深入探索劳动参与在家庭中的溢出效应，重新审视家务劳动的重要性，弥补当前学术界对其重要作用的认知空白。同时，这一研究有助于激发劳动者的工作热情和动力，促进家庭和谐与社会稳定。通过对劳动参与与婚姻关系的深入理解，可以更好地指导家庭政策和社会制度的优化，最终为促进我国宏观经济的稳定和高质量发展提供实质性支持。因此，这项研究具有重要的现实意义，为我们更全面地理解劳动参与与婚姻关系之间的关联提供了深入的洞察。

本文使用 2014 年、2018 年和 2020 年 CFPS（中国家庭追踪调查数据）中的成人数据库、家庭经济数据库、家庭关系数据库中的数据，挑选出一份非平衡面板数据，运用 Logit（Probit）模型、Ordered Logit（Ordered Probit）模型、面板 Logit（面板 Probit）模型，系统估计了劳动参与的绝对和相对时间对于个体婚姻满意度的影响方向和影响程度，并从"家庭分工观念""家务劳动"两个方面分别直接、间接地分析劳动参与对婚姻满意度的具体影响机制，从性别、婚姻教育匹配、隔代抚养等不同维度考察劳动参与对个体婚姻满意度的异质性作用，以期通过严谨的经验证据回答上述问题。

基于对现有文献的梳理，本文可能做到的边际贡献如下。（1）本文运用"劳动参与"这一重要变量与多类离散选择模型，识别了劳动参与对于个体婚姻满意度的影响，提供了较为可靠的相关关系识别，在一定程度上增进了当前关于

① 《习近平出席第一届全国文明家庭表彰大会并发表重要讲话》，中国政府网，https：//www.gov.cn/xinwen/2016-12/12/content_5147050.htm。

婚姻稳定、女性劳动参与率的研究，扩充了有关中国"婚姻稳定、婚姻满意"领域的文献。（2）本文考虑到不同性别、不同婚姻教育匹配程度、家庭中是否存在隔代抚养等个体行为存在差异，使用分组回归进一步讨论异质性影响，从家庭人口结构角度解答了劳动参与对个体婚姻满意度的影响方向和影响大小问题。（3）本文从家庭分工观念、家务劳动两个层面详细讨论了劳动参与影响婚姻满意度的作用渠道，这不但明晰了"劳动参与-婚姻稳定"的内在逻辑，还丰富了当前与家庭婚姻稳定相关的研究，为"和谐中国"背景下实现经济的高质量发展、微观个体的全面发展提供了一定经验借鉴。

本文的剩余部分安排如下：第二部分介绍本文的重要识别基础，即进一步提出假设；第三部分描述数据来源、指标选择和实证模型构建情况；第四部分给出基准回归的实证结果并进行严格的稳健性检验；第五部分从不同维度进一步讨论劳动参与对个体婚姻满意度的异质性影响；第六部分进一步分析个体婚姻满意度提高或降低作用机理，并指明本文的不足和进一步发展方向；第七部分总结全文并结合研究结论给出政策建议。

二 理论分析与研究假设

"工作-家庭冲突"理论认为，个体在工作和家庭领域的不同角色存在相互竞争关系，即家务工作对于劳动力市场工作的"挤出"。我们认为，在个体劳动参与时间增加的情况下，更可能对伴侣的家庭经济贡献产生不满，对伴侣的家务劳动参与产生不满进而影响自身的婚姻满意度。因此，本文提出如下假设。

H1：个体劳动参与时间的提高会降低婚姻满意度。

H2：个体劳动参与时间的提高会降低对伴侣在家庭中经济、家务贡献的认可。

对于博弈理论中有关夫妻议价能力的经典讨论，"性别战"博弈模型为我们的进一步假设提出提供参考，当个体对于自己工作状态满意时，在家庭中可以获得更大的话语权，这种"权利"支配地位的提升可以增加其婚姻满意度。而教育同质婚的夫妻由于议价能力更近似，可能拥有更高的婚姻满意度。因此，本文提出如下假设。

H3：个体对工作状态感到满意时，可以提高婚姻满意度。

H4：个体属于教育同质婚，则婚姻满意度更高。

同时，我们通过文献和生活经验了解到，女性在家庭中承担了更多的家务职责，而长辈会分担部分家务，因此我们提出如下假设。

H5：相较于男性，女性的婚姻满意度更低。

H6：存在"隔代抚养现象"的家庭，个体婚姻满意度更高。

三　数据、变量描述与实证设计

在本部分，我们首先介绍数据来源及初步处理，其次对相关变量做出描述性统计，最后对基准回归的实证设计部分进行介绍。

（一）数据来源与处理

根据本文的研究目的，在个体完整的婚姻信息基础上，还需要匹配父代和子代的数据。中国家庭追踪调查数据（CFPS）中的数据可以满足这一要求。本文采用其中 2014 年、2018 年和 2020 年的数据；不使用 2016 年数据的原因在于，2016 年的数据对我们关注的关键问题"您对您当前的婚姻生活有多满意"没有进行调查。2014 年、2018 年和 2020 年的全国调查数据包含全国 29 个省、自治区、直辖市的数据，能够全面反映全国层面的客观事实。2014 年共调查 37147 个样本，2018 年共调查 32669 个样本，2020 年共调查 28530 个样本。

考虑到本文的研究对象是正处于婚姻关系中，或结束婚姻关系的个体，因此我们只保留已婚、离异的个体，剔除处于单身、同居、丧偶状态的样本。通过筛选整理，本文共得到有效样本 71598 个。为消除离群值的影响，对主要变量进行 Winsorize 缩尾处理，比例设定为 1%。

（二）变量选取

1. 被解释变量：*y1_no*

本文的被解释变量主要衡量个人的婚姻满意度，对应 CFPS 问卷中"您对您当前的婚姻生活有多满意"这一问题，从"1"至"5"为从"非常不满意"到"非常满意"。在问卷分析中我们发现，在任何涉及"满意度/幸福感"的问题中，1~3 分群体所占比例小，4~5 分群体所占比例大，考虑到微观数据采集的数据质量受到被采访个体主观意愿的影响，因此我们猜测选择 3 分的调查对象可能并不满意，但出于避免尴尬等原因选择中立选项，我们对数据进行重新编码，认为 1~3 分为不满意"0"，4~5 分为满意"1"；同时因为"1~5"分制蕴含更多信息，因此，在稳健性检验部分，我们将二值因变量替换为"1~5"有序因变量进行分析。

为进一步探究影响机制，我们保留了婚姻满意度问题下的另外两个子问题，分别为"你对对方在经济上为家庭做出的贡献有多满意"和"你对对方在家务上为家庭做出的贡献有多满意"。

2. 解释变量：*worktime*、*job_satisfy*

我们的研究主题所关注的劳动参与主要是劳动参与数量，对于劳动参与质量、劳动效率的讨论不是本文的研究内容。由于绝对劳动时间和个体相对满意的劳动时间可能存在差别，因此，本文有两个核心解释变量。本文将 2014 年、2018 年、2020 年个体每周工作小时数（小时/周）视作绝对劳动参与的代理变量，而将工作时间满意度看作相对劳动参与的代理变量。

3. 控制变量

控制变量是我们无法操纵，但同时可能影响回归结果的独立变量。参考马超等①的研究，我们选择的控制变量如下：性别、年龄、户口状态、受教育程度、家庭规模、家庭人均收入。

（三）描述性统计

主要变量的描述性统计结果如表 1 所示。有两点需要格外说明。首先，这是

---

① 马超、程令国、闫雪凌：《收入冲击、婚姻满意度和夫妻议价》，《劳动经济研究》2019 年第 3 期，第 120~144 页。

进行过 1% 缩尾处理后的描述性统计结果。其次，由于微观调查数据的收集质量限制，可以看到不同变量之间的观测值差距较大，尽管我们收集处理了大量有效样本，但是在回归分析的过程中，由于信息不完整的限制，我们同样丧失了大量样本，回归分析中样本的具体数量将在后续进行专门说明。

表 1　描述性统计结果

变量	观测值	平均值	标准差	最小值	最大值
happiness	66528	4.4826	0.8660	1	5
job_satisfy	57574	0.6033	0.4892	0	1
worktime	52698	45.9026	22.2227	1	100
age	71581	48.2572	14.3425	16	96
gender	71598	0.4975	0.4999	0	1
hukou	70569	1.3033	0.5245	1	3
education	45397	2.7487	1.2947	1	5
fincome_per	68745	21348.46	23072.8	400	142600
familysize	70749	4.3486	1.9647	1	11

（四）实证设计

本文基于 2014 年、2018 年和 2020 年 CFPS，采取 Logit 和 Probit 模型进行实证研究。基准回归方程如下所示：

$$happiness_i = \beta_1 \times worktime_i + \beta_2 \times job\_satisfy_i + X_i \times \gamma + \varepsilon_i \tag{1}$$

其中，$happiness_i$ 为个体 i 关于婚姻满意度的主观评价；$worktime_i$ 为个体 i 的每周工作时间，$job\_satisfy_i$ 为个体 i 的工作满意度，X_i 为其他控制变量，ε_i 为随机干扰项。其中，β_1 和 β_2 是我们关心的绝对劳动参与时间和相对劳动参与时间的效应。

同时，我们知道由遗漏变量造成的内生性问题无法完全解决，因此我们借助面板数据这一独特的数据结构，使用面板 Logit 模型和面板 Probit 模型，对个体固定效应和时间固定效应进行了控制，得到进阶的回归方程：

$$happiness_{it} = \beta_1 \times worktime_{it} + \beta_2 \times job\_satisfy_{it} + X_{it} \times \gamma + u_i + \eta_t + \varepsilon_{it} \tag{2}$$

其中，$happiness_{it}$ 为个体 i 在第 t 年关于婚姻满意度的主观评价，$worktime_{it}$ 为个体 i 在第 t 年的每周工作时间，$job\_satisfy_{it}$ 为个体 i 在第 t 年的工作满意度，X_{it} 为其他控制变量，u_i 为个体固定效应，η_t 为时间固定效应，ε_{it} 为随机干扰项。其中，β_1 和 β_2 是我们关心的绝对劳动参与时间和相对劳动参与时间的效应。

四　基准回归结果与稳健性检验

在本部分，我们使用实证设计中提到的两个回归模型作为基准回归分析的基础。同时，为了进一步验证我们的回归结果可信，使用替换因变量、平衡面板数据等方法对基准回归结果进行了稳健性检验。这部分需要格外注意的是对于非线性模式的系数解释。

（一）基准回归结果

为了定量评估劳动参与对个体婚姻满意度的平均影响，参考孙圣民、陈强[①] 的方法，使用 Logit 模型和 Probit 模型进行探究，实证结果如表 2 的列（1）～（4）[②] 所示。尽管 Logit 模型和 Probit 模型对于随机扰动项的分布以及侧重点有区别，但为了增强研究的适用性，我们对两种模型的回归结果均进行报告，并且根据结果可知，在本文中，两者的差距不大。列（1）和列（3）的结果给予我们直觉上的验证，可以看到当个体的工作时间满意度改变一个单位时，对于婚姻满意度的提升增加了近50%的概率，并且在1%的水平下显著，这说明个体满意的相对劳动参与时间改变一个单位时对于婚姻满意度的提升具有显著的正向作用，符合我们的假设，而这一正面作用同时兼具经济显著性和统计显著性。在这两列中，工作时间的提升反而会增加婚姻满意度，不符合我们最初的设想，但是考虑到遗漏变量的影响，因此，我们添加相关控制变量后进行进一步的讨论，结

[①] 孙圣民、陈强：《家庭联产承包责任制与中国农业增长的再考察——来自面板工具变量法的证据》，《经济学》（季刊）2017 年第 1 期，第 815~832 页。

[②] 前 2 列为 Logit 回归，后 2 列为 Probit 回归；如无特殊说明，下文中均为 Logit 回归在前，Probit 回归在后。

果如列（2）和列（4）所示。可以看到，无论是 Logit 模型还是 Probit 模型，绝对工作时间都对婚姻满意度有负面影响，而相对工作时间都对婚姻满意度有正面影响，符合我们的假设。但是一个值得关注的问题是，Logit 模型对两种效应的估计均偏大，可能高估了影响，换言之，Probit 模型可能低估了影响①。可以看到，在诸多控制变量中，性别、受教育程度均显著，而家庭人均收入不具备经济显著性，家庭规模可以认为不显著，但由于控制变量不是我们讨论的重点，因此不过多解释。值得一提的是，我们在异质性分析中也将针对与性别、教育相关的内容进行讨论。

表 2　基准回归结果

	（1） happiness	（2） happiness	（3） happiness	（4） happiness
worktime	0.0020 *** (3.30)	-0.0022 *** (-2.73)	0.0011 *** (3.30)	-0.0011 ** (-2.53)
job_satisfy	0.4879 *** (18.12)	0.4679 *** (13.47)	0.2630 *** (18.08)	0.2544 *** (13.60)
hukou		0.0562 (1.35)		0.0319 (1.44)
age		-0.0016 (-0.91)		-0.0009 (-0.97)
gender		0.8071 *** (22.28)		0.4329 *** (22.62)
education		0.0694 *** (3.99)		0.0402 *** (4.33)
fincome_per		0.0000 ** (2.34)		0.0000 ** (2.25)
familysize		0.0163 * (1.70)		0.0083 (1.62)

①　我们更倾向于认为 Logit 回归高估了这一影响。

续表

	(1)	(2)	(3)	(4)
	happiness	*happiness*	*happiness*	*happiness*
常数项	1.5072***	1.0557***	0.9122***	0.6549***
	(43.16)	(8.17)	(47.91)	(9.44)
观测值	49276	30337	49276	30337
个体固定	否	否	否	否
时间固定	否	否	否	否

注：*、** 和 *** 分别表示在 10%、5% 和 1% 的水平下显著；括号内数据为 t 值；本表使用聚类到行业层面的稳健标准误；表 3 至表 5 同，表 7 至表 9 同。

考虑到非平衡面板数据的结构可以帮助我们解决部分遗漏变量导致的内生性问题，因此，我们使用面板 Logit 模型和面板 Probit 模型进行基准回归分析，也可以将这部分内容看作对表 3 的稳健性补充。在控制个体和时间固定效应之后，回归结果如表 2 所示。可以看到列（1）~（4）和普通模型回归得到的数据方向基本保持一致，我们重点分析列（2）、列（4）。可以看到，劳动参与时间对婚姻满意度的影响符合我们的假设，即绝对劳动参与时间的提高会降低个体的婚姻满意度，每当劳动时间增加一个单位，婚姻满意度下降的概率为 0.29% 或 0.15%；而当个体相对劳动时间改善一个单位时，婚姻满意度上升的概率约为 56% 或 31%。另一个有趣的发现是，在使用面板数据进行分析时，在排除了更多无法观测的影响后，这些影响的经济显著性更加强烈，也就是说，在上一次回归过程中，遗漏变量可能反而使我们低估了这种影响。

表 3　基准回归结果（面板数据）

	(1)	(2)	(3)	(4)
	happiness	*happiness*	*happiness*	*happiness*
worktime	0.0015*	−0.0029***	0.0009**	−0.0015***
	(1.91)	(−2.80)	(1.96)	(−2.72)
job_satisfy	0.5500***	0.5573***	0.3049***	0.3086***
	(15.57)	(12.50)	(15.58)	(12.54)

续表

	（1） *happiness*	（2） *happiness*	（3） *happiness*	（4） *happiness*
hukou		0.0728		0.0398
		(1.35)		(1.35)
age		−0.0028		−0.0015
		(−1.23)		(−1.19)
gender		1.0237 ***		0.5644 ***
		(20.03)		(20.02)
education		0.0935 ***		0.0539 ***
		(4.08)		(4.28)
fincome_per		0.0000 **		0.0000 **
		(1.98)		(1.98)
familysize		0.0180		0.0096
		(1.45)		(1.40)
常数项	2.2624 ***	1.5557 ***	1.2916 ***	0.8921 ***
	(40.16)	(9.02)	(41.89)	(9.42)
观测值	49276	30337	49276	30337
个体固定	是	是	是	是
时间固定	是	是	是	是

（二）稳健性检验

为了进一步说明基准回归结果的可信性和准确性，我们使用多种方法进行稳健性检验。在这部分中，核心解释变量的系数大小不再是我们关注的重点，我们将更多观察系数的显著性以及方向是否发生变化。

1. 替换因变量指标

在基准回归中，我们对婚姻满意度这一指标进行了"0~1"变量的处理。但是实际上，原本的"1~5"序列变量可能包含更多信息，因此我们使用 Ordered 相关模型进行了处理。回归结果如表4所示。可以发现，我们重点关注列（2）和列（4），两个核心解释变量的系数方向和前文保持一致，稳健性检验成立。

可能存在问题的地方是，绝对劳动参与时间系数的经济显著性，但是由于非线性回归模型比较复杂，因此系数的解释不在我们的重点考虑范围内。

表4　稳健性检验结果（替换因变量指标）

	（1）	（2）	（3）	（4）
	happiness	happiness	happiness	happiness
worktime	0.0030 ***	−0.0004 **	0.0016 ***	−0.0002 *
	(6.91)	(2.73)	(6.47)	(2.51)
job_satisfy	0.4778 ***	0.4825 ***	0.2755 ***	0.2749 ***
	(24.80)	(19.80)	(24.40)	(19.31)
hukou		−0.0298		−0.0136
		(−1.09)		(−0.84)
age		−0.0026 **		−0.0014 **
		(−2.19)		(−1.99)
gender		0.7304 ***		0.4206 ***
		(29.45)		(29.16)
education		−0.0433 ***		−0.0116 *
		(−3.59)		(−1.65)
fincome_per		0.0000		0.0000
		(0.23)		(0.55)
familysize		0.0016		0.0021
		(0.25)		(0.54)
观测值	49276	30337	49276	30337
个体固定	否	否	否	否
时间固定	否	否	否	否

2. 使用面板数据

在之前的描述性统计中，我们发现由于微观调查数据的各类主客观限制，尤其是新冠疫情对于线下调研的影响，导致我们最终可以使用的样本量有了较大损失，部分样本数据缺失严重。在此，我们使用包含信息最多的样本，即将非平衡面板数据构造为一个平衡面板数据，仅保留2014年、2018年和2020年均出现的样本作为我们讨论的对象。处理后，我们一共拥有 37152 个样本。平衡面板数据的回归结果如表 5 所示。其中，列（1）使用 Logit 模型，列（2）使用 Probit 模型，列（3）使用面板 Logit 模型，列（4）使用面板 Probit 模型。回归结果显示，无论如何替换进行估计的模型形式，系数的方向和大小均未发生变动，稳健性检验成立。其中，绝对劳动参与的度量在 5% 的水平下显著，相对劳动参与的度量在 1% 的水平下显著。

表 5　稳健性检验结果（平衡面板数据）

	(1)	(2)	(3)	(4)
	happiness	*happiness*	*happiness*	*happiness*
worktime	−0.0024 **	−0.0012 **	−0.0033 **	−0.0018 **
	(−2.20)	(−2.04)	(−2.27)	(−2.23)
job_satisfy	0.4701 ***	0.2548 ***	0.5467 ***	0.3027 ***
	(9.54)	(9.58)	(8.50)	(8.51)
hukou	0.0281	0.0172	0.0490	0.0261
	(0.47)	(0.54)	(0.61)	(0.59)
age	−0.0037	−0.0020	−0.0059	−0.0031
	(−1.38)	(−1.43)	(−1.61)	(−1.53)
gender	0.7999 ***	0.4291 ***	1.0392 ***	0.5740 ***
	(15.40)	(15.63)	(13.67)	(13.69)
education	0.0516 **	0.0290 **	0.0714 **	0.0417 **
	(2.08)	(2.18)	(2.09)	(2.21)
fincome_per	0.0000	0.0000	−0.0000	−0.0000
	(0.31)	(0.34)	(−0.36)	(−0.31)
familysize	0.0249 *	0.0133 *	0.0282	0.0154
	(1.73)	(1.73)	(1.44)	(1.43)
常数项	1.2341 ***	0.7524 ***	1.8789 ***	1.0652 ***
	(6.48)	(7.36)	(7.10)	(7.31)
观测值	14856	14856	14856	14856
个体固定	否	否	是	是
时间固定	否	否	是	是

五　异质性分析

在基准回归分析中，我们得知，教育和性别是两个显著的控制变量，这和我们在文献综述部分基于前任研究设想而提出的异质性分析相同。事实上，在过去作为机制分析"标杆"模型的中介效应模型失效后，异质性分析在某种程度上可以作为间接机制分析的补充，虽然这对实证研究者的研究训练功底和研究设计有很高的要求，但是我们依然想要在此处做出尝试。另外，在回归模型中加入交乘项和分组回归是两种最常见的异质性分析方式，考虑到不同组别内其他变量的系数大小存在差异，因此我们在这部分使用分组回归的方法。分组回归对于结果有更严格的要求，通俗地说，当两组都显著但是系数大小有区别时，需要进行额外的检验，而当一组显著另一组不显著时，则不存在这样的要求。个体性别、婚姻教育匹配和隔代抚养是我们重点讨论的三组类别。通过以下三种不同类别的异质性分析，我们可以认为，在具有不同人口结构的家庭中，劳动参与对于个体婚姻满意度的影响存在差异。

（一）个体性别

首先，我们直接使用 *gender* 变量对男性、女性进行分组回归，实证结果如表6所示。其中，列（1）和列（2）为 Logit 模型和 Probit 模型分别估计的女性的结果，而列（3）和列（4）则分别为两种非线性模型估计的男性的结果。可以看到，绝对工作时间的增加显著降低了女性的婚姻满意度，而这一结果对于男性来说为正且不显著。一种可能的解释是，在大部分家务劳动几乎全部由女性承担的情况下，劳动力市场劳动时间的增加并不能将家务劳动挤出，反而进一步侵占了女性的闲暇，而男性却可以直接获得劳动参与时间增加在职场地位、薪资水平和家庭经济话语权中带来的好处。

表 6　异质性分析结果（个体性别）

	（1） *happiness*	（2） *happiness*	（3） *happiness*	（4） *happiness*
worktime	−0.0039 ***	−0.0021 ***	0.0010	0.0005
	（−3.91）	（−3.78）	（0.78）	（0.68）
job_satisfy	0.4207 ***	0.2365 ***	0.5649 ***	0.2882 ***
	（9.60）	（9.57）	（9.87）	（10.00）
hukou	0.0214	0.0117	0.1239 *	0.0620 *
	（0.41）	（0.40）	（1.77）	（1.79）
age	0.0006	0.0004	−0.0043 *	−0.0023 *
	（0.27）	（0.31）	（−1.66）	（−1.72）
education	0.0324	0.0192	0.1545 ***	0.0788 ***
	（1.48）	（1.57）	（5.35）	（5.44）
fincome_per	0.0000 ***	0.0000 ***	0.0000	0.0000
	（2.64）	（2.61）	（0.41）	（0.43）
familysize	0.0205 *	0.0112	0.0091	0.0043
	（1.66）	（1.63）	（0.59）	（0.56）
常数项	1.1690 ***	0.7133 ***	1.5225 ***	0.9425 ***
	（7.00）	（7.61）	（7.14）	（8.74）
观测值	14581	14581	15756	15756
个体固定	否	否	否	否
时间固定	否	否	否	否

注：***、*分别表示在1%、10%的水平下显著；括号内数据为 t 值；本表使用聚类到行业层面的稳健标准误。

（二）婚姻教育匹配

同质婚和异质婚本身是社会学的概念，在本研究中，我们借助这个概念，讨论了教育同质婚和异质婚家庭中，个体劳动参与变动对于婚姻满意度的影响。当夫妻双方的受教育程度一致时，我们认为其属于教育同质婚，当夫妻双方受教育程度有差别时，我们认为属于教育异质婚。表 7 中列（1）和列（2）为教育同质婚的回归结果，列（3）和列（4）为教育异质婚的回归结果，可以发现，绝对劳动参与时间对于教育异质婚有显著的负面影响。一种可能的解释是，教育同质婚的家庭中，女性的经济地位和议价能力更高，更可能将家务工作转嫁给丈夫。

表 7 异质性分析结果（婚姻教育匹配）

	（1） happiness	（2） happiness	（3） happiness	（4） happiness
worktime	0.0037	0.0024	−0.0023 ***	−0.0012 ***
	(0.79)	(0.91)	(−2.90)	(−2.72)
job_satisfy	0.3904 **	0.2243 **	0.4690 ***	0.2548 ***
	(1.96)	(2.05)	(13.29)	(13.41)
hukou	0.3780	0.1852	0.0432	0.0252
	(1.57)	(1.48)	(1.02)	(1.12)
age	0.0074	0.0042	−0.0017	−0.0010
	(0.69)	(0.69)	(−0.99)	(−1.06)
gender	0.8288 ***	0.4534 ***	0.8087 ***	0.4334 ***
	(4.15)	(4.16)	(21.93)	(22.28)
education	0.1494	0.0833	0.0701 ***	0.0407 ***
	(1.37)	(1.39)	(3.96)	(4.31)
fincome_per	−0.0000	−0.0000	0.0000 ***	0.0000 **
	(−1.16)	(−1.04)	(2.58)	(2.47)
familysize	0.0301	0.0203	0.0161 *	0.0081
	(0.59)	(0.72)	(1.65)	(1.56)
常数项	−0.3713	−0.1516	1.0856 ***	0.6723 ***
	(−0.48)	(−0.35)	(8.27)	(9.55)
观测值	863	863	29474	29474
个体固定	否	否	否	否
时间固定	否	否	否	否

（三）隔代抚养

当夫妻双方有一方的父亲或母亲帮助照顾孙辈时，我们认为该家庭存在隔代抚养。在对数据进行分组回归后，结果如表 8 所示。其中，列（1）和列（2）为不存在隔代抚养的家庭的回归结果。可以看到，当不存在隔代抚养时，劳动参与时间的增加会显著降低婚姻满意度。这种情况的背后逻辑较为简单，因为隔代抚养家庭中的长辈会帮助分担部分家务工作。

表 8　异质性分析结果（隔代抚养）

	（1）	（2）	（3）	（4）
	happiness	happiness	happiness	happiness
worktime	−0.0023***	−0.0012**	−0.0013	−0.0006
	(−2.63)	(−2.45)	(−0.65)	(−0.57)
job_satisfy	0.4871***	0.2650***	0.4515***	0.2452***
	(12.74)	(12.86)	(5.22)	(5.28)
hukou	0.0580	0.0325	0.0327	0.0199
	(1.21)	(1.28)	(0.38)	(0.44)
age	−0.0031*	−0.0017*	0.0036	0.0016
	(−1.68)	(−1.75)	(0.48)	(0.38)
gender	0.7718***	0.4144***	1.0735***	0.5809***
	(19.00)	(19.32)	(12.63)	(12.69)
education	0.0703***	0.0402***	0.1024**	0.0603***
	(3.66)	(3.91)	(2.43)	(2.68)
fincome_per	0.0000***	0.0000***	0.0000	0.0000
	(2.80)	(2.80)	(0.53)	(0.39)
familysize	0.0125	0.0063	0.0469**	0.0234*
	(1.18)	(1.11)	(1.99)	(1.92)
常数项	1.1531***	0.7102***	0.3594	0.2845
	(8.22)	(9.40)	(0.96)	(1.43)
观测值	24684	24684	5653	5653
个体固定	否	否	否	否
时间固定	否	否	否	否

六　进一步讨论

在本部分，我们主要对"家庭分工观念"这一可能的机制进行讨论，同时提出一种未来可以用来继续完善论文、解决内生性问题的方法。最后，我们将在这部分指出本文存在的不足之处，为本文后续的修改、完善指明方向。

（一）机制分析：家庭分工观念

我们将问卷中提到的两个认知类问题"你对男女分工的看法"以及"你对男人做家务"的看法作为劳动参与影响个体婚姻满意度的可能性机制。参考江艇①的文章且中介变量与被解释变量间定量关系不是本文关注的核心问题，因此，该部分不再使用传统的三步法中介效应模型进行验证。回归结果如表9所示，列（1）、列（2）为对男女分工进行回归，列（3）、列（4）为对男人家务的看法回归，结果显示，无论是绝对还是相对劳动参与时间的变动对于个人的男女观念均没有改变，而无论是绝对还是相对劳动参与时间的变动对于男人应当承担家务这一认知均有提升作用。我们可以认为，女性劳动参与时间的增加在使其有更强议价能力和家庭地位的同时，也会增进其对男人应当承担家务的认识。

表 9　机制分析结果（家庭分工观念）

	（1） *happiness*	（2） *happiness*	（3） *happiness*	（4） *happiness*
worktime	−0.0010 （−1.16）	−0.0007 （−1.38）	0.0035 *** （4.15）	0.0020 *** （3.92）
job_satisfy	0.0007 （0.02）	−0.0016 （−0.08）	0.2320 *** （6.34）	0.1404 *** （6.42）
hukou	−0.1830 *** （−4.64）	−0.1114 *** （−4.76）	0.0575 （1.42）	0.0284 （1.17）
age	0.0296 *** （15.33）	0.0177 *** （15.54）	0.0084 *** （4.41）	0.0052 *** （4.54）

---

① 江艇：《因果推断经验研究中的中介效应与调节效应》，《中国工业经济》2022 年第 5 期，第 100~120 页。

续表

	（1） *happiness*	（2） *happiness*	（3） *happiness*	（4） *happiness*
gender	0. 3423 ***	0. 2081 ***	−0. 2529 ***	−0. 1570 ***
	（9. 22）	（9. 48）	（−6. 76）	（−7. 04）
education	−0. 4270 ***	−0. 2521 ***	−0. 0797 ***	−0. 0403 ***
	（−23. 31）	（−23. 38）	（−4. 38）	（−3. 71）
fincome_per	−0. 0000 ***	−0. 0000 ***	−0. 0000 **	−0. 0000 *
	（−6. 64）	（−6. 39）	（−2. 30）	（−1. 92）
familysize	−0. 0018	0. 0007	−0. 0060	−0. 0022
	（−0. 17）	（0. 12）	（−0. 57）	（−0. 36）
观测值	10904	10904	10901	10901
个体固定	否	否	否	否
时间固定	否	否	否	否

（二）断点回归：内生性问题的进一步解决

尽管上文从基准回归、稳健性检验、异质性分析以及机制分析等多方面对劳动参与影响个体婚姻满意度这一问题进行了详尽的讨论，但不能否认的是，我们依然没有找到一个随机的外生冲击来验证这是一个因果问题而非相关问题。在阅读文献的过程中，我们发现了一个可能作为断点的外生冲击：退休年龄。2024年9月以前，我国男性、女性普通职工退休年龄分别为60岁和50岁，其中，男性、女性领导干部的退休年龄分别为65岁和55岁，这一断点不受个体主观意志及模型内其他内生因素的影响，同时断点附近的个体必须服从这一由法律强制力保障的断点，因此，我们可以认为，退休年龄断点两侧的个体劳动参与具有剧烈的变化，而这时观察这些断点年龄两侧个体的婚姻满意情况就是一个完美的因果推断。同时，由于断点回归分析作为一种局部的因果推断，我们只需要拥有其中某年的横截面数据而非面板数据就可以进行分析，这方便了我们的操作，对于数据质量的要求也较低。但受制于时间限制，我们没有办法将这一正在完成部分的实证结果在本文中呈现。

（三）研究不足之处与未来改进方向

一项好的研究通常在好选题、好数据、好方法上做到其中一点，我们在本文的研究准备与写作过程中，尽量向这一标准靠拢，但难免在最终成果落地后感到遗憾，因此就研究目前存在的不足之处做出分析，以供大家讨论与批评，同时提出这些不足之处也是未来可能进一步完善的地方。

选题方面，我们关注劳动参与对于个体婚姻满意度的影响，并从家庭人口结构角度出发对于不同个体进行了异质性分析，找到了一个有趣的视角，在一定程度上对该领域现有文献做了补充。同时，在选题之初，我们对于"家务劳动"作为一种劳动参与方式的关注更是"填补空白"，但在后续的研究中我们发现，受制于家务劳动数据和定义的限制，我们仅能对家务劳动可能产生影响的渠道进行间接的验证，说服力不强。

数据方面，我们使用的是公开的微观调查数据库，在数据新颖程度上做的工作不够。首先，数据质量方面存在明显缺陷，如 2016 年的数据没有对个体的婚姻满意度情况进行讨论，导致我们的面板数据在年份上出现间隔、不连续。其次，CFPS 出于对受访者隐私保护的需要，对省级以下单位进行顺序编码，因此我们无法将个体微观数据与宏观数据进行匹配，无法对不同地区异质性进行讨论，对地区固定效应进行控制。

方法方面，最大的问题在于这依然是一个相关而非因果的研究，对于方法的改进，在上文的退休年龄断点部分，我们做出了设想。

七　研究结论

本文以劳动参与这一劳动力市场的重要讨论话题为识别基础，借助各类离散选择模型验证了劳动参与对于个体婚姻满意度的单向作用关系。本文发现以下内容。（1）个体的劳动参与绝对时间增加会显著降低个体的婚姻满意度，而劳动参与相对时间朝着个体满意的方向增加，则会提高个体的婚姻满意度。这一研究结论在更换实证模型、改变因变量度量指标以及采用平衡面板数据进行验证之后依然成立。（2）根据异质性分析结果可知，绝对劳动参与时间增加的负面影响，在女性、教育异质婚家庭、没有隔代抚养的家庭中显著。（3）男性家务劳动的参与情况、个体对男性参与家务的认知是影响婚姻满意度的重要渠道。

综上所述，本文提出以下政策建议。（1）充分发挥观念的力量，采用媒体宣传、机构教育等各类方式在社会上继续传播男女平等的思想观念，同时倡导男性在家务劳动中发挥作用，不能逃避男性的家务劳动责任。（2）在全社会范围内继续认识家务劳动的重要性，认识到家务劳动的价值和现有的家务劳动对女性劳动力市场工作的"挤出"情况；在学术界鼓励更多家务劳动相关的研究，这需要微观数据在收集过程中进一步完善对家务劳动相关问题的设计。（3）充分发挥隔代抚养的作用，激发"银发"劳动力的家务劳动热情。

（指导老师：王琼）

数字经济如何影响流动人口长期居留意愿？
——基于 CMDS 的实证分析

曾冰蓉*

摘　要　本文立足新型城镇化建设深入推进和数字经济快速发展的背景，使用 2016~2018 年 CMDS 混合截面数据与《中国城市统计年鉴》数据，基于 Logit 模型研究城市数字经济发展程度对流动人口长期居留意愿的影响。研究发现，城市数字经济发展程度越高，流动人口产生居留意愿的概率就越大。机制分析表明数字经济主要通过增加就业机会、提高收入、促进社会融入三个渠道来促使流动人口产生居留意愿。进一步，本文通过异质性分析探究了数字经济影响效应的个体间差异，并对城市通过发展数字经济留住劳动力、提高流动人口融入感提出了相应政策建议。

关键词　数字经济；流动人口；居留意愿；社会融入；溢出效应

一　引言

本文使用 2016~2018 年流动人口动态监测数据和《中国城市统计年鉴》中与流入地匹配的地级市数据，研究城市数字经济发展水平对流动人口居留意愿的影响机制，并为进一步推动流动人口市民化进程提供政策建议。本文的边际贡献主要在于以下两点：第一，当前对流动人口居留意愿的研究主要是从微观个体层

---

*　曾冰蓉，中国社会科学院大学应用经济学院 2020 级本科生。

面或区域公共服务政策层面出发，鲜有研究关注数字经济对流动人口长期迁移决策的影响，本文创新性地探讨数字经济对流动人口居留意愿的影响并对其影响路径进行探究；第二，已有文献有关数字经济对劳动力流动决策的研究集中于数字经济对个人就业和收入的影响，较少涉及数字经济发展对于流动人口本地化社会资本积累的影响，本文在分析数字经济的影响机制中探讨了数字经济对流动人口社会融入的促进作用。

本文提出以下两个假设。

假设1：数字经济发展能够促使流动人口产生长期居留意愿。

假设2：数字经济通过增加就业机会、提高收入、促进流动人口的社会资本积累和社会融入来使其产生长期居留意愿。

二　数据来源、变量选取与模型设定

（一）数据来源

本研究使用的数据来源如下。第一，2016~2018年中国流动人口动态监测调查数据（CMDS）。该数据是面向全国31个省、自治区、直辖市和新疆生产建设兵团15岁以上的流动人口进行的抽样调查数据，适用于研究流动人口问题。本研究的核心被解释变量以及个人层面控制变量的相关数据均来自该调查数据。由于年龄过大的流动人口的长期居留选择并不具有随机性，本文筛选出年龄在15~65岁的样本数据进行分析。第二，2016~2018年《中国城市统计年鉴》。该统计年鉴是核心解释变量和城市层面控制变量的数据来源。

（二）变量选取

本文的被解释变量是流动人口长期居留意愿。由于不同年份问卷的提问略有不同，本文选择了三个年份中均被问及的是否有未来在当地居住五年以上的意愿，将问题回答处理为二值变量，若受访者愿意居住五年以上则取值为1，否则取值为0。

核心解释变量为流动人口所在城市的数字经济发展水平。已有的对地区数字经济发展水平的测度主要选取省区市层面的指标，但考虑到流动人口做出流动或居留决策往往是以城市而非省区市为目标，且省区市内部各城市的数字经济发展水平有较大差异，省区市层面的指标在本研究中并不适用。借鉴以往研究中的数字经济水平测度方法①并考虑到数据的可得性、匹配性，本文选取了《中国城市统计年鉴》中反映了城市互联网相关产业发展程度且与流动人口群体的生活、就业密切相关的四个指标——每百人互联网宽带接入数量、每百人移动电话用户数量、互联网相关从业人员占比、人均电信业务量，进行标准化处理后采用主成分分析法算出各指标权重，进而计算出每个城市的数字经济发展指数。变量说明见表1。

表1 变量说明

变量	变量解释	样本量	均值	标准差	最小值	最大值
willing	长期居留意愿（1=愿意，0=不愿意）	429070	0.509	0.500	0	1
digital	城市数字经济发展指数	429070	0.212	0.161	0	0.892
age	年龄（岁）	429070	35.65	10.15	15	65
gender	性别（1=男，0=女）	429070	0.514	0.500	0	1
marriage	婚姻状况（1=已婚，0=未婚）	429070	0.812	0.391	0	1
educyear	受教育年限（年）	429070	10.25	3.123	0	19
lnincome	过去一年家庭平均月收入对数	428355	8.712	0.586	0	15.61
account	户口类型（1=农业，0=非农）	429070	0.762	0.426	0	1
child	子女数量（个）	405230	1.218	0.832	0	9
florange	流动范围（1=跨县，2=跨市，3=跨省）	428937	2.317	0.751	1	3
time	本次流动停留时间（年）	429070	5.925	5.737	0	66
lngdp	人均GDP对数	418949	11.32	0.473	9.384	15.68
lnwage	平均工资对数	428678	11.25	0.253	10.56	11.92
industry	第三产业产值与第二产业产值之比	421585	1.542	1.155	0.364	81.72
lnprimary	小学数量对数	427140	6.237	0.786	2.890	8.033

控制变量包含个人和城市两个层面。个人层面的控制变量包括性别、年龄、

① 黄群慧、余泳泽、张松林：《互联网发展与制造业生产率提升：内在机制与中国经验》，《中国工业经济》2019年第8期，第5~23页。

户口类型、受教育年限、婚姻状况、子女数量等个体特征，以及流动范围、本次流动停留时间等个体流动行为的特征。从城市层面看，经济发展程度是对人口产生吸引力的直接原因，因此控制了城市 GDP、工资水准和产业结构特征。此外，公共服务资源也会影响流动人口的定居决策①。CMDS 问卷中个体留在本地的原因中占比最大的回答是"子女有更好的教育机会"，反映了流动人口对子女受教育机会的重视，因此使用各城市小学数量对数（lnprimary）来反映基础教育资源丰富程度。模型中还加入城市固定效应来控制不随时间变化的影响因素。

（三）模型设定

本文使用 Logit 模型，将流动人口的长期居留意愿作为二值因变量进行回归，估计数字经济发展程度对流动人口居留意愿的影响。基准模型如下：

$$Prob(willing_{ij} = 1 \mid digital, X, Y) = \wedge (\alpha + \beta \, digital_j + \gamma X + \varepsilon)$$

$$= \frac{\exp(\alpha + \beta \, digital_j + \gamma X + \varepsilon)}{1 + \exp(\alpha + \beta \, digital_j + \gamma X + \varepsilon)}$$

$Prob(willing_{ij} = 1)$ 表示个体 i 在城市 j 的有居留意愿的概率，$digital$ 是本文的核心解释变量，$digital_j$ 表示城市 j 的数字经济发展水平，X 表示个体层面和城市层面的特征控制变量，ε 为随机扰动项。由于该模型是 Logit 二值模型，核心解释变量的参数并不直接表示边际效应，因此还需另外计算其边际影响程度。

三　回归分析

（一）基准回归

表 2 为基准回归结果。为保证结果的稳健性，第（1）～（3）列分别为未加入控制变量和依次加入个人层面、城市层面控制变量的回归结果。从报告结果可以看出核心解释变量系数均为正显著，据此得出数字经济发展指标对流动人口居留意愿具有显著正向影响的结论。由于 Logit 回归的系数大小不能直接表示边

---

① 刘金凤、魏后凯：《城市公共服务对流动人口永久迁移意愿的影响》，《经济管理》2019 年第 11 期，第 20~37 页。

际影响，表 2 还报告了核心解释变量的平均边际效应（Marginal Effect）。第（3）列加入全部控制变量后，回归结果显示，城市数字经济发展指数每提高 1%，流动人口愿意在该城市居留的可能性会增加约 0.05 个百分点。

表 2　基准回归结果

	（1） willing	（2） willing	（3） willing
digital	0.5187 ***	0.5101 ***	0.2512 **
	（0.1036）	（0.1131）	（0.1217）
age		0.0001	0.0000
		（0.0004）	（0.0004）
gender		−0.0944 ***	−0.0932 ***
		（0.0071）	（0.0072）
marriage		0.5093 ***	0.5035 ***
		（0.0128）	（0.0131）
educyear		0.1077 ***	0.1078 ***
		（0.0014）	（0.0015）
lnincome		0.5408 ***	0.5452 ***
		（0.0075）	（0.0076）
account		−0.2523 ***	−0.2583 ***
		（0.0093）	（0.0095）
child		0.0570 ***	0.0568 ***
		（0.0053）	（0.0054）
florange		−0.3750 ***	−0.3839 ***
		（0.0059）	（0.0060）
time		0.0761 ***	0.0763 ***
		（0.0007）	（0.0007）
lngdp			−0.1996 ***
			（0.0328）
lnwage			1.5381 ***
			（0.1677）

续表

	（1） *willing*	（2） *willing*	（3） *willing*
industry			−0.0125 ** （0.0055）
lnprimary			−0.0590 （0.0736）
常量	1.1429 *** （0.1956）	−4.1442 *** （0.2240）	−18.4593 *** （1.8955）
城市固定效应	控制	控制	控制
年份固定效应	控制	控制	控制
Marginal Effect	0.1180 ***	0.1035 ***	0.0509 **
样本量	429070	404417	392002
准 R^2	0.0672	0.1469	0.1479

注：括号中数据是稳健标准误；*** 、** 分别表示在 1%、5%的水平下显著；城市固定效应共包含 291 个城市的虚拟变量；模型（2）和（3）中样本量减少是由于部分相关变量缺失；Marginal Effect 表示核心解释变量的边际效应。下同。

（二）稳健性检验

为保证结论的稳健性，本研究从四个方面进行补充检验。

首先，更换估计模型，使用 Probit 和 OLS 模型进行回归。从表 3 第（1）、（2）列可以看出，数字经济发展程度对流动人口长期居留意愿的边际影响未发生明显变化且显著。

表 3　稳健性检验结果

	（1） *willing*	（2） *willing*	（3） *willing*	（4） *willing*	（5） *willing*	（6） *willing*
digital	0.1549 ** （0.0731）	0.0597 ** （0.0242）				0.2120 ** （0.0889）
entrodigit			0.6538 *** （0.2293）			

续表

	（1）	（2）	（3）	（4）	（5）	（6）
	willing	*willing*	*willing*	*willing*	*willing*	*willing*
lntelecom				0.0364 **		
				（0.0170）		
winsordigit					0.2331 *	
					（0.1218）	
控制变量	控制	控制	控制	控制	控制	控制
城市固定效应	控制	控制	控制	控制	控制	控制
年份固定效应	控制	控制	控制	控制	控制	控制
Marginal Effect	0.0521 **	0.0597 **	0.1324 ***	0.0074 **	0.0472 *	0.0393 **
回归模型	Probit	OLS	Logit	Logit	Logit	Logit
样本量	392002	392002	392002	392002	392002	3319
R^2 或准R^2	0.1476	0.1859	0.1479	0.1479	0.1479	0.2069

注：括号中数据是稳健标准误；***、**、*分别表示在1%、5%、10%的水平下显著；第（6）列样本量变化是因为更换数据。

其次，调整核心解释变量。由于已有研究对于城市数字化发展指标构建的方法各不相同，本文使用熵权法重新利用四个指标构建新的数字经济发展变量（*entrodigit*）以作为核心解释变量。回归结果见表3第（3）列。从结果中可以看出，替换核心解释变量后数字经济发展程度对长期居留意愿的影响效应未发生很大变化，仍在1%的水平下显著。此外，本文认为，在核心解释变量四个指标中，人均电信业务量可以较直观地体现数字经济发展与日常工作生活的关系，因此选用人均电信业务量对数（lntelecom）来替代数字经济指数进行回归。第（4）列的回归结果仍反映出数字通信发展程度对居留意愿具有显著的正向影响。

再次，通过缩尾来排除极端值影响。本文采用的方法是将数字经济发展指数变量最高和最低两端各2.5%的值分别用2.5%和97.5%分位数替代，得到剔除极端值后的解释变量（*winsordigit*）。回归结果如表3第（5）列所示，可以看出数字经济的正向作用依然显著。

最后，更换数据集，使用中国劳动力动态调查数据（CLDS）再次回归检验。使用2014年和2016年的CLDS混合截面数据，筛选出人户分离超过半年的流动人口，根据对"将来是否定居本地"问题的回答生成二元因变量而进行回归。从表3第（6）列报告的回归结果可以看出，数字经济水平对流动人口的居留意愿有显著的正向效应，再次证明本文结论具有稳健性。

（三）内生性检验

本研究通过工具变量法控制内生性问题。在 IV 的选取上，首先采用地形起伏程度（RDLS）作为城市数字经济发展水平的工具变量。地形起伏程度会影响网络基础设施建设，地形起伏程度较大的地区可能会产生更差的网络信号和更低的基础设施运行效率。且由于地形起伏程度是自然地理特征，与流动人口居留意愿不直接相关，满足工具变量外生性条件。本文把 2016~2018 年的全国互联网用户数分别与各城市的地形起伏程度构造交互项作为工具变量。此外，本文以各城市 1984 年的每百万人邮局数量对数（lnPOST）和全国互联网用户数交互项构建第二个工具变量。一方面，邮局是传统通信方式的重要载体，其普及率是城市通信技术发展的基础，该工具变量与城市互联网发展程度有较强关联性；另一方面，历史数据对当下流动人口居留意愿不存在直接影响。因此，该变量也满足相关性和外生性假定。

加入各城市地形起伏程度与各年份全国互联网上网人数的交乘项作为工具变量进行估计的结果如表 4 前两列所示；加入 1984 年各城市每百万人邮局数量与各年份全国互联网上网人数的交乘项工具变量的结果见表 4 中第（3）、（4）列。由第（1）、（3）列的一阶段回归结果可以看出，这两个工具变量都会对城市数字经济发展程度产生显著影响。从二阶段回归结果可看出，控制了内生性问题后，数字经济发展水平仍对流动人口居留意愿有显著的正向边际影响。表 4 中还报告了 IV 检验结果。首先是工具变量的不可识别检验，通过 K-P rk LM 统计值可以看出，这两个工具变量均在 1%的水平下显著拒绝了不可识别的原假设。两个工具变量的 Cragg-Donald Wald F 统计值均大于 10%偏误临界值 16.38，证明了工具变量的有效性。基准回归结论的稳健性也再次得到佐证。

表 4　内生性检验结果

	（1） *digital*	（2） *willing*	（3） *digital*	（4） *willing*
RDLS×internetac	−0.0117 *** （0.0001）			

续表

	（1）	（2）	（3）	（4）
	digital	*willing*	*digital*	*willing*
ln*POST*×*internetac*			0.0115 *** （0.0002）	
digital		2.4790 *** （0.2252）		0.8317 * （0.4552）
控制变量	控制	控制	控制	控制
城市固定效应	控制	控制	控制	控制
年份固定效应	控制	控制	控制	控制
样本量	391848	391848	359376	359376
K-P rk LM 统计值	6980.874		2078.894	
LM 统计量 P 值	0.0000		0.0000	
C-D Wald F 统计值	4916.914		1170.916	

注：括号中数据是稳健标准误；***、* 分别表示在 1%、10%的水平下显著。

四　进一步分析：机制探讨与异质性检验

（一）影响机制一：就业效应

本研究主要从两个视角分析数字经济通过就业机制影响流动人口居留意愿。一方面，数字经济的发展能促进劳动力的人力资本积累，提高就业竞争力；另一方面，数字经济和平台经济增加了流动人口就业的灵活性，也降低了失业带来的风险。本文选择 CMDS 问卷中关于就业状况的问题——当年"五一"节前一周是否做过一小时以上有收入的工作，区分失业与就业样本。此外，在已就业人群中按照是否为灵活就业进行分组，将"无固定雇主的劳动者"和"自营劳动者"的样本归类为灵活就业，其余归为非灵活就业，进行分组回归。由于 Logit 模型不可直接分组①，采用线性概率模型（LPM）进行回归分析。

---

① 洪岩璧：《Logistic 模型的系数比较问题及解决策略：一个综述》，《社会》2015 年第 4 期，第 220~241 页。

从表 5 前两列回归结果可以看出，对于有工作的群体而言，数字经济对其居留意愿具有显著的影响。从第（3）、（4）列可以看出，对于灵活就业人员，数字经济发展指标每提高 1%，其产生居留意愿的可能性就会提高约 0.17 个百分点，高于对非灵活就业人员的边际影响。由此可以看出，数字经济可能通过增加灵活就业和创业机会对流动人口居留意愿产生影响。

表 5　就业效应回归结果

	（1）就业 willing	（2）失业 willing	（3）灵活就业 willing	（4）非灵活就业 willing
digital	0.0734 *** (0.0262)	0.0533 (0.0634)	0.1659 *** (0.0521)	0.0235 (0.0275)
控制变量	控制	控制	控制	控制
城市固定效应	控制	控制	控制	控制
年份固定效应	控制	控制	控制	控制
回归模型	OLS	OLS	OLS	OLS
样本量	330430	61570	121687	270315
R^2	0.1959	0.1429	0.1464	0.2084

注：括号中数据是稳健标准误；*** 表示在 1%的水平下显著。

（二）影响机制二：收入效应

现有研究普遍认为，城市数字经济发展能够提高劳动者个人和家庭的收入，而经济收入是流动人口在流入城市安身立命的基础。更高的收入预期往往是直接促使流动人口做出定居性迁移决策的重要因素[1]，且收入高低能在很大程度上决定个体的社会经济地位，社会经济地位的提升也是产生居留意愿的重要动力[2]。在本研究中，通过家庭平均月收入数额对数来反映流动人口的家庭收入水平。

此外，由于大量流动人口处于社会底层，他们在城市中生活必然会面临诸多

---

[1] 吴兴陆：《农民工定居性迁移决策的影响因素实证研究》，《人口与经济》2005 年第 1 期，第 5~10、43 页。

[2] 王毅杰：《流动农民留城定居意愿影响因素分析》，《江苏社会科学》2005 年第 5 期，第 26~32 页。

方面的经济困难，这是长期居留的最大阻力。本文还希望了解城市数字经济的发展对流动人口生活困难改善的纾解作用，因此选择了 2017 年 CMDS 的问卷中的"是否有找到稳定工作的困难"和"是否有生意不好做的困难"两个与收入直接相关的问题，结果处理为 0~1 变量。

表6 展示了探究数字经济发展是否通过增加收入的机制影响流动人口居留意愿的回归结果。其中，第（1）列展示了数字经济对个人收入发展具有显著的正向影响，第（2）列的回归结果则证实了流动人口个人收入的提高对居留意愿也有显著的促进作用。因此，可以看出数字经济发展水平越高，对个人收入的促进作用就越大，而个人收入的提高会进一步提升其长久居留意愿。第（3）、（4）列的回归结果显示，数字经济在一定程度上能够改善流动人口的经济困难，减少其在当地长期工作与生活的诸多烦恼。

表6 收入效应回归结果

	（1） ln*income*	（2） *willing*	（3） 找工作困难	（4） 做生意困难
digital	0.1100 *** （0.0285）		−0.4128 *** （0.0800）	−0.9047 *** （0.0795）
ln*income*		0.1104 *** （0.0076）		
控制变量	控制	控制	控制	控制
城市固定效应	控制	控制	控制	控制
年份固定效应	控制	控制	控制	控制
边界效应	0.1100 ***	0.1104 ***	−0.0920 ***	−0.2118 ***
回归模型	OLS	Logit	Logit	Logit
样本量	392002	392002	75473	75473
R^2 或准R^2	0.2680	0.1479	0.0513	0.0459

注：括号中数据是稳健标准误；*** 表示在1%的水平下显著；前两列回归模型的控制变量中剔除了家庭收入对数；第（3）、（4）列样本量减少是由于只使用了 2017 年的截面数据。

（三）影响机制三：社会融入效应

数字经济的发展对流动人口居留意愿的影响还包括通过数字生活的普及促进流动人口本地化社会资本积累，降低其社会融入的心理成本。由于流动人口对社会网络往往有较强的依赖性，即使进入新的城市居住，人际交往还是容易被限制在与同乡形成的"小社会"中[①]。随着互联网的发展与普及，数字化大大提高了城市的包容度，消弭了流动人口融入当地的心理隔阂。此外，"互联网+"有效提高了公共服务的可及性，也能提高流动人口在流入地业余社会活动的参与水平，进而提高其社会融入感。

本文还研究了数字经济发展对流动人口在流入地的本地化社会资本积累的影响。已有研究将本地化的社会资本定义为流动人口进入城市以后与当地居民、社会和政府之间发生的相互联系[②]。由于2016年和2018年的CMDS问卷并未涉及社会参与的问题，本文选择2017年的截面数据来形成度量流动人口的社会融入水平的代理变量。流动人口的社会活动参与包括业余社会活动参与和政治参与。其中，业余社会活动参与涉及在本地参加的工会、志愿者协会、同学会、老乡会、家乡商会、其他活动，回答"是"的赋1分，回答"否"则赋0分，最终进行加总，得到取值为0~6的连续变量 social；政治参与涉及受访者近两年是否给单位、社区提建议，是否向政府有关部门反映情况，是否主动参与捐款、献血、志愿活动等，并根据参加频率进行赋值并加总，得到取值为5~20的连续变量 political，该变量可以反映个体在当地是否具有成为"新市民"的自我身份认同。

从表7第（1）列可以看出，数字经济的发展对居民的业余社会活动即与当地人的日常交往有明显的促进作用，从第（3）列则可以看出数字经济也能显著促进流动人口在当地的政治参与。从第（2）、（4）列则可以看出社会参与程度的提高可以促使流动人口产生居留意愿。由此可以得出，数字经济发展会通过促进社会参与和拓展社交网络促使流动人口产生居留意愿。

表7　社会融入效应回归结果

	（1） social	（2） willing	（3） political	（4） willing
digital	0.5403 *** (0.0292)		0.3285 *** (0.0371)	

---

① 古恒宇、肖凡、沈体雁、刘子亮：《中国城市流动人口居留意愿的地区差异与影响因素——基于2015年流动人口动态监测数据》，《经济地理》2018年第11期，第22~29页。

② 任远、陶力：《本地化的社会资本与促进流动人口的社会融合》，《人口研究》2012年第5期，第47~57页。

续表

	（1） social	（2） willing	（3） political	（4） willing
social		0. 1455 *** （0. 0060）		
political				0. 1291 *** （0. 0047）
控制变量	控制	控制	控制	控制
城市固定效应	控制	控制	控制	控制
年份固定效应	控制	控制	控制	控制
边界效应	0. 5403 ***	0. 0307 ***	0. 3285 ***	0. 0272 ***
回归模型	OLS	Logit	OLS	Logit
样本量	135558	135558	135558	135558
R^2 或准R^2	0. 0784	0. 1082	0. 0810	0. 1095

注：括号中数据是稳健标准误；*** 表示在 1% 的水平下显著。

（四）异质性分析

以上回归分析将流动人口作为一个整体，得出了数字经济发展程度对其居留意愿影响的平均效应。然而，这种影响在不同微观个体身上是存在一定差异性的。为探究数字经济对不同特征个体的居留意愿产生的影响是否存在明显差异，首先依据个体特征中的户口类型和年龄进行了异质性分析。本文的异质性分析仍采用 LPM 模型进行回归。

从表 8 第（1）、（2）列的结果中可以看出，数字经济的发展对农业户口的流动人口居留意愿有显著的正向影响，但是对非农业户口的流动人口的居留意愿影响并不显著。可能的解释是农业户口流动人口往往更渴望融入城市，实现成为"新市民"的身份转变。加上农业户口劳动力更有可能为低技能劳动力，互联网能为他们提供更多的就业信息和增收来源。

此外，参考以往研究对青年流动人口的划分①，本文将样本按照年龄分为

---

① 刘旭阳、金牛：《城市"抢人大战"政策再定位——聚焦青年流动人才的分析》，《中国青年研究》2019 年第 9 期，第 47~53 页。

15~49 岁、50 岁及以上两组，进行分样本回归。表 8 中第（3）列和第（4）列报告了按年龄分样本回归的结果。从结果可以看出，对于青年流动人口群体，数字经济发展对其居留意愿的边际影响正向显著，且略高于对流动人口整体的影响。而对于 50 岁及以上的劳动力而言，由于该部分群体对互联网的接受程度较低，数字经济发展水平对流动人口居留决策的影响并不显著。从该结果可以看出，要重视数字经济发展对青壮年流动人才的吸引作用，同时应该关注年龄较大的流动人口群体在数字化社会的融入问题。

表 8 户口类型与年龄异质性回归结果

	（1） 农业户口 *willing*	（2） 非农业户口 *willing*	（3） 15~49 岁 *willing*	（4） 50 岁及以上 *willing*
digital	0.0989 *** （0.0284）	0.0034 （0.0464）	0.0620 ** （0.0255）	−0.0074 （0.0763）
控制变量	控制	控制	控制	控制
城市固定效应	控制	控制	控制	控制
年份固定效应	控制	控制	控制	控制
样本量	297272	94730	349818	42184
R^2	0.1769	0.1878	0.1938	0.1573

注：括号中数据是稳健标准误；***、** 分别表示在 1%、5% 的水平下显著。

从流动人口的人力资本和职业层次角度看，已有研究指出，城市互联网发展存在人力资本溢出效应，即互联网的发展能够吸纳更多低技能劳动力在市场就业[①]。当前大量流动人口进入了这类行业，从事的大多是外卖配送员、网约车司机等低技能、低层次职业的工作。为了探究数字经济发展对不同技能层次流动人口影响的差异，检验数字经济的人力资本溢出效应，本文将流动人口按照受教育程度进行了分类，并针对职业层次进行了分类。首先参考已有文献中对流动人才

---

① A. Manning, "We Can Work It out: The Impact of Technological Change on the Demand for Low-skill Workers," *Scottish Journal of Political Economy*, 2004, 51 (5): 581-608.

的定义①，将样本中的个体按照大专及以上学历和大专以下学历分为两组进行回归。在职业层次划分上，将流动人口职业分为低层次和中高层次进行回归，分析数字经济发展的影响程度差异。此外，由于第三产业数字化转型难度相对较小，数字经济的溢出效应主要反映在第三产业，本文也对流动人口按是否从事第三产业工作进行划分并进行产业异质性分析。

从表9前两列可以看出，数字经济发展对各受教育程度的流动人口的居留意愿都有显著的促进作用，且对受教育程度更高的人群的影响效应更大，原因可能在于受教育程度高的群体对新技能的接受程度较高。从第（3）、（4）列可以看出，数字经济的人力资本溢出效应对低技能劳动力在就业方面的促进程度更强，也在一定程度上印证了数字经济对于灵活就业劳动力的影响更大。从第（5）、（6）列可以看出，相比从事第一、二产业工作的劳动力，第三产业劳动力居留意愿受到数字经济发展的影响更强且显著为正，这可能是由于数字经济催生了更多第三产业的就业机会，也会使部分劳动力由第一、第二产业转向第三产业。

表9 受教育程度、职业层次与产业类型异质性回归结果

	(1)	(2)	(3)	(4)	(5)	(6)
	低教育程度	高教育程度	低层次职业	中高层次职业	第三产业	第一、二产业
	willing	*willing*	*willing*	*willing*	*willing*	*willing*
digital	0.0646 **	0.0946 **	0.0750 ***	0.0950	0.1068 ***	−0.0059
	(0.0280)	(0.0479)	(0.0289)	(0.0634)	(0.0323)	(0.0458)
控制变量	控制	控制	控制	控制	控制	控制
城市固定效应	控制	控制	控制	控制	控制	控制
年份固定效应	控制	控制	控制	控制	控制	控制
样本量	321696	70306	291032	39404	224457	105979
R^2	0.1682	0.2012	0.1855	0.2375	0.1771	0.2290

注：括号中数据是稳健标准误； *** 、** 分别表示在1%、5%的水平下显著。

---

① 李琴、谢治：《青年流动人才空间分布及居留意愿影响因素——基于2017年全国流动人口动态监测数据》，《经济地理》2020年第9期，第27~35页。

五 结论与政策建议

流动人口在一个城市的居留意愿不仅决定了个体的去留，还决定了城市的人力资本存量，进一步影响未来城镇化的方向和进程。本文通过将《中国城市统计年鉴》数据与 CMDS 混合截面数据相匹配，分析数字经济发展程度对流动人口居留意愿的影响。实证结果显示，城市数字经济发展能显著提高流动人口长期居留意愿，且对内在机制进行检验发现，数字经济能够通过灵活就业模式提高就业概率、降低失业风险，并有效地推动流动人口收入的提高，还可以增加流动人口社交与社会参与，进而促进流动人口社会融入。本文还通过异质性分析探究数字经济对不同特征个体居留意愿的不同影响。通过异质性分析发现数字经济发展程度对农业户口流动人口和青壮年流动人口产生的边际影响较大，其产生的溢出效应更多地对低职业层次、从事第三产业工作的流动人口居留产生促进作用。

本文的研究成果有较强的政策意义。城市吸引、留住劳动力，首先需要持续支持和鼓励数字经济的发展，促进互联网技术与实体经济深度融合，推动新业态的发展，创造更多的就业机会。为使流动人口适应新经济模式对劳动者能力的多元化需求，可以通过对他们进行提高互联网技能的就业培训，帮助该群体摆脱自身就业劣势，更好地享受到数字经济红利。

进一步来看，虽然得益于城市数字经济的发展，流动人口获得了更多就业机会和更高的收入，但该群体仍面临职业层次较低、社会保障不足等问题，与实现稳定的、高质量的就业仍存在很大差距。因此，城市应该充分发挥数字经济缓解劳动力市场信息不对称的作用，拓宽流动人口职业向上流动的渠道，针对不同特征的流动人口群体制定相应的保障政策。

由于新型城镇化建设更加注重"以人为本"，还需要更加重视发挥数字技术对改变社交生活形式、提高城市包容度的作用。一方面可以引导生活方式的转变，通过全民覆盖数字化公共服务等方式，推动流动人口参与城市生活数字化转型；另一方面可以借助数字化平台拓宽流动人口的社会活动参与，如为流动人口提供更多为城市管理建言献策的渠道，同时增加流动人口与本地居民的交流互动，这样才能提高流动人口自我认同感和幸福感。

除就业和工资外，还应该重视推动中小城市和中西部欠发达地区的数字基础设施建设，加快新型基础设施网络建设，推动数字经济的充分均衡发展，进而提高对劳动力的吸引力。还应该借助数字技术推动公共服务的均等化，以缓解大城市的公共服务供给压力和流动人口在大城市的拥挤效应，并通过区域、城乡数字经济的协同发展，推动共同富裕实现。

参考文献

李帅娜：《数字化与服务业工资差距：推波助澜还是雪中送炭？——基于 CFPS 与行业匹配数据的分析》，《产业经济研究》2021 年第 6 期，第 1~4、28 页。

刘传明、马青山：《网络基础设施建设对全要素生产率增长的影响研究——基于"宽带中国"试点政策的准自然实验》，《中国人口科学》2020 年第 3 期，第 75~88、127~128 页。

姚先国、俞玲：《农民工职业分层与人力资本约束》，《浙江大学学报》（人文社会科学版）2006 年第 5 期，第 16~22 页。

姚先国、张海峰：《教育、人力资本与地区经济差异》，《经济研究》2008 年第 5 期，第 47~57 页。

张晓敏、李亚男、徐慧：《教育如何影响流动人口的社会融入？——基于义务教育法实施的自然实验》，《教育经济评论》2022 年第 2 期，第 20~43 页。

张勋、万广华、张佳佳、何宗樾：《数字经济、普惠金融与包容性增长》，《经济研究》2019 年第 8 期，第 71~86 页。

周闯、郑旭刚：《数字经济发展与流动人口职业层次提升》，《财经问题研究》2023 年第 1 期，第 108~119 页。

邹薇、金婉舒：《"过劳贫困"会降低流动人口的定居意愿吗？——基于流动人口动态监测调查数据的研究》，《劳动经济研究》2022 年第 4 期，第 3~24 页。

G. A. Akerlof, R. E. Kranton, "Economics and Identity," *The Quarterly Journal of Economics*, 2000, 115 (3): 715-753.

J. Boase, B. Wellman, "The Internet and Email Aid Users in Maintaining Their Social Networks and Provide Pathways to Help When People Face Big Decisions," PEW Internet and American Life Project, 2006.

F. Büchel, J. R. Frick, "Immigrants' Economic Performance across Europe—Does Immigration Policy Matter?" *Population Research and Policy Review*, 2005, 24: 175-212.

P. DiMaggio, B. Bonikowski, "Make Money Surfing the Web? The Impact of Internet Use on the Earnings of US Workers," *American Sociological Review*, 2008, 73 (2): 227-250.

K. Espinosa, D. Massey, "Undocumented Migration and the Quantity and Quality of Social Capital," *Soziale Welt. Sonderband*, 1997, 12.

M. Granovetter, "Economic Action and Social Structure: The Problem of Embeddedness," *American Journal of Sociology*, 1985, 91 (3): 481–510.

K. N. Hampton, "Grieving for a Lost Network: Collective Action in a Wired Suburb Special Issue: ICTs and Community Networking," *The Information Society*, 2003, 19 (5): 417–428.

D. S. Massey, K. E. Espinosa, "What's Driving Mexico-US Migration? A Theoretical, Empirical, and Policy Analysis," *American Journal of Sociology*, 1997, 102 (4): 939–999.

F. Mazzolari, G. Ragusa, "Spillovers from High-skill Consumption to Low-skill Labor Markets," *Review of Economics and Statistics*, 2013, 95 (1): 74–86.

R. H. Meyer, D. A. Wise, *High School Preparation and Early Labor Force Experience* (Chicago: University of Chicago Press, 1982), pp. 277–348.

E. Moretti, "Workers' Education, Spillovers, and Productivity: Evidence from Plant-Level Production Functions," *American Economic Review*, 2004, 94 (3): 656–690.

S. S. Rosenthal, W. C. Strange, "The Attenuation of Human Capital Spillovers," *Journal of Urban Economics*, 2008, 64 (2): 373–389.

S. Samila, O. Sorenson, "Venture Capital, Entrepreneurship, and Economic Growth," *The Review of Economics and Statistics*, 2011, 93 (1): 338–349.

J. M. Sanders, V. Nee, "Immigrant Self-employment: The Family as Social Capital and the Value of Human Capital," *American Sociological Review*, 1996, 61 (2): 231–249.

J. M. Shapiro, "Smart Cities: Quality of Life, Productivity, and the Growth Effects of Human Capital," *The Review of Economics and Statistics*, 2006, 88 (2): 324–335.

H. Winkler, "How Does the Internet Affect Migration Decisions?" *Applied Economics Letters*, 2017, 24 (16): 1194–1198.

气候适应型城市建设试点政策对城市韧性的影响

张卓群　姚鸣奇　郑　艳[*]

摘　要　本研究采用 2010~2020 年中国 268 个地级及以上城市的面板数据，以 2017 年气候适应型城市建设试点政策作为准自然实验，运用双重差分（DID）模型考察试点政策对城市韧性的影响，并通过异质性分析、机制分析和空间效应分析从不同视角开展量化评估。结果表明：①气候适应型城市建设试点政策能够有效促进城市韧性提升，这一结论在进行缩尾回归、倾向得分匹配、时间安慰剂、个体安慰剂等一系列稳健性检验之后依然成立；②基于经济发展异质性和水资源异质性的分析结果显示，气候适应型城市建设试点政策在经济发达地区和水资源禀赋中等地区的效果更为显著；③人力资本培养、韧性基建投入是气候适应型城市建设试点政策促进城市韧性提升的重要渠道；④周边地理邻近城市获批气候适应型城市建设试点对本城市韧性具有促进提升作用，存在正向空间溢出。

关键词　气候适应型城市；城市韧性；双重差分模型

---

[*] 张卓群，中国社会科学院生态文明研究所副研究员，主要研究方向为可持续发展经济学、数量经济与大数据科学等；姚鸣奇，中国社会科学院大学应用经济学院博士研究生，主要研究方向为绿色转型理论与政策；郑艳，中国社会科学院生态文明研究所研究员，主要研究方向为适应气候变化经济学。

一　引言

气候变化是 21 世纪全球面临的最严峻挑战之一。城市作为人口的主要集聚区，在全球气候变化的大背景下，雾霾、高温热浪、城市内涝等新型和复合型城市灾害加剧，许多城市的生命线屡遭威胁，城市的风险治理能力备受挑战，气候变化引发的城市安全问题日益突出[①]。联合国 2030 年可持续发展议程将"建设包容、安全、有韧性的可持续城市和人类住区"列为重要目标之一，如何建立适应气候变化的韧性城市，已经成为各国政府关注的重点议题之一。

作为负责任、有担当的大国，自党的十八大以来，中国已经相继采取一系列气候变化适应行动，出台多种适应气候变化的政策措施，其中特别提出建设气候适应型城市。2017 年，国家发展改革委与住房和城乡建设部考虑各地实际情况，经专家论证，在全国 28 个地区开展气候适应型城市建设试点。此项试点政策旨在将气候变化作为重要因素纳入城市建设的考量之中，积极探索符合各地实际的城市适应气候变化建设管理模式，通过提升城市韧性实现可持续发展。作为国家大力倡导气候适应型城市建设试点，其政策实施效果如何备受关注。因此，本文采用双重差分法就气候适应型城市建设试点政策对城市韧性影响开展实证研究，并通过异质性分析、机制分析和空间效应分析从不同视角开展科学、系统的量化评估，以期为国家全面推进城市适应气候变化工作提供研究支撑。

本文采用双重差分模型作为主要分析工具，将气候适应型城市建设试点视为一项准自然实验，定量研究试点政策的实施效果。基于此，该研究可能的边际贡献如下。①从理论意义来看，现阶段针对气候适应型城市建设试点对城市韧性的影响研究主要涉及试点城市政策比较、调研分析和专家研判进行定性分析，该研究运用双重差分模型从定量角度开展政策评估，在定性分析的基础上提供了政策实施效果评估的量化依据，是对现有研究的补充与扩展。②从实践意义来看，该研究深入讨论不同经济发展程度和水资源禀赋城市的异质性，人力资本培养、绿

---

① 谢欣露、郑艳：《气候适应型城市评价指标体系研究——以北京市为例》，《城市与环境研究》2016 年第 4 期，第 50~66 页。

色技术创新、韧性基建投入的中介机制，以及基于地理距离和经济距离的空间效应，从不同视角揭示气候适应型城市建设试点对城市韧性的作用路径，为推广现有试点经验、开展新一轮的气候适应型城市建设试点提供政策支撑。

本文提出如下假设。

  H1：气候适应型城市建设试点能够显著提升城市韧性。

  H1a：对不同经济发展水平的城市，气候适应型城市建设试点对城市韧性的影响具有异质效果。

  H1b：对不同水资源禀赋的城市，气候适应型城市建设试点对城市韧性的影响具有异质效果。

气候适应型城市建设试点对城市韧性的影响是通过何种具体机制发挥作用的？2016 年 2 月发布的《城市适应气候变化行动方案》（简称《行动方案》）强调，要"加强运行协调和应急指挥系统建设"和"专业救援队伍建设"，提升城市应急保障服务能力；通过"加强适应基础理论研究"和"开发推广关键性适应技术"等具体举措，夯实城市适应气候变化科技支撑能力；要"提高城市基础设施设计和建设标准"，推动适应气候变化的城市公用基础设施建设。由此可见，气候适应型城市建设试点对城市韧性的影响可以归纳为以下几种渠道。①人力资本培养：气候适应型城市建设对原有的城市建设的思路提出了新的要求，需要培养气候适应管理人才、设立相关的就业岗位。②绿色技术创新：气候适应型城市进行新适应技术开发应用、关键基础设施与重大工程适应技术创新，能够逐步构建分领域、分产业、分区域的适应气候变化技术体系，进而提高监测预警、防范化解风险能力。③韧性基建投入：提高城市韧性的主要目的是提高应对风险严重度的阈值，气候适应型城市建设需要把政府强力、合理的基建投入作为动力来源。因此，本文提出如下假设。

  H2a：气候适应型城市建设试点通过增强人力资本培养提升城市韧性。

  H2b：气候适应型城市建设试点通过促进绿色技术创新提升城市韧性。

  H2c：气候适应型城市建设试点通过增加韧性基建投入提升城市韧性。

气候适应型城市建设试点对城市韧性的影响是否具有空间效应？既有研究表明，与气候适应型城市建设试点政策相类似的其他城市试点政策具有空间效应。例如，低碳城市试点政策对城市可再生能源技术创新具有显著的空间溢出效应①，智慧城市试点政策对城市发展质量存在正向空间溢出效应②，等等。这种城市之间地理距离相邻或经济距离相邻的模仿与竞合有可能存在于气候适应型城市建设试点政策之中。因此，本文提出如下假设。

H3：气候适应型城市建设试点对城市韧性的影响存在空间效应。

气候适应型城市提高城市韧性的路径机制见图 1。

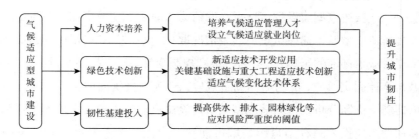

图 1　气候适应型城市提高城市韧性的路径机制

资料来源：笔者自制。

二　研究设计

（一）模型设定

近年来，双重差分（Difference In Difference，DID）方法在宏观经济政策、

---

① 马丽梅、司璐：《低碳城市与可再生能源技术创新》，《中国人口·资源与环境》2022 年第 7 期，第 81~90 页。

② 刘成杰、胡钰苓、李虹桥、张娜：《中国智慧城市试点政策对城市发展质量的影响——基于韧性发展的视角》，《城市问题》2021 年第 11 期，第 79~89 页。

城市发展、环境政策评估等领域得到较多应用①。作为一种群体因果效应估计方法，其基本原理是将政策视为一种"准自然实验"，通过区分政策试点组与非试点对照组，发掘政策干预行为对特定群组的影响。DID 模型的优势在于可以较好地利用政策外生性，解决内生性偏差并避免逆向因果问题，其固定效应估计能够减小遗漏变量产生的偏误②。气候适应型城市建设试点采取的是地方各省级行政单位自主推荐申报、国家相关部门组织专家论证的方式进行确认的方式，因此能够保证随机性，可以被视为准自然实验，符合 DID 模型的建模条件。因此运用 DID 模型识别该建设试点影响城市韧性的政策净效应，基准模型设定如下：

$$gri_{i,t} = \alpha_0 + \alpha_1\, policy_{i,t} + \alpha_2\, X_{i,t} + \mu_i + \eta_t + \varepsilon_{i,t} \tag{1}$$

其中，i、t 分别表示城市和年份，$gri_{i,t}$ 表示城市韧性指数，$policy_{i,t}$ 为核心解释变量——气候适应型建设政策试点，取值为 1 时表示 i 城市在 t 年当年以及之后列入气候适应型城市建设试点，其余情况取 0，其系数 α_1 表示气候适应型城市建设试点对城市韧性的影响，$X_{i,t}$ 为一系列控制变量，α_2 为控制变量的系数向量，μ_i 为城市个体固定效应，η_t 为时间固定效应，ε_{it} 为随机扰动项。

依据理论机制分析，气候适应型城市建设试点通过人力资本培养、绿色技术创新和韧性基建投入三种渠道影响城市韧性。为此，参考温忠麟和叶宝娟的研究③，构建如下中介效应模型：

$$med_{i,t} = \beta_0 + \beta_1\, policy_{i,t} + \beta_2\, X_{i,t} + \mu_i + \eta_t + \varepsilon_{i,t} \tag{2}$$

$$gri_{i,t} = \gamma_0 + \gamma_1\, policy_{i,t} + \gamma_2\, med_{i,t} + \gamma_3\, X_{i,t} + \mu_i + \eta_t + \varepsilon_{i,t} \tag{3}$$

其中，$med_{i,t}$ 为中介变量，β_1 表示气候适应型城市建设试点对中介变量的影响；

---

① 张莹、陈涛峰、陈洪波、潘家华：《扶持政策对资源枯竭型城市高质量发展的促进效果》，《中国人口·资源与环境》2022 年第 5 期，第 46~56 页。丁斐、庄贵阳：《国家重点生态功能区设立是否促进了经济发展——基于双重差分法的政策效果评估》，《中国人口·资源与环境》2021 年第 10 期，第 19~28 页。李书娟、王贤彬、陈邱惠：《中央资源配置如何影响地方增长目标设置？——基于 2004 年土地供应政策调整的解释》，《数量经济技术经济研究》2023 年第 2 期，第 25~47 页。

② A. Abadie, "Semiparametric Difference-In-Differences Estimators," *The Review of Economic Studies*, 2005, 72 (1): 1–19.

③ 温忠麟、叶宝娟：《中介效应分析：方法和模型发展》，《心理科学进展》2014 年第 5 期，第 731~745 页。

γ_2 表示控制了气候适应型城市建设试点影响之后，中介变量对城市韧性的效应；γ_1 表示控制了中介变量影响之后，气候适应型城市建设试点对城市韧性的效应。

最后，为了考察气候适应型城市建设试点对城市韧性影响可能存在的空间效应，在 DID 模型的基础上，引入空间回归项，建立空间双重差分模型。相较于双重差分模型，空间双重差分模型能够充分控制变量之间可能存在的空间相关性，即控制对某个体处理作用随其他个体处理与否而改变的部分，以及潜在的具有空间影响的遗漏变量。空间双重差分模型按照空间效应的异同，又可以分为空间自回归模型（Spatial Autoregressive Model，SAR）、空间误差模型（Spatial Error Model，SEM）和空间杜宾模型（Spatial Durbin Model，SDM），SDM 模型可以看作 SAR 模型和 SEM 模型的一般形式[①]，具体设定如下。

SAR 模型：

$$gri_{i,t} = \rho \sum_{j=1}^{n} w_{ij}\, gri_{i,t} + \delta_1\, policy_{i,t} + \delta_2\, \mathrm{X}_{i,t} + \mu_i + \eta_t + \varepsilon_{i,t} \tag{4}$$

SEM 模型：

$$gri_{i,t} = \delta_1\, policy_{i,t} + \delta_2\, \mathrm{X}_{i,t} + \mu_i + \eta_t + \varepsilon_{i,t} \qquad u_{i,t} = \lambda \sum_{j=1}^{n} w_{ij}\, u_{i,t} + \varepsilon_{i,t} \tag{5}$$

SDM 模型：

$$gri_{i,t} = \rho \sum_{j=1}^{n} w_{ij}\, gri_{i,t} + \delta_1\, policy_{i,t} + \theta \sum_{j=1}^{n} w_{ij}\, policy_{i,t} + \delta_2\, \mathrm{X}_{i,t} + \mu_i + \eta_t + \varepsilon_{i,t} \tag{6}$$

其中，ρ 为空间滞后系数，表示周边城市韧性变化对本城市韧性的影响，λ 为空间误差系数，表示未观测因素对本城市韧性的空间效应；θ 为政策变量空间滞后系数，表示周边城市获批气候适应型城市建设试点对本城市韧性的影响。w_{ij} 表示空间权重矩阵，在此采用地理距离权重矩阵（城市间地理距离平方的倒数）和经济距离权重矩阵（城市间人均 GDP 之差绝对值的倒数）开展空间效应研究。

---

① 张卓群、张涛、冯冬发：《中国碳排放强度的区域差异、动态演进及收敛性研究》，《数量经济技术经济研究》2022 年第 4 期，第 67~87 页。

（二）变量选取

1. 被解释变量：城市韧性指数

现有的城市韧性评价体系并无统一标准，但一般从城市韧性的结构和特征两种框架出发开展研究。前者多把经济、生态、社会、基础设施（工程）等子系统部门作为框架，进而选取各个部门下的代理变量[①]；而后者多把"抵抗力、适应力、恢复力"作为框架[②]，但由于这三种具体的韧性力在不同指标中皆有体现，该框架在选取代理变量时容易产生混乱[③]，故采用生态、经济、社会、基础设施四大子系统部门作为指标框架。另外，联合国政府间气候变化专门委员会（IPCC）发布的第六次评估报告倡议适应和减缓协同推进的"气候韧性发展"理念[④]，使用四部门综合指标体系衡量城市韧性也便于从更广阔的视角评价适应和减缓协同推进的政策效果。在此框架下选取适当的代理变量，具体选取及描述情况见表1。

表 1　城市韧性指标体系

指标框架	代理变量	描述
生态韧性	建成区绿地率	衡量绿化程度（+）
	一般工业固体废物综合利用率	衡量固体污染处理能力（+）
	人均污水处理能力	衡量水体污染处理能力（+）
	人均工业烟粉尘排放量	衡量气体污染排放量（−）
经济韧性	人均 GDP	衡量经济水平（+）
	存贷款余额与 GDP 比例	衡量金融规模（+）
	劳均资本存量	衡量资本存量（+）

① S. Marzi, J. Mysiak, A. H. Essenfelder et al., "Constructing a Comprehensive Disaster Resilience Index: The Case of Italy," *PloS One*, 2019, 14（9）：e0221585. 朱金鹤、孙红雪：《中国三大城市群城市韧性时空演进与影响因素研究》，《软科学》2020 年第 2 期，第 72~79 页。

② M. Bruneau, S. E. Chang, R. T. Eguchi et al., "A Framework to Quantitatively Assess and Enhance the Seismic Resilience of Communities," *Earthquake Spectra*, 2003, 19（4）：733−752.

③ S. L. Cutter, "The Landscape of Disaster Resilience Indicators in the USA," *Natural Hazards*, 2016, 80（2）：1−18.

④ 郑艳：《全球应对气候变化灾害风险的进展与对策》，《人民论坛》2022 年第 14 期，第 24~27 页。

指标框架	代理变量	描述
社会韧性	土地城镇化率	衡量城市化水平（+）
	公共服务指数	衡量公共服务水平（+）
基础设施韧性	排水管网密度	衡量雨洪应对能力（+）
	人均公路里程	衡量交通运输能力（+）
	国际互联网占比	衡量通信能力（+）
	人均供气量	衡量供气能力（+）
	人均供水量	衡量供水能力（+）
	人均用电量	衡量供电能力（+）

注：表中（+）和（−）分别表示正向指标和负向指标。

由于选取不同城市的多年度面板数据作为研究对象，存在量纲不一问题，因此采用熵权法①合成各年度各城市韧性指数。

2. 核心解释变量：气候适应型城市建设试点

核心解释变量为气候适应型城市建设试点（政策变量），反映城市是否被纳入试点名单中，为0~1虚拟变量。若某城市为试点城市，则在2017年当年以及之后各年份虚拟变量 $policy_{i,t}=1$，否则 $policy_{i,t}=0$。

3. 中介变量

根据对气候适应型城市建设试点对城市韧性的影响渠道分析，主要包括人力资本培养、绿色技术创新和韧性基建投入，因此分别选取水利、环境和公共设施管理业从业人员数占年平均从业人员比（m_1）、绿色专利申请量（m_2）和韧性基础设施投资额（m_3）作为代理变量开展机制研究。

4. 控制变量

为了考察气候适应型城市建设试点对城市韧性的净影响，还需控制住可能影响城市韧性的其他经济社会变量。在此把人口密度（ppd）、外资强度（$fdir$）、政府干预程度（fer）和二产占比（spr）作为控制变量纳入研究中。人口密度，为上一年年末总人口与当年年末总人口的均值与行政区域土地面积的比值；外资

---

① 张振、张以晨、张继权、郎秋玲、严嘉豪、段晨玉：《基于熵权法和TOPSIS模型的城市韧性评估——以长春市为例》，《灾害学》2023年第1期，第213~219页。章穗、张梅、迟国泰：《基于熵权法的科学技术评价模型及其实证研究》，《管理学报》2010年第1期，第34~42页。

强度（*fdir*），为城市实际使用外资与地区生产总值的比值；政府干预程度，为城市财政支出（剔除科教支出）与地区生产总值的比值；二产占比，为第二产业生产总值与地区生产总值的比值。

5. 数据来源与处理方法

本文使用 2010~2020 年中国 268 个地级及以上城市的面板数据作为研究样本，数据来源为历年《中国城市统计年鉴》《城市建设统计年鉴》。此外，数据进行了如下处理：①部分缺失数据参考统计公报补齐，其他缺失数据使用移动平均插值法补齐；②含有"人均"的变量皆为原变量与上年末总人口和本年末总人口均值的比值；③部分变量根据整体的描述性统计结果修改了单位；④劳均资本存量为利用永续盘存法得到的资本存量与年末单位从业人员的比值；⑤公共服务指数从教育、医疗、社保出发，针对教育各阶段师生比，医生、床位每万人拥有数，养老、医疗和失业保险参保人数与年平均人口之比使用加权平均后标准化 0~100 分的方式综合计算得出①。描述性统计结果见表 2。

表 2　描述性统计结果

变量	变量符号	变量名称及单位	样本数	平均数	标准差	最小值	最大值
被解释变量	*gri*	城市韧性指数	2948	11.099	7.550	2.692	77.889
核心解释变量	*policy*	政策变量	2948	0.028	0.166	0.000	1.000
中介变量	m_1	水利、环境和公共设施管理业从业人员数占年平均从业人员比（‰）	2948	5.135	8.173	0.100	138.571
	m_2	绿色专利申请量（个/万人）	2948	1.570	3.563	0.005	51.106
	m_3	韧性基础设施投资额（百元/人）	2948	8.206	11.889	0.041	130.154

---

① 张卓群、王菡、单菁菁：《黄河流域城市人与自然耦合协调状况及影响因素》，《城市问题》2022 年第 12 期，第 19~29 页。

变量	变量符号	变量名称及单位	样本数	平均数	标准差	最小值	最大值
控制变量	ppd	人口密度（百人/平方公里）	2948	4.448	3.256	0.051	32.399
	fdir	外资强度（%）	2948	1.734	1.774	0.000	19.880
	fer	政府干预程度（财政支出与 GDP 比例）（%）	2948	15.751	8.030	3.491	63.830
	spr	二产占比（%）	2948	46.339	10.963	3.100	82.200

三　实证结果与分析

（一）基准回归

运用 DID 模型考察气候适应型城市建设试点对城市韧性的影响，基准回归结果见表 3。由结果可知，无论是否添加控制变量，是否控制时间和个体效应，气候适应型城市建设试点均能够显著提升城市韧性。在加入所有控制变量并且控制了时间和个体效应之后，试点政策为城市韧性带来 0.632 贡献值，验证了假设 H1。自气候适应型城市建设试点政策实施以来，虽然其较海绵城市试点政策在执行标准、资金保障等方面存在政策支持力度不足的问题，但试点城市确实依托该政策开展了系列行之有效的工作，促进城市韧性得到有效提升。

表 3　基准回归结果

	（1）	（2）	（3）	（4）
policy	3.123***	1.097***	0.624**	0.632**
	(0.439)	(0.406)	(0.299)	(0.293)
ppd		0.461***	-0.108	-0.727**
		(0.085)	(0.072)	(0.089)
fdir		-0.128**	-0.036	-0.081**
		(0.054)	(0.039)	(0.039)
fer		-0.021	-0.039***	-0.029***
		(0.014)	(0.010)	(0.010)

续表

	（1）	（2）	（3）	（4）
spr		−0.209 ***	0.001	0.010
		（0.009）	（0.010）	（0.010）
常数项	11.010 ***	19.280 ***	10.670 ***	12.840 ***
	（0.422）	（0.801）	（0.731）	（0.654）
时间固定	否	否	是	是
个体固定	否	否	否	是
样本数	2948	2948	2948	2948
R^2	0.019	0.208	0.597	0.604

注：*** 、** 分别表示在 1%、5% 水平下显著。

（二）平行趋势检验

为了确保基准回归结果真实可靠，需要对模型进行平行趋势检验，即观察在没有气候适应型城市试点政策之前，处理组与对照组的变化趋势是否有显著区别，图3展示了平行趋势检验结果。在政策执行前，试点组与对照组在10%的水平下无显著区别，政策执行后第二年产生了显著差异，满足平行趋势假设。

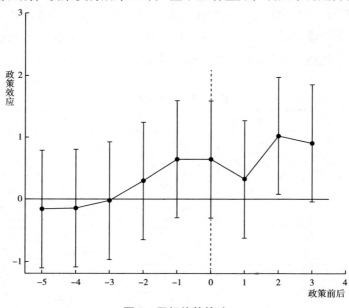

图 2　平行趋势检验

（三）稳健性检验

1. 缩尾回归

为排除被解释变量城市韧性指数中的极端值对回归结果的影响，采用缩尾回归进行处理。表4结果显示，在缩尾为1%~99%和5%~95%的情况下，气候适应型城市建设试点均能够显著提升城市韧性，且政策影响系数与基准回归相比变化不大，故通过缩尾检验。

表 4　稳健性检验结果

	缩尾检验		PSM-DID检验	其他政策干扰检验		时间安慰剂检验		
	1%~99%	5%~95%		低碳城市	智慧城市	提前2期	提前4期	提前6期
policy	0.594**	0.583***	0.552*	0.526*	0.634**	0.606	0.502	0.274
	(0.242)	(0.191)	(0.191)	(0.292)	(0.293)	(0.426)	(0.386)	(0.325)
常数项	10.603***	11.260***	12.822***	12.508***	12.842***	12.842***	12.830***	12.857***
	(0.540)	(0.426)	(0.894)	(0.653)	(0.654)	(1.388)	(1.395)	(1.403)
控制变量	是	是	是	是	是	是	是	是
时间固定	是	是	是	是	是	是	是	是
个体固定	是	是	是	是	是	是	是	是
样本数	2948	2948	2429	2948	2948	2948	2948	2948
R^2	0.682	0.735	0.595	0.608	0.604	0.604	0.604	0.603

注：***、**、*分别表示在1%、5%和10%水平下显著；括号内数值表示标准误。

2. PSM-DID 检验

为解决DID模型可能存在的样本选择偏差，将基准回归中系数显著的三个控制变量作为协变量，对处理组城市和对照组城市采用Logit模型进行近邻倾向得分匹配（Propensity Score Matching，PSM）。在进行平衡性检验后，删除不满足共同区域假定的观测值，并对匹配后的样本运用基准回归模型再次估计。表4的结果显示，在消除可能样本选择偏差后，*policy*的系数依然在10%的水平下显著为正。

3. 其他政策干扰检验

在开展研究的时间段内，国家同时推行了一些其他对城市韧性可能产生影响的试点政策，为了研究气候适应型城市建设试点政策的净效应，在此将低碳城市试点、智慧城市试点纳入考量范围，采用多期 DID 模型开展其他政策干扰检验。低碳城市试点方面，借鉴宋弘等①、郑汉和郭立宏②的做法，将 2010 年第一批低碳试点省区市的所有城市均视为试点城市；第二批低碳城市试点通知的印发时间接近 2012 年末，政策带来的冲击很难于当年产生效应，故将第二批低碳试点城市视为从 2013 年开始受到政策冲击；第三批低碳试点城市从 2017 年开始受到政策冲击。智慧城市试点方面，按照 2013 年（第一、二批试点）和 2015 年（第三批试点）确定政策冲击时间。表 4 结果显示，在考虑低碳城市试点、智慧城市试点对城市韧性的影响之后，气候适应型城市建设试点对城市韧性的影响仍然显著，且回归系数与基准回归相差不大。一个可能的原因是气候适应型城市建设试点政策的针对性较强，主要从气候适应的角度增强城市韧性，而低碳城市试点和智慧城市试点政策的着力点更为宏观，与气候适应型城市建设试点的交互性不强。

4. 时间安慰剂检验

为防止其他未注意到的政策对结果产生影响，将气候适应型城市建设试点的实施时间分别提前 2、4、6 期，设定"虚假"试点政策进行时间安慰剂检验。表 4 结果显示，提前 2、4、6 期后的"虚假"试点政策对城市韧性的影响均不显著，故通过时间安慰剂检验。

5. 个体安慰剂检验

为避免其他不可观测的、无法控制、随着时间变化而变化的个体特征对估计结果产生影响，在此进行个体安慰剂检验。借鉴 Chetty 等③的做法，假设随机产生试点城市，对 *policy* 进行赋值，开展 DID 分析，重复 1000 次基准回归。图 3 结果显示，基于随机样本估计得到的试点政策系数集中分布在 0 附近，绝大部分落在 0.632 的左侧，故通过个体安慰剂检验。

---

① 宋弘、孙雅洁、陈登科：《政府空气污染治理效应评估——来自中国"低碳城市"建设的经验研究》，《管理世界》2019 年第 6 期，第 95~108、195 页。
② 郑汉、郭立宏：《低碳城市试点对邻接非试点城市碳排放的外部效应》，《中国人口·资源与环境》2022 年第 7 期，第 71~80 页。
③ R. Chetty, A. Looney, K. Kroft, "Salience and Taxation: Theory and Evidence," *American Economic Review*, 2009, 99（4）: 1145-1177.

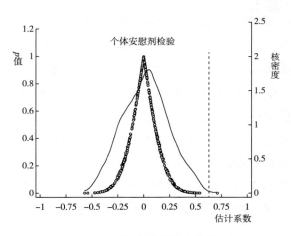

图 3　个体安慰剂检验结果

（四）异质性分析

1. 经济发展异质性

在此将 268 个地级及以上城市按 2010～2020 年人均 GDP 的平均值三等分划分为低、中、高三种类型。表 5 结果显示，人均 GDP 较高的试点城市，气候适应型城市建设试点对城市韧性具有显著的正向影响，且政策效果高于全样本基准回归水平；人均 GDP 中等和较低的试点城市，政策效果不显著，验证了假设 H1a。气候适应型城市建设试点现阶段缺乏专项配套资金，现行政策鼓励地方政府发挥能动性，选择有一定工作基础的典型领域，自行筹措试点项目资金，因此特别依靠地方经济发展水平。人均 GDP 较高的城市一般基础设施较为完善、公共服务水平较高、财政资金较为充裕，能够较好地落实气候适应型城市建设试点政策，城市韧性可以得到显著的提升。人均 GDP 较低的城市难以调动充足的资金投入气候适应型城市建设所需的基础设施、人才培养等方方面面之中，"有政策、无资金"的困境制约经济欠发达地区气候适应型城市建设试点实施效果。

2. 水资源异质性

水资源异质性可从降水量、水资源存量两个角度进行讨论。由于降水量数据具有较大的波动性，因此按照 2006～2019 年各城市平均降水量分组；水资源存量在 2015 年之前存在数据缺失，故按 2016～2019 年人均水资源存量的均值分组。

表 5 结果显示，在降水量和水资源存量的异质性回归中，在水资源禀赋较低、较高的分组中气候适应型城市建设试点对城市韧性均没有显著性影响，水资源适中的城市试点政策效果明显，城市韧性显著增强，验证了假设 H1b。一方面，水资源禀赋较低的城市基本处于常年缺水状态，水资源瓶颈制约了经济社会发展，例如在我国西北地区的一些严重缺水型的试点城市，水资源出现枯竭，生态环境脆弱，单纯通过气候适应型城市建设试点政策难以提升城市韧性；另一方面，水资源禀赋较高的城市虽然不会有需水、用水的问题，但过量的降水和原始存量导致此类城市更易突破应对洪涝灾害的阈值、超出城市的韧性范围，出现"城市看海"的现象。水资源禀赋适中的城市更容易平衡城市发展和水资源安全的两难冲突，气候适应型城市建设试点政策提升城市韧性的效果得以充分释放。

表 5 异质性分析结果

	人均 GDP 分组			降水量			水资源存量		
	低	中	高	低	中	高	低	中	高
policy	0.114	0.645	1.353 *	0.623	0.910 ***	−0.025	0.322	2.179 ***	−0.229
	(0.224)	(0.402)	(0.705)	(0.467)	(0.305)	(0.714)	(0.464)	(0.727)	(0.266)
常数项	7.414 ***	13.082 ***	17.279 ***	14.846 ***	4.684 ***	14.932 ***	14.712 ***	15.022 ***	6.295 ***
	(0.577)	(1.957)	(1.421)	(1.417)	(1.004)	(1.757)	(1.751)	(1.354)	(1.171)
控制变量	是	是	是	是	是	是	是	是	是
时间固定	是	是	是	是	是	是	是	是	是
个体固定	是	是	是	是	是	是	是	是	是
样本数	990	979	979	990	979	979	990	979	979
R^2	0.830	0.563	0.704	0.667	0.780	0.487	0.648	0.506	0.815

注：*** 、* 分别表示在 1%、10% 水平下显著；括号内数值表示标准误。

（五）进一步讨论

1. 机制分析

气候适应型城市建设试点政策通过哪些机制作用于城市韧性？本文构建了中介效应模型，机制分析结果见表 6。

人力资本培养方面，气候适应型城市建设试点促进了人力资本培养，人力资本提升进一步增强了城市韧性。在控制人力资本培养对城市韧性的作用之后，试点政策的回归系数为 0.571，低于基准回归系数 0.632，气候适应型城市建设试点对城市韧性的提升部分通过人力资本培养渠道发挥作用，验证了假设 H2a。由此可见，在建设气候适应型城市的过程中，人才培养居于重要地位，特别是相关专业人力资本的积累，能够为建设韧性城市提供绿色产业所需的专业人力资源，更好地推动气候适应相关政策落地，进而有效增强城市韧性。

绿色技术创新方面，气候适应型城市建设试点对绿色技术创新没有显著影响，即使科技水平提升对城市韧性增强具有显著促进作用，绿色技术创新并没有在试点政策和城市韧性之间发挥中介作用，没有验证假设 H2b。一个可能的原因是，试点城市多为普通地级城市，少数为具有区域科技中心地位的省会城市和副省级城市，多数试点城市存在绿色技术创新能力欠缺问题，而绿色技术创新通常具有长周期特性，因此在试点政策施行的短时间之内难以发挥其作为中介渠道的影响效能。

韧性基建投入方面，气候适应型城市建设试点促进了韧性基建投入，基建投入的增加促进了城市韧性的提升。在控制韧性基建投入对城市韧性的作用之后，试点政策的回归系数为 0.600，低于基准回归系数 0.632，气候适应型城市建设试点对城市韧性的提升部分通过韧性基建投入渠道发挥作用，验证了假设 H2c。韧性基础设施的建设规划常常包含基于自然的解决方案，是有效规避气候风险所造成的生命财产损失的重要举措[①]。政府鼓励投资向韧性基础设施投入倾斜，有利于推动城市基础设施体系面对自然灾害由被动应对向主动防护转变，进而提升城市韧性。

表 6　机制分析结果

	人力资本培养		绿色技术创新		韧性基建投入	
	m_1	gri	m_2	gri	m_3	gri
policy	1.390***	0.571*	0.007	0.630**	2.360**	0.600**
	(0.427)	(0.293)	(0.201)	(0.289)	(0.990)	(0.293)

① 刘慧心、崔莹：《面对气候灾难，韧性基础设施建设亟需增强》，《可持续发展经济导刊》2022年第1期，第76~79页。

续表

	人力资本培养		绿色技术创新		韧性基建投入	
	m_1	gri	m_2	gri	m_3	gri
m_1		0.044 ***				
		(0.013)				
m_2				0.223 ***		
				(0.028)		
m_3						0.013 **
						(0.006)
控制变量	是	是	是	是	是	是
时间固定	是	是	是	是	是	是
个体固定	是	是	是	是	是	是
常数项	1.401	12.780 ***	9.878 ***	15.030 ***	1.268	12.818 ***
	(0.954)	(0.653)	(0.208)	(0.704)	(2.209)	(0.653)
样本数	2948	2948	2948	2948	2948	2948
R^2	0.037	0.606	0.505	0.618	0.009	0.605

注：*** 、** 、* 分别表示在1%、5%和10%水平下显著；括号内数值表示标准误。

2. 空间效应分析

气候适应型城市建设试点政策对城市韧性的影响是否具有空间效应？在建立空间回归模型之前，首先采用地理距离权重矩阵和经济距离权重矩阵研究城市韧性是否具有空间相关性。由表7可知，采用地理距离权重矩阵时，Moran's I 指数由 0.178（2010 年）上升至 0.233（2020 年）；采用经济距离权重矩阵时，Moran's I 指数由 0.307（2010 年）上升至 0.379（2020 年），且使用两种权重矩阵在所有年份均通过显著性检验。这表明中国 268 个地级及以上城市的韧性具有显著的正向空间相关性，即存在韧性强（弱）的城市被韧性强（弱）的城市包围的现象，即"高-高"（"低-低"）空间集聚模式。

进一步建立 SAR、SEM、SDM 三种空间回归模型研究气候适应型城市分析试点政策对城市韧性影响的空间效应。由表8可知，在两种权重矩阵下，三种空间回归模型的 policy 系数均显著为正，这与基准回归保持一致，印证了气候适应型城市建设试点政策对城市韧性具有显著促进作用的结论。从各模型空间系数情况来看，空间效应显著存在。首先，SDM 模型显示，在采用地理距离权重矩阵计算时，气候适应型城市建设试点政策的空间滞后项 $W \times policy$ 系数在 10% 的水平下显著为正，即周边城市获批气候适应型城市建设试点对本城市韧性产生促进提升作用。一旦周边地区城市获批气候适应型建设试点城市，本地区城市政府会提升竞争意识，吸收试点城市适应气候变化的工作经验，进而增强本城市的韧性。这种试点政策的正向空间溢出，说明在地理邻近上气候适应型城市建设试点可以发挥一定的引领和示范作用。但这种效应在采用经济距离权重矩阵时难以观察到，这说明地理空间邻近是产生气候适应型城市建设试点政策正向空间溢出的主要来源。其次，SAR 和 SDM 模型显示，在两种权重矩阵下，城市韧性的空间滞后项 $W \times gri$ 系数在 1% 的水平下显著为正，即地理距离或经济距离相近城市韧性增强可以促进本城市韧性提升。最后，SEM 模型显示，在两种权重矩阵下，误差项的空间滞后项 $W \times \mu$ 系数在 1% 的水平下显著为正，即地理距离或经济距离相近城市的未观测因素也会对本城市韧性增强产生积极的空间影响。总体来看，气候适应型城市建设试点有助于促进城市之间的模仿和竞争，对城市韧性影响存在多种形式的空间作用，验证了假设 H3。

表 7　空间相关性分析结果

年份	地理距离权重矩阵			经济距离权重矩阵		
	Moran's I	Z 值	P 值	*Moran's* I	Z 值	P 值
2010	0.178	7.465	0.000	0.307	10.522	0.000
2011	0.225	10.050	0.000	0.232	8.536	0.000
2012	0.239	10.523	0.000	0.252	9.113	0.000
2013	0.229	10.082	0.000	0.232	8.443	0.000
2014	0.234	10.071	0.000	0.282	10.010	0.000
2015	0.219	9.376	0.000	0.278	9.781	0.000
2016	0.219	9.191	0.000	0.285	9.824	0.000
2017	0.231	9.574	0.000	0.309	10.514	0.000
2018	0.146	6.224	0.000	0.206	7.184	0.000
2019	0.230	9.455	0.000	0.332	11.236	0.000
2020	0.233	9.493	0.000	0.379	12.638	0.000

表 8　空间效应分析结果

	地理距离权重矩阵			经济距离权重矩阵		
	SAR	SEM	SDM	SAR	SEM	SDM
policy	0.605**	0.600**	0.746***	0.699***	0.718***	0.685***
	（0.271）	（0.268）	（0.273）	（0.266）	（0.263）	（0.265）
W×policy			2.610*			−1.074
			（1.346）			（1.056）
W×gri	0.404***		0.408***	0.458***		0.427***
	（0.037）		（0.037）	（0.031）		（0.032）
W×μ		0.418***			0.464***	
		（0.037）			（0.030）	
控制变量	是	是	是	是	是	是
时间固定	是	是	是	是	是	是
个体固定	是	是	是	是	是	是
样本数	2948	2948	2948	2948	2948	2948
R^2	0.143	0.156	0.183	0.215	0.159	0.162

注：***、**、*分别表示在1%、5%、10%水平下显著；括号内数值表示标准误。

四　结论与启示

气候适应型城市建设试点政策是中国积极应对气候变化的重要探索，是建设韧性城市的重要措施。建设气候适应型城市也是对习近平生态文明思想的深刻践行，通过跳出传统工业化思维框架，更新城市发展理念，形成适应气候变化的城市组织方式，在生态文明新的思维框架走绿色城镇化发展道路，促进城市实现高质量发展①。因此，本研究把双重差分法作为主要工具，根据2010~2020年全国268个地级及以上城市的面板数据，定量分析2017年气候适应型城市建设试点政策对城市韧性的影响，并通过异质性分析、机制分析和空间效应分析从不同视角开展科学、系统的量化评估。

---

① 张永生：《基于生态文明推进中国绿色城镇化转型——中国环境与发展国际合作委员会专题政策研究报告》，《中国人口·资源与环境》2020年第10期，第19~27页。

　　主要研究结论如下。①气候适应型城市建设试点政策成效显著，能够有效促进城市韧性提升，且通过一系列稳健性检验之后，结论依然成立。②气候适应型城市建设试点政策在经济发达地区的执行效果最好，一个可能的原因是，经济发达地区各类要素禀赋较为充足，试点政策具有产生效果的全方位支持。气候适应型城市建设试点政策在水资源禀赋中等的地区效果最好，此类地区更容易平衡城市发展与水资源安全的两难冲突，充分释放试点政策提升城市韧性的效能。③人力资本培养、韧性基建投入在气候适应型城市建设试点政策促进城市韧性提升的过程中发挥了重要的中介作用，通过从"软""硬"两个方面同时发力，形成了政策推进与韧性提升的正向反馈。而绿色技术创新作为一个长期过程，在试点后的3年内并没有形成有效的影响渠道，需要在更长的时间周期观察其效能。④周边地理邻近城市获批气候适应型建设试点城市对本城市韧性产生促进提升作用，气候适应型城市建设试点有助于促进城市之间的模仿和竞争，形成对提升城市韧性的正向空间溢出。

　　基于结论分析，本文提出以下政策建议。①深化气候适应型城市试点建设工作。一方面，在《国家适应气候变化战略2035》出台后，主管部门要积极推动省级适应气候变化方案编制工作，将构建气候适应型城市纳入省级行动方案之中，促进形成气候系统观测—影响风险识别—采取适应行动—行动效果评估的治理体系，强化制度支撑。另一方面，在总结第一批试点城市经验的基础上，有针对性地选取不同气候风险类型的城市，适时开展第二批气候适应型城市建设试点。②因地制宜，采取差异化措施推进气候适应型城市建设。对于经济欠发达地区，尽快落实资金配套措施，加大财政支持力度；对于经济发达地区，要持续巩固优势，打造高品质的气候适应型城市软硬环境。对于水资源匮乏城市，要加大节水型设施和抗旱减灾设施的建设力度；对于水资源丰富地区，则应以防止雨洪突破城市承载上限为主。③多管齐下，进一步强化人力资本、绿色创新、气候韧性基础设施的桥梁纽带作用。要加强适应气候变化工作队伍和能力建设，将适应气候变化人才培养纳入国民教育体系之中，持续提升适应气候变化工作队伍的素质和业务水平，提高适应气候变化人才服务韧性城市管理能力。注重绿色技术创新的关键作用，在气候适应型城市建设过程中针对重点领域和关键基础设施的特定气候风险、"卡脖子"环节进行重点突破，加强气候适应性技术研发和创新，在建设气候适应型城市和增强城市韧性之间发挥关键的转化作用。鼓励财政资金向"蓝""绿"等富有韧性的基础设施投入倾斜，构建政府引领、社会多元主体参与的韧性基础设施建设投融资体系。④放大试点城市的政策效应，构建气候适应政策的区域协调发展机制。充分发挥试点城市对于周边地区的带动示范作用，放大空间溢出效应，以城市群、都市圈为单位，加快探索形成应对气候变化的城市间协商机制，为实现国家提出的"2035年建成气候适应型社会"目标奠定坚实的基础。

接诉即办的城市治理逻辑及经验总结
——基于北京市百个优秀案例的质性分析

胡琛婷　张梦如　杨子兴[*]

摘　要　作为城市治理现代化的重要创新，接诉即办在基层实践中取得了丰硕成果，因此产生的横向扩散过程要求理论界对其治理逻辑和实践经验进行总结分析，归纳出可行性强、推广性强的新型城市治理方案。本文借助NVivo11统计分析软件对2022年北京市委市政府公开表彰的100个接诉即办优秀案例进行扎根理论分析，构建了接诉即办在实践中基于价值、主体和策略三个维度的经验架构，保障了制度运行的理念方向、组织力量和实践效能。价值维度对主体维度提供指导，主体维度促进策略维度的实施，策略维度在实践过程中对价值维度进行认同和强化，从而为接诉即办在国家治理体系和治理能力现代化中的作用提供支持。

关键词　接诉即办；城市治理；治理现代化；扎根理论

一　引言

城市治理是以城市为背景探索增进人民福祉和治理效能的治理科学，习近平

---

*　胡琛婷、张梦如、杨子兴，中国社会科学院大学政府管理学院2021级本科生。

指出："城市治理是国家治理体系和治理能力现代化的重要内容，一流城市要有一流治理。"① 2019 年，北京市委市政府深入贯彻以人民为中心的发展思想，在"街道吹哨、部门报到"的基础上，率先探索并实践了接诉即办这一原创城市治理模式。自该模式施行以来，北京市以 12345 市民服务热线为抓手，通过党建引领，引入大数据等高新技术，在执行机制、工作流程等方面实现了以问题导向和群众路线为特征的多项变革，实际形成了以市民诉求驱动超大城市治理变革的实践样板。北京接诉即办改革在实践上的巨大成功吸引了理论界的注意，如何让"北京智慧"成为中国智慧的一部分成为重要研究议题。在此背景下，本研究将通过对接诉即办具体实践案例的透视来阐释城市治理现代化的可行路径，并为其提供可靠的经验事实支撑。

本文尝试在以下几点做出创新。首先，学界论述基本都关注单一主体和具体工作机制创新，鲜有对接诉即办改革的经验做整体观察。本文重视整体分析，尝试用系统思维对接诉即办的运行逻辑进行探讨。其次，本文对 100 个优秀案例进行深入分析。多案例分析使研究对象得以拓展，结论的可靠性提升，对研究内容形成补充。最后，本文尝试采用扎根理论来对接诉即办的改革实践进行系统梳理，相较以往研究实现了方法上的突破。本研究意在通过对案例文本的梳理分析与结果阐释，总结北京在超大城市治理方面的先进经验，并抽象成框架以解释接诉即办的治理逻辑，以期为接诉即办的调适、发展及推广提供参考建议。

二 研究设计

（一）研究方法：扎根理论

扎根理论作为一种质性研究方法，是指在系统收集资料的基础上，寻找反映社会现象的核心概念，然后通过在这些概念间建立起联系而形成理论。② 扎根理论最早是于 1967 年由 Anselm Strauss 和 Barney Glaser 共同研发的一种研究方法，旨在通过直接性观察及对资料的收集分析，将归纳出的经验概括上升为具有普适

---

① 《习近平关于城市工作论述摘编》，北京：中央文献出版社，2023，第 156 页。
② 陈向明：《质的研究方法与社会科学研究》，北京：教育科学出版社，2000，第 327 页。

性的理论框架。① 程序化扎根理论是目前在学界使用较为广泛的一种研究方法，一般按照开放式编码、主轴编码、选择性编码的三阶段编码流程，对案例文本资料进行深度挖掘。从公共管理学应用层面来看，扎根理论在因素识别类、解读过程类、复杂情况和新生事物探索类问题的研究过程中具有运用优势，② 能够为研究现象的互动关系提供重要的技术支持。

本文所研究的问题为超大城市治理背景下接诉即办的实践逻辑及经验表现，案例文本作为治理路径的具象化产物，利用扎根理论挖掘和提炼其所内含的接诉即办实施策略，能够为探究城市治理路径提供更为有效的经验支持。

（二）文本来源

北京市自 2019 年以来持续深化接诉即办改革，在实践中形成了大批优秀的示范案例。2022 年，《中共北京市委办公厅　北京市人民政府办公厅关于表彰北京市接诉即办工作先进典型的决定》认定表彰了 100 个北京市接诉即办工作优秀案例，并于"前线客户端"公开案例文本资料。③ 本研究将此设定为样本范围主要出于以下几个方面的考量。第一，优质性。公开表彰的 100 个优秀案例均经过了严格的官方评选，具有较高的权威性；就案例结构而言，除后 19 篇为纪实报道外，其余案例皆采用固定文本框架，包括核心提要、案例背景、主要做法以及经验启示，具有较强的行文规范性，以便于后期开展编码工作。第二，可靠性。100 篇案例文本皆由党政机关、企事业单位等机构的工作人员着笔，案例内容是建立在对具体事件实地考察基础之上的集体建构，④ 相对于个体层面的主观性叙述更能反映出接诉即办工作实践过程中的实然状况。第三，时效性。100 个优秀案例名单于 2022 年 5 月 18 日公布于北京市人民政府网站，并于 6 月 6 日由北京

---

① B. G. Glaser, A. L. Strauss, *The Discovery of Grounded Theory: Strategies for Qualitative Research* (Chicago: Aldine Press, 1967).
② 贾哲敏：《扎根理论在公共管理研究中的应用：方法与实践》，《中国行政管理》2015 年第 3 期，第 90~95 页。
③ 《中共北京市委办公厅 北京市人民政府办公厅关于表彰北京市接诉即办工作先进典型的决定》，北京市人民政府门户网站，2022 年 6 月 8 日，https://www.beijing.gov.cn/zhengce/zhengcefagui/202206/t20220608_2731846.html。
④ 辛自强：《接诉即办中党员干部担当作为的表现和促进——基于北京市 100 个案例的分析》，《中州学刊》2023 年第 1 期，第 26~36 页。

市前线杂志社公开发布，本研究于 2022 年底进入前期准备阶段，文本参考价值相对较高。第四，典型性。选取案例基本覆盖北京市各区，涉及党政机关、企事业单位等多主体，是城市治理背景下接诉即办改革实践的生动体现。目前，接诉即办改革工作正处于全国推广阶段，北京市也积极探索从"接诉即办"到"未诉先办"的改革，而案例中所蕴含的丰富经验及积极成果对于深化接诉即办改革具有重要的借鉴意义。

为确保接诉即办内在逻辑理论模型及经验提炼的准确性，本研究收集了与案例相关的政策法规、新闻报道等辅助资料，反复比照梳理案例文本，最终选择将后 19 篇报道形式文本作为检验备用案例，确定研究主体样本为 81 个案例。样本案例名单（节选）如表 1 所示。

表 1　样本案例名单（节选）

样本序号	案例名称
1	东城区："一网情深"服务央产小区，推动建立央地联动新格局
2	东城区人力资源和社会保障局：闻风而动，解民忧"薪"
3	东城区东花市街道：18 个"专属工作法"对症施治居民操心事、烦心事、揪心事
4	东城区体育馆路街道：探索三级吹哨机制，助力老旧小区换新颜
5	西城区：以文化促效能，打造接诉即办"最美"品牌
6	西城区医疗保障局：医保基金守卫者，百姓就医贴心人

（三）研究思路

本研究旨在通过对接诉即办实施背景和相关案例的梳理分析，探索城市治理背景下北京市接诉即办的内在逻辑，从不同角度提炼北京在超大城市治理实践中的先进经验，为我国深化接诉即办改革工作提供借鉴。

本文拟运用 NVivo11 软件对选用案例文本进行逐级编码及归纳整理。具体操作路径如下：第一步，将整理的 81 个案例文本导入 NVivo11 软件，将数据文本中的特定语句设为一级节点，对案例进行初步的概念化；第二步，将初步概念化的语句进行合并，整合文本内容并完成开放式编码；第三步，进一步提炼、比较与分析各概念范畴，建立概念类属之间的特殊联系，完成主轴式编码工作；第四步，确定核心概念与类属，挖掘概念之间的内在关联性，通过选择性编码为理论模型的构建奠定基本逻辑基础；第五步，利用未进入编码范围的 19 个案例进行理论饱和度检验，进一步完善确定接诉即办内在逻辑以及工作成效的影响因素；第六步，基于编码所得的基本逻辑构建起接诉即办工作模型，厘清模型要素之间的互动关系，通过对模型的解释为接诉即办工作的进一步发展提供经验总结。

三　编码过程：接诉即办治理逻辑的范畴提炼

（一）开放式编码

开放式编码是对文本进行分解、检视、比较、概念化和范畴化的过程。本文运用 NVivo11 软件，对 81 个案例文本内容进行初步分析与概念范畴化，根据开放式编码结果，最终在 869 条参考点中共提炼出 37 个（副）范畴，部分编码过程如表 2 所示。

表 2　开放式编码及范畴提炼（节选）

范畴	原始资料（初始概念）
党的领导	结合党史学习教育，强化思想认识，以结果为导向，用"蚂蚁啃骨头"的精神，认真处理每一件工单（思想作风教育）
	始终把加强党的领导放在首要位置，将党的政治优势、制度优势、组织优势转化成全面推进工作的强大动力（落实全面领导）
	做好供暖保障工作是坚持以习近平新时代中国特色社会主义思想为指导，深入贯彻习近平总书记对北京一系列重要讲话精神的具体体现（会议重要讲话精神）
人民导向	坚持一切为了群众，一切依靠群众，充分发挥我们党严密组织体系、密切联系群众的优势，推动各级党组织"眼睛向下""脚步向前"，主动到基层一线解决群众的急难愁盼问题（群众路线）
	进一步强化热线办理、及时回应诉求、全力化解矛盾，切实注重办理效果（倾听诉求）
	在昌盛园社区治理提升中，始终从群众切身利益出发，办好群众身边的操心事、烦心事、揪心事（人本思想）
地方政府	黄松峪乡提出以思想引导、政策答疑作为引导村民评议的发力点，通过"吹哨"机制将区农业农村局、人力社保局、公路局、国土资源局等多家单位请来与群众面对面现场专业答疑（部门协同）
	各部门将日常工作与接诉即办工作同部署、同落实，积极思考，严格按照工作方案办理并反馈，同时，积极畅通信息渠道，不断创新工作方法（信息流通）

续表

范畴	原始资料（初始概念）
社会力量	发动 172 个楼门长、5 支志愿服务队参与社区疫情防控执勤、垃圾分类桶前值守、邻里守望矛盾调解、环境卫生大扫除等工作（群众力量）
	协调市自来水集团专家现场调研提建议，并召开专家委员会审查，运用新技术克服了 9 米高土坡和 300 年古树保护难题（专家指导）
制度支持	职责分工上，细化了市、区、街乡镇具体职责，进一步压实各方责任和调动各方参与的主动性和积极性（明确职责划分）
	注重总结一段时间以来的经验做法，出台《北京市西城区医疗保障局"12345"热线接诉即办工作管理办法》（配套政策支持）
数智支持	形成智能化系统预警、人工核准、内联对接、外联协调的实时联动的工作流程，并对该群体性诉求进行了全链条、全流程实时监测（精准监测）
	利用 12345 市民服务热线平台工单数据，分析研究群众关注的热点问题，充分了解群众"房产证办理难"诉求的基础数据和趋势规律，将群众诉求通过大数据落点落图，梳理归类具体项目（数据分析）

（二）主轴编码

主轴编码是指在开放式编码结果的基础上对各副范畴进行进一步比较分析，发现并建立范畴之间的逻辑联系，将开放式编码阶段的副范畴整合为更系统抽象的主范畴。本文根据不同副范畴在概念层次上的逻辑关系进行归类整合，最终得出理念方向保障、组织力量保障、实践效能保障 3 个主范畴，具体结果如表 3 所示。

表 3　主轴编码及范畴提炼

主范畴	副范畴	内涵阐释
理念方向保障	党的领导	思想作风教育、落实全面领导、会议讲话精神
	人民导向	群众路线、倾听诉求、人本思想
	政治站位	顶层推进
组织力量保障	党组织	党员干部示范、党建工作引领、落实主体责任
	社会力量	媒体介入、社区协调、群众力量、专家指导、社会资本
	地方政府	政府主导、部门协同、信息流通

续表

主范畴	副范畴	内涵阐释
实践效能保障	制度支持	宣传推广下沉、明确职责划分、出台法律法规、配套政策支持
	机制支持	调研走访机制、经验总结机制、专项治理机制、财政支持、监管机制、培训机制、联动机制、推广宣传机制、网格治理机制、问责激励考核、顶层研判机制、方法创新
	数智支持	智慧评估、精准监测、数据分析

（三）选择性编码

"选择性编码就是通过进一步系统处理范畴与范畴之间的关联，从主范畴中提炼出核心范畴。"① 经过对主轴编码的重组合并，在对各主范畴反复比较后，确定本研究的核心范畴为"北京市接诉即办治理逻辑"。本文将北京市接诉即办优秀案例中所体现的治理经验大致划归为三条逻辑线索，即价值逻辑、主体逻辑及策略逻辑（见图1）。

（四）理论饱和度检验

为了检验上述结果的理论饱和度，本研究按照前述步骤对未进入编码范围的19个案例再次进行编码分析，结果并未获得新的概念和范畴，也未改变现有范畴的逻辑关系。由此可得，本研究形成的"北京市接诉即办治理逻辑模型"通过了理论饱和度检验，具有相对较强的解释能力。

四　结果分析：接诉即办治理逻辑的模型阐释

（一）价值逻辑：接诉即办的理念方向保障

以习近平同志为核心的党中央旗帜鲜明地提出，党的领导必须是全面的、系统的、整体的，必须体现到经济建设、政治建设、文化建设、社会建设等各方

---

① 程贵孙、张忠程：《互联网平台企业社会责任的结构维度与模型构建——基于扎根理论的探索性研究》，《华东师范大学学报》（哲学社会科学版）2023年第3期，第155~168、173页。

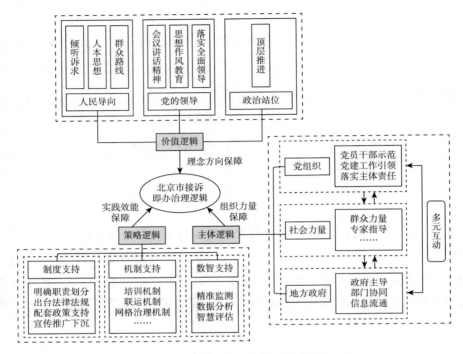

图 1　北京市接诉即办治理逻辑模型

面。北京市接诉即办改革在价值层面贯彻了党的全面领导，是一项中国共产党领导下城市治理能力现代化的重要创新。在实践中，北京市接诉即办改革将党的政治优势、制度优势、组织优势转化为城市治理效能，一方面为改革实践提供方向，另一方面以党的服务功能推进改革有效运转，同时以强大的组织体系确保治理和谐有序。同时，北京市接诉即办实践通过结合党史教育等方式加强思想作风建设，强化思想认识，深刻理解为民服务的重要性。此外，在实践过程中，北京市各区通过组织学习会议讲话精神，确保相关执行人员领会政策要义，贯彻落实好上级指示。

以人民为中心是中国共产党治国理政的根本遵循，也是新时代党引领城市治理现代化的内在要求。北京市坚持从群众需求着手，在实践中充分倾听人民诉求，通过民主协商议事厅、逐户走访了解民情等途径贯彻落实以人民为中心的发展思想。同时，北京市接诉即办改革坚持群众路线，强调相关单位与个人增强思想自觉，牢固树立为民服务理念，将接诉即办治理成效交由群众来评价。可以看到，接诉即办工作机制不仅是"以人民为中心"思想的生动实践，更是人本思想的演绎。

政治站位体现为党员与干部在认识、分析与处理问题时，所站的政治立场和应当具备的政治高度。北京市接诉即办实践坚持高标准的政治站位，"坚持高位推进，市领导牵头开展大调研，建立完善工作机制"，将接诉即办改革当作重要的政治任务加以推进落实，呼应了习近平总书记对"提高政治站位，把准政治方向，坚定政治立场，明确政治态度，严守政治纪律"的强调。[①]

（二）主体逻辑：接诉即办的组织力量保障

我国城市基层治理长期内含着自治空间与行政权力之间的张力，在行政力量主导下，社区居委会"委托-下派"的行政功能膨胀，而"委托-代理"的自治功能受到挤压，[②] 基层治理的参与主体在一定程度上受到限制。在推进城市治理现代化过程中，北京市通过接诉即办改革逐渐形成以党建引领为核心，政府主导与社会参与相结合的多元治理主体格局。

党组织是保障接诉即办实践效能的关键性主体。区别于价值层面的方向领导，主体逻辑中的党组织在基层治理过程中具有示范动员以及高效整合的优势。从党建动员层面看，社区党委作为社区发展的核心力量，是优化基层治理工作效能的重要力量。在优秀案例中，基层党组织的政治能力和组织能力为接诉即办的"服务性"奠定了坚实基础，如"设立 4 个'片区联合党委'，组建各片区的'全科巡查队'，划分社区内的'红色网格党小组'，逐步形成了'六力同心'党建引领基层治理工作模式"，党建工作为基层党组织的领导与协调能力注入动力。从党员示范层面看，党员干部的下沉不仅为保证接诉即办的服务质量提供了主体支撑，同时也为多元主体参与提供了更为广阔的空间。通过党员干部的带头示范，在一定程度上减少了基层群众在自治过程中存在的主体积极性以及能动空间问题。在基层党组织实践能力与实践行动的基础上，主体责任的落实对于形成

---

① 习近平：《在中央和国家机关党的建设工作会议上的讲话》，《旗帜》2019 年第 11 期，第 5~8 页。

② 王亚华、毛恩慧：《城市基层治理创新的制度分析与理论启示——以北京市"接诉即办"为例》，《电子政务》2021 年第 11 期，第 2~11 页。

治理合力具有重要意义。在接诉即办的过程中，基层党组织应当明晰城市基层治理的第一责任，将党和国家意志贯彻到基层实践中，为党建引领与党员示范提供组织保证。

政府所具备的行政资源也是推动接诉即办有效运作的重要支持。政权力量、政府力量以及社会力量是现代国家治理合力的关键，而接诉即办是政府行政力量主导的治理变革，带有一定的"强政府"特征。政府的主导性主要体现为以行政资源下沉为基础的主动作为，把"服务型"政府力量作为城市基层治理创新的重要支撑。而在接诉即办改革实践中，基层政府的主导性也存在两个维度的具体表现，即纵向信息流通与横向部门协同。从北京市的基层治理来看，基层街乡镇存在责权关系脱节、资源配置不足和条块划分割裂的困境，① 群众诉求常态化处理急需多层、多元的有效互动。城市基层治理问题的复杂性对政府行政资源的交互能力提出了新要求。由此，提升职能部门与基层政府协调联动能力是回应群众诉求的重要条件，"根据诉求点及相关职责，明确牵头部门和辅助部门，多部门联动办案，形成合力"；除"部门报到"外，单一行政系统内部所具有的工作壁垒也需在基层治理场域中弱化，"'科室吹哨，科室报到'，打破科室壁垒，形成内部工作合力"，从而克服治理过程中的权责割裂与行动张力。纵向信息交互作为政府主导性的另一重要支持，充分体现了信息资源在接诉即办实践过程中的政府赋能效用，如昌平区"试点组建市、区、镇街三级'管家'体系，负责生态环境类接诉即办工作"，通过三级信息的互联互通，充分发挥接诉即办实践主体的多层级协同性。

党政主体对资源的高效统合与充分协调为我国城市基层治理奠定了坚实基础，而接诉即办改革通过激活社会参与力量，初步形成多元主体互补互动的基层治理格局。在我国，社区治理主体的多元发展，首先是纵向上实现社区居民自治组织的发展，其次是横向上实现其他社会组织和经济组织的发展。② 在接诉即办的运作过程中，居民参与是实现"共治"的核心力量，通过"建立多方共同参与的'联席会''议事厅''群里议'等群商共治协调机制"，将多元共治具象

---

① 孟天广、黄种滨、张小劲：《政务热线驱动的超大城市社会治理创新——以北京市"接诉即办"改革为例》，《公共管理学报》2021 年第 2 期，第 1~12、164 页。
② 孙萍：《中国社区治理的发展路径：党政主导下的多元共治》，《政治学研究》2018 年第 1 期，第 107~110 页。

化为议事；但与其他基层治理模式存在差异的是，接诉即办通过重构基层治理的权力结构，实现向内赋权与向外赋权相结合，社会资本的建构基本依赖党政发力，这在一定程度上降低了多元主体参与治理潜在的市场失灵、社区失灵风险，但同时也仍然存在挤压市场、社会力量作用空间的风险。总体上看，接诉即办虽然为群众参与提供了途径，但党政主导仍然是影响其治理实践的主要因素。

（三）策略逻辑：接诉即办的实践效能保障

正如前文所强调的，我国城市基层治理存在若干关系间的张力，而城市治理体系改革则正需凝聚合力，才能打造出多元主体、多元参与、多元治理的城市治理新格局。为此，北京的"接诉即办"改革从制度、数智和机制三个层面提供了经验支持。

制度支持是"接诉即办"改革实践效能的基础保障。制度一般指"要求成员共同遵守的规章或准则"，不仅是社会科学理论中理解政治与经济社会之间关系的关键性因素，也是国家治理的核心手段。① 接诉即办的制度建设主要集中在配套政策支持、出台法律法规和明确职责划分等方面。北京市各参与主体以《北京市接诉即办工作条例》为指导纲领开展工作，并立足自身工作需要制定相应的工作办法或条例。在接诉即办的实践过程中，《北京市街道办事处条例》《12345 政务服务便民热线服务与管理规范》等一系列条例和规范相继出台，社区也创造性建立分片包户和民情日记制度，制定相应的考评指标，为完善基层治理体系提供基本遵循。法律法规构建是接诉即办走向制度化的关键一步，将工作智慧进行推广交流，实际上延伸了接诉即办的未来发展可能与运行活力。面对多元治理格局，把事情搞好的关键在于压实责任，在具体实践中要求"确保该有的环节一个不少，该做的动作一个不落，该到的人员一个不丢。"在这样的高标准下，接诉即办得以实现责任细化、进一步压实各方责任和调动各方参与的主动性和积极性。但从"接诉即办"转变为"未诉先办"，仍需要相关部门不断总结经验、改进工作方法，持续提升人民幸福感、获得感、满足感。

数智支持是"接诉即办"改革实践效能的技术保障。"智慧城市"已然不是

---

① 燕继荣：《制度、政策与效能：国家治理探源——兼论中国制度优势及效能转化》，《政治学研究》2020 年第 2 期，第 2～13、124 页。

一个新概念，但"智慧城市"的建设仍然任重而道远。大数据在公共治理领域的核心职能在于优化资源配置，促进公共支出效益实现最大化。基于这一优势，接诉即办借助大数据开展数字治理。大数据强大的数据分析能力"实现了一网总览、动态更新"，将群众诉求与大数据系统的相关信息相融合。在提升效率的同时，大数据的智慧评估能力也规范了接诉即办的工作流程和考核标准。通过安装相关程序，"上级部门可以随时随地通过 PC 端和手机终端借助互联网了解每件工单状态，实时掌握工单办理情况"。同时，"热线数据实现内部共享、外部公开，消除了各单位对考核结果的疑虑"。"让数据说话"，规避了实际工作中可能产生的不公平现象，工作透明度的提升进一步提振了人民群众对工作人员的信任，也更好地激发了工作人员的积极性。大数据的云计算能力为"接诉即办"向"未诉即办"的转变提供了支持。在示范案例中，接诉即办核心系统"实现了机器人对群体性诉求自动判定、追踪，形成智能化系统预警"，通过预警系统，高位实时调度和资源实时分配成为可能。实践证明，政府的强数据掌控为其数据应用能力提供了可靠基础，进而提升了接诉即办的应用上限。

机制支持是"接诉即办"改革实践效能的末端保障。制度支持和数智支持更加强调全局性处理，而接诉即办的实践智慧则主要凝结在具体的工作活动中。这一套机制涵盖推广宣传、财政调配、监管考核等多个方面，涵盖接诉即办的整个流程，共同搭建起一套综合性运作网络。其中，联动机制是各项机制连接的关键，其具有两层含义：一是指由于当今公共治理的复杂性需要更多主体参与以填补政府力量的空白，即多元共治；二是指在多项机制实现改进创新后，需要一套机制将其串联以发挥最大效用。在具体实践中，联动既指党、街道、社区、企业等治理主体的联动，又指从接收诉求到诉求解决的全过程中所涵盖的多项具体实践方法的联合。以顶层研判机制为例，通过召开"碰头会""交流会"使各相关单位的主要负责人进行沟通和协商，在项目研判阶段使各方意见得到充分表达和交流。除此之外，接诉即办中的机制创新在各自实践领域中大放异彩。网格治理机制是针对社区创建的独特治理机制，依托网格一体化平台，通过网格划分明确责任归属，动员社区力量，做到"社区治理一个也不能少"。调研走访机制是基于具体事件中倾听民众诉求总结出来的经验，实地走访同数字治理相融合，深入一线勘察，为接诉即办工作开展提供了可靠的资料支撑。

（四）整体逻辑运作机理

基于上述分析，接诉即办的三项基本要素得以明确，但价值、主体和策略（见图2）如何形成整体而驱动接诉即办的运转？

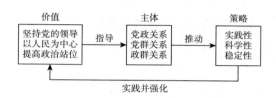

图 2　接诉即办治理逻辑互动机理

在这一整体性的治理框架下，价值维度指引理念方向，指导各主体在新时期对党政关系、党群关系以及政群关系进行新的探讨，并在这一基础上将价值内涵转化到实践层面。这一过程由三大关系所涉及的各主体来推动执行，并在实践过程中力求策略的实践性、科学性和稳定性。

具体来看，价值维度提出的三点要求是对于党政关系、党群关系和政群关系基本遵循的高度概括。坚持党的领导、以人民为中心以及提高政治站位是接诉即办工作的行动指南，真正指导效能的关键在人，行动主体能够为规范性价值外化于实践提供中介性支持，价值和主体维度随即以此构建出纽带。

前文业已论述接诉即办是以多元共治为目标的探索尝试，但现实是在我国强政府结构下，政府占据绝对资源，行政事务基本上还是围绕着党、政府和群众这三个主体展开。党在动员群众方面填补了政府空白，接诉即办成功的一大根源就是能够实现从上到下的党建引领，通过共产党员先锋队开展工作，工作全流程都有党的参与。政府最主要的优势在于掌握行政资源，这就决定了政府在资源分配、行政发包、多方协调等多个方面占据主导地位，而群众是否满意直接关系到党和政府的公信力建设。从另一个角度说，接诉即办主要聚焦社区，而其本身就是基层自治制度的重要组成部分，群众是其中的主角。因此主体维度就是围绕着在接诉即办过程中重要的三个主体所展开的探讨。

当价值维度和主体维度确定后，策略维度所需要的是将前两个维度的诉求转化为现实，实践性要求这一维度必须从实际出发，坚持实践导向、问题导向；科学性要求工作经得起科学检验，积极吸纳优秀科技成果，保障工作质量；稳定性要求发挥制度对接诉即办实践的规范性作用，使工作成果持续惠及人民群众。策略维度产生实践反馈后进行修正，在内部形成良性循环，对价值维度产生正向影响，即通过实践正反馈增强了价值合理性，并对后两个维度提出更高的要求，从而使整套循环不断实现自我改进。

基于这一思路，可以认为接诉即办既是城市治理模式的一次探索，也是党和国家践行群众路线、进行自我革新的一次尝试。在接诉即办实践中，"中国之治"的关键要素得以体现，并且以系统方式进行呈现。这意味着接诉即办改革契合"中国之治"逻辑，是对"中国之治"的现实求索。

五　研究结论与展望

（一）研究结论与不足

接诉即办的创新性实践是在新时代特大城市政府对行政管理新挑战的现实回应，体现了对中国特色城市治理问题的主动探索。本研究对北京市接诉即办 100 个优秀案例资料进行质性分析，主要得出以下两点结论。（1）从价值、主体、策略三个维度构建了北京市接诉即办改革的经验框架，为理解我国治理现代化背景下基层治理提供了理论支持。（2）厘清了北京市接诉即办成功实践的整体互动关系，三个逻辑维度形成良性的互动循环机制，为我国接诉即办的实践优化与推广提供了有效的经验表达。

总体来看，本研究也存在不足之处，主要表现为以下两个方面。（1）资料来源受限，本研究选取样本的公开性对其话语表达具有一定的影响，存在模糊性或单面性的表述；同时，本研究的资料选取仅限于公开的优秀案例，未结合相关的访谈资料对研究问题进行补充。（2）本研究基于扎根理论对样本进行质性分析，信度和效度的检验效果与其他研究方法难以相较，对于理论模型的支持力度存在不足。

（二）研究展望

党的二十大报告擘画了未来城市的美好蓝图，要求"提高城市规划、建设、治理水平，加快转变超大特大城市发展方式，实施城市更新行动，加强城市基础设施建设，打造宜居、韧性、智慧城市"①。新的发展要求也说明，接诉即办只是城市治理现代化征程上的第一步，与预定目标还有相当的距离。

当前，接诉即办改革进入深水区，向着"主动治理，未诉即办"的新阶段迈进。但应当注意到，在成功背后，接诉即办还有几个矛盾点亟须解决：政府行政的被动性和城市治理的主动性之间的矛盾、政府行政和社区自治之间的张力、群众评议和群众参与之间的断裂等。尽管有学者从"敏捷治理"的视角对接诉即办过程中政府行政力量的运用进行探索，但由于这一理论本身尚停留在中观层面，其实际应用效果仍然需要进一步的探索和研究。此外，在传统"强国家，弱社会"治理格局下，社区建设实际被国家权力强势介入，形成了半行政化的社区治理模式，在绩效考核的压力之下，不合理诉求得到纵容，从而挤压了社区自治意识和自治能力的培养。最后，这一政策运动式治理的特征依旧显著，如何将这一改革制度化，将社会自治力量真正纳入社会治理体系过程，仍然值得思考。

接诉即办改革带有鲜明的北京烙印，但仍然具有较强的可复制性。本研究根据北京市优秀案例所构建的价值逻辑、主体逻辑与策略逻辑互动模型具有扩散可能，而各城市可围绕治理下沉、诉求解决、群众参与等多个要点开展具有当地特色的政策创新，进一步推动这一政策经验的优化改进，推动以人民为中心的城市治理现代化乃至国家治理现代化的现实构建。

（指导老师：柴宝勇）

参考文献

赵萌琪、孟凡坤：《习近平关于城市治理重要论述研究》，《教学与研究》2023 年第 8 期，第 18~29 页。

李文钊：《从"接诉即办"透视中国基层之治——基于北京样板的国家治理现代化逻辑阐释》，《中国行政管理》2023 年第 6 期，第 34~41 页。

---

① 习近平：《高举中国特色社会主义伟大旗帜 为全面建设社会主义现代化国家而团结奋斗——在中国共产党第二十次全国代表大会上的报告》，北京：人民出版社，2022，第 32 页。

中国社会科学院政治学研究所课题组、张树华、郑建君、王阳亮、陈承新、韩旭：《坚持人民至上 共创美好生活——北京党建引领接诉即办改革发展报告》，《管理世界》2023 年第 1 期，第 15~27 页。

程行仑：《未诉先办：首都基层治理新探索》，《前线》2022 年第 9 期，第 72~75 页。

辛自强：《接诉即办中党员干部担当作为的表现和促进——基于北京市 100 个案例的分析》，《中州学刊》2023 年第 1 期，第 26~36 页。

燕继荣、张志原：《市民诉求驱动的城市社区治理体系创新——以北京市 F 街道"接诉即办"实践为例》，《中国行政管理》2022 年第 10 期，第 54~64 页。

于文轩、刘丽红：《北京"接诉即办"的理论基础和发展方向：敏捷治理的视角》，《中国行政管理》2023 年第 4 期，第 38~45 页。

俞可平：《走向国家治理现代化——论中国改革开放后的国家、市场与社会关系》，《当代世界》2014 年第 10 期，第 24~25 页。

草场承包制的地方适应

——确权不确地的共管机制

鲍晓勇*

摘　要　本文选择内蒙古赤峰市的一个村庄为案例研究地，基于对气象、畜牧业、草原和相关政策资料的收集，对当地干部以及牧户的访谈，以及参与式观察，探讨其在牧民层面"确权不确地"的草原共管机制，即在名义上将草场划分到户，实际上仍然是集体使用，保持并努力增加牲畜的季节性移动的机制。本文试图从三个层面论证"确权不确地"这种制度调整产生的原因和内在逻辑：技术层面的地方性知识所发挥的基础作用、价值层面的社区社会资本所发挥的核心作用以及政府层面的正式制度规范。基于以上分析，本文提出草场共用模式是一种符合社会现实的能够有效利用草场资源的可持续性发展模式。

关键词　草原共管；地方性知识；社会资本

一　引言

草原作为陆地生态系统的主体之一，不仅对于地球生态保护具有重要意义，也是国民经济发展的重要基础。我国草原面积达 3.928 亿公顷，占国土总面积的

---

*　鲍晓勇，中国社会科学院大学社会与民族学院硕士研究生，主要研究方向为环境社会学。

40.9%。① 从全球草原分布格局来看，中国北方草原是欧亚大陆草原的重要组成部分，具有典型的干旱、半干旱草原景观和植被成分。草原对于维护国家生态安全、边疆安全、推动社会经济发展和保护少数民族文化等都具有重要作用。

近年来，随着草场承包制度政策的实施，牧民收入水平虽得到一定的提高，但草原牧区仍然面临"三牧"问题，也就是牧民生活困难、牧业发展减缓以及牧区生态恶化。内蒙古自治区的草原产权制度也随着国家土地制度的变革而变化，自 20 世纪 80 年代草场承包制实施，已经近 40 年，草场如何划分、使用和管理，一直都是学界和基层实践者重点关注的问题。学界对承包制实施效果的分析还是对共用草原重要性的论述，都存在一定程度的片面性，因为在现实中，我们总可以发现两者并存的现象。笔者在内蒙古赤峰市克什克腾旗的田野调查中也观察到了此类现象，这或许不是草原承包到户制度执行下的不彻底，反而可能是产权制度与地方实际结合的草原治理模式。因此有必要对这种外在制度与内在制度形成相互支持模式进行观察和解释，草原共管的形成原因是什么？在地方能够共用草场的治理模式是怎样的？这样的治理模式与当地的社会文化是如何嵌合在一起的？又是如何得以维持的？是否对牧民的生产、生态的保护以及草原的治理产生了积极影响？这是本文关注的主要问题以及分析方向。

二　案例地与研究方法

（一）案例地介绍

本研究的主要案例地 G 嘎查②位于内蒙古自治区赤峰市克什克腾旗达来诺日镇，北与巴彦查干苏木相接壤，东与经棚镇相连，南与浩来呼热苏木相毗邻，西与达日罕乌拉苏木交界，位于东经 116°45′~117°01′，北纬 43°01′~43°36′。从地形来看，G 嘎查地处贡格尔草原，东北部为黄岗梁余脉的山地森林，西南为浑善达克沙地东缘，多沙丘，中部为开阔的草原，贡格尔河纵贯全境，地势东高西低，属北温带大陆性气候区，日照充足，日照最长时间为 16 小时，昼夜温差大。年平

---

① 国家林业和草原局政府网，2021。
② G 嘎查：内蒙古的行政村。

均降水量为 350 毫米，无霜期在 90 天左右，年平均大风天数在 40 天左右。①

G 嘎查共有 8 个村民小组，总人数为 900 人，其中，常住户数为 312 户，外出打工户数为 40 户，民族组成方面以蒙古族为主体，汉族为 24 人，满族为 2 人。G 嘎查草场总面积为 45 万亩，其中，放牧场总面积为 33 万亩，打草场总面积为 12 万亩，饲料地面积为 18000 亩，耕地面积为 3100 亩，现有牲畜包括牛约 10500 头、羊约 13500 只。

G 嘎查多样的地形和自然资源决定了草原管理需要针对不同的地块采取不同的利用方式，基于调研访谈，目前 G 嘎查的草场大致可以分为 5 块：春秋季放牧场位于该地居民定居点附近，利用方式为承包到户、共同使用；夏季放牧场（东山）位于该地东北方向，利用方式为承包到户、共同使用；冬季放牧场（沙窝子）位于该地西南方向，利用方式为承包到户、共同使用。

G 嘎查的草场分为两大类：放牧场和打草场。放牧场可分为三种季节草场：冬季、夏季和春秋季放牧场。冬季放牧场是沙地，待每年 11 月地冻后再进入，牲畜踩踏也不会破坏土壤植被；春秋放牧场是在湖泊周边和居住地附近的草场，湖边的草场再生性强，返青时间较早，枯黄时间又较晚，因此适宜春秋使用；夏季放牧场则在海拔相对较高的东山，通风凉爽，原来有小河穿过，方便放牧，后来小河干涸后，G 嘎查打了两口井，解决了饮水问题。从产权安排来看，除了打草场是承包到户，且各户用各户的之外，其他的四季放牧场都采取了承包到户但保持共同使用的制度安排，也就是本文所说的"确权不确地"的使用方式。

（二）研究方法

本文主要基于案例研究，收集资料的方法包括参与观察、半结构式访谈和问卷法。

基于案例研究对草原共管机制进行分析，主要有三个原因。首先，草原的生态社会系统是一个十分复杂的系统，其中的驱动因素和反馈机制也有十分复杂的关系，只有通过案例分析，才有可能展现其复杂性。其次，只有通过分析案例地具体的草原共管模式，才有可能深入理解草原共管模式的运作机制及其存在的合理性。最后，只有基于案例研究，从地方性知识和社会资本的视角进行内在机制

---

① 克什克腾旗人民政府，2018。

分析，才能与已有的公共池塘资源研究形成有效的对话。

在进行田野调查之前，笔者对内蒙古牧区的生计模式和生态政策进行了相关的文献阅读。因为笔者本身并非蒙古族人，不了解相关习俗以及生活习惯，调研依靠当地的牧民朋友带领，我们与他们共同生活，从而进行访谈工作。在当地的田野调查一共分为两次，第一次是 2021 年 9 月 16 日至 9 月 23 日，在这期间跟随导师，在当地牧民朋友的带领下，了解 G 嘎查的基本情况，并且随机与 G 嘎查内的牧民进行访谈，了解当地人对气候变化的部分感知以及草场使用的现实情况，共访谈牧民 8 户；第二次是 2022 年 7 月 24 日至 8 月 7 日，共访谈牧民 14 户。

在此期间，笔者跟随牧民朋友一起到夏季放牧场，观察当地牧民的放牧行为。此外，笔者还对现任 G 嘎查领导、老书记及相关干部进行访谈，了解草场划分的实际情况以及组织情况。通过这两次的田野调查，笔者对 G 嘎查的基本情况有所了解，并且获得了当地草场划分时的集体考量和相关规范设定，就牧民所面临的多重压力也获取了较为翔实的资料。

牧民抽样主要考虑不同牧户的经济水平，按照贫困户（0~200 个羊单位①）、中等户（200~500 羊单位）和富裕户（500 以上羊单位）的分类，尽量覆盖不同类型的牧户。在最后访谈的 22 户牧民中，有 5 户贫困户、12 户中等户、5 户富裕户（见表 1）。牧户访谈主要采取半结构式访谈以及问卷方式，访谈内容主要包括家庭基本信息、牲畜数量和家庭资产、2021 年畜牧业经营收入与成本、牧户生活成本、牲畜移动性和草场利用方式和牧户负债情况。开放式问题则包括草场健康状况的评价、牧民对于气候变化的感知、气候变化对畜牧业的影响、灾害应对的策略选择、社会关系的变化、草场利用纠纷解决机制、水资源利用以及市场波动影响等方面。

表 1 牧民访谈基本信息

单位：岁，羊单位

编号	性别	年龄	受教育程度	牲畜数量
FT011091701	女	46	高中	353
FT021091702	男	68	高中	180

① 羊单位核算方法为：1 只羊 = 1 个羊单位；1 头牛 = 5 个羊单位；1 匹马 = 6 个羊单位。

续表

编号	性别	年龄	受教育程度	牲畜数量
FT031091703	男	42	小学	275
FT041091801	男	53	初中	345
FT051091802	男	64	初中	90
FT061091803	男	45	小学	385
FT071091804	女	32	小学	165
FT081092201	男	65	大专	553
FT092072601	男	37	大专	604
FT102072602	男	52	初中	475
FT112072603	男	54	大专	668
FT122072604	女	37	中专	410
FT132072701	男	48	高中	540
FT142072801	男	37	本科	286
FT152073101	男	57	小学	80
FT162073102	男	59	高中	320
FT172073103	女	49	高中	310
FT182073104	男	60	大专	470
FT192080401	男	37	初中	131
FT202080402	男	42	初中	545
FT212080701	男	37	小学	245
FT222080702	女	43	初中	390

三 草场共用模式的开展

为了解决承包制中出现的各种问题，案例地的牧民自发采取"确权不确地"的草场共用模式，其在协调牧业生产、维持社区关系以及生态保护方面发挥了积极作用，并且没有衍生出公地悲剧。

在 1980 年之前，G 嘎查的草场仍然实行的是集体统一管理，统一使用，牲畜也不属于个人，由 G 嘎查进行管理，大体上保留的是公社化时期的管理方式。那个时期在草场利用方式上，放牧仍然严格遵循四季轮场的传统，每年春季的 4~5 月，牛、羊、马都在春季草场上放牧。从 6 月开始则迁至东山的夏季草场，一直放牧到 8 月底。到了 9 月和 10 月，所有牲畜则动身回到秋季草场。等到 11 月沙地完全上冻之后，牲畜便进入沙窝子过冬，羊主要在沙窝子北面，牛和马因为需要更大面积的草场，则走得更远，到沙窝子的南部过冬。主要的放牧人员诸如牛倌、羊倌，都是由生产队根据实际情况进行相关安排。直到 1983 年，内蒙古自治区实行"草场公有，承包经营""牲畜作价，户有户养"的畜草双承包责任制，G 嘎查开始将牲畜划分到户，但是草场仍然属于 G 嘎查，并没有承包到户，所以采取的依然是草场共用的方式，也就是牲畜家庭经营与草场集体使用的方式。根据访谈的牧民回忆，在这段时间，当地也没有发生很严重的草场退化问题。

直到 1998 年，G 嘎查开始落实 1997 年出台的"双权一制"产权制度，也就是草场所有权归 G 嘎查，使用权属于牧民，草场承包到户。开始划分草场承包到户，首先是按照牲畜数量与人口数量确定草场的划分数量，比例是人口占 70%，牲畜占 30%。在具体划分草场时，由于 G 嘎查的四片草场中有涉及河流以及湖泊的部分，考虑到牲畜的饮水需求，倘若将草场划分为块状，一定会有部分牧民家的牲畜饮水困难，并且会由于草场质量的差别而产生更多的矛盾，想达到公平，就需要将草场划分成更加小的地块，即在草场质量相差不多的区域内进行精细划分，平均一家为几十亩。但是显然这样的划分方式是不适合放牧的，范围太小，更容易导致草场质量下降。同时这样划分，每家每户要建更多的围栏，成本将大大提高，当时的牧民都不同意这样划分。而另外一种划分方式就是按照条状进行划分，这样在一定程度上能够均衡每家每户分到的草场质量，并且能够兼顾水源的运用，减少无法饮水而需要增加其他成本的可能，在一定程度上提高草场划分的公平性。但是这样的划分方式也存在一个严重的问题，即 G 嘎查的草场是较为狭长的，南北长度有五六千米，这样一来，每家每户所能够分到的宽度是非常有限的，1000 亩的草场所划分的宽度也就大概几十米，如此狭窄的草场，极大限制了牛羊的活动范围，单一牧民根本无法对这样的草场进行有效管理，所以对这个方案也纷纷表示不满意。正如牧民所述：

我们大队是从北边一直到南边，将近 5 公里的一条，从来也就这么宽，这有 1000 亩（草场），你咋拉（网子）？你说我拉了没法经营，宽就几十米了。横着分就更乱套了，麻烦，边疆那头（最靠边那块）谁去，没人去，你如果真的要分得公平的话，每个人在两边都要有一小块，中间要有一小块，没法放了，然后一旦有争议的事，长条的，家家都还可以参与。假如你要横着分的话，咱们说南边的两三家不管了，对我无关不去就不去了是吧？咋分就都有问题。（FT132072701）

根据牧民回忆，当时村委的主要干部就和大家提议，在定居点附近的草场按照村民小组进行划分，不用具体划分到每家每户，按照人口的数量和牲畜的头数把每家每户名义上承包的草场面积计算出来，但是同一个组的草场内部就不划分，大家还是像之前一样都可以在其他牧民名义上承包的草场上进行放牧，拉上一个大围栏，这样减少围栏建设的费用，大家的牲畜也都能够自由活动。在东山附近的夏季草场和沙窝子附近的冬季草场就各建设一个围栏，和其他嘎查的草场区分开来，满足季节转场的需要。对于打草场，建设一个大围栏，平时大家都不进去放牧，在内部也不建设围栏，各家各户做好统一的标记就行。最后大家针对这个方案达成了一致，就是在执行国家相关政策的基础上，将草场名义上划分到户，但实际上保留草场的共同使用权，以减少围栏建设的投资和对牛羊自由流动造成的限制。

草场还是不分好，这样咱们放牧都方便多了，还省了拉网子的钱，夏天还能换个地方，对牲畜也好，把那头的草场啥的也能养一养。牲畜还是得分，要是不分牲畜的话，就和以前大队一样，有些人就不干活了。（FT102072602）

该嘎查延续至今的草场包括冬夏季放牧场以及打草场，呈现每家每户承包到户的形态，也就是条状划分，而在实际中仍然是共同使用的状态，也就是"确权不确地"的私地共用方式。

四　草场共用模式的特点与内在机制分析

（一）特点

G 嘎查"确权不确地"的草场共用模式主要有两个方面的特征。

一方面是牧民广泛参与，基层自治组织引导充分协商。草场在名义上分到每家每户，实际上集体使用的草场管理方案就是在社区牧民的积极参与下，基层干部发挥引导作用的产物。此外，保留两季牧场进行转场放牧，对向 G 嘎查外进行出租草场的行为进行监督并设定相关规范的过程，都充分发挥了牧民的集体智慧，并且得到了有效执行。基层自治组织也就是村委在组织协商以及提供符合现实条件的方案上都起到了领导作用，使确权不确地的草场共用模式在时间的检验中得到了牧民的广泛认可。

另一方面是通过对外建立排他性机制，增强内部凝聚力。当地采用草场共用模式的时候就已经天然形成了对社区之外牧民放牧的排斥，由于这是所有牧民在场的决策，并且草原产权只有在外部是明晰的，在内部实际上是一种合作关系，而不是独立的产权，因此不会出现多个产权主体掠夺式使用草场，或者相互妨碍使用草场的状态。但是这样作为关系存在的草原产权只能够在内部发挥作用，协调内部关系，当有外来者进入共用的草场时，就必然会出现掠夺式的草场使用，草原产权的规定便很难对此做出反应，原先形成的"反公地悲剧"的良好发展模式就会被打破。所以，当地的草场共用模式需要建立对外来者的壁垒，这样才能够保持内部草-畜-人三者的良好平衡不被打破。

（二）内在机制

G 嘎查通过集体协商的方式确定的草原共用模式在实践中得到了证明，公地悲剧并没有出现，且在一定程度上实现了有效利用，这主要源于两个方面的力量：地方性知识的基础作用和社区社会资本的核心作用。

1. 地方性知识作为基础

地方性知识深深扎根于地方文化当中，只能够在其产生和存续的社会文化共同体中存在，其管理方法于当地而言是适应的，一旦剥离，失去其所依附的共同体也就失去了其自身主体性与能动性。就草原而言，地方性知识主要是牧民在与自然资源时空分布不均的适应中形成的经验与技术，主要是草场的利用方式和以流动性为核心的放牧方式。

在草场的利用方式上，草场并不是一个简单的资源系统，而是包含春夏秋冬、雨雪风霜条件的不同部分。在不断变化的生存环境中，生长于其上的植物也因时因势而变，因此对于草场的利用方式选择就绝不是简单地进行产草量的计算，而是对植物-动物-环境的综合考量。在案例地，牧民对于当地打草场的使用就充分体现了这种考量。

今年打草要晚几天了，今年东山那边去看过，那边的草籽还没落，现在不能打，打完明年草就不好了。（FT132072701）

牛羊马一起放更好，就像马，吃完了，第二年草更好，马粪在的那块土，就发酵似的，底下松松的，草好像抽上来，再一个马蹄子，就和现在那种松土的机器一样，秋天那个草籽，马蹄子都给它踩下去了，这样第二年才会有草啊。为什么有牛，有山羊，有骆驼，有马啊，进化出来，草原上合适的。骆驼呢，要看地方养，这边没有，好像阿拉善还是哪儿，禁牧以后，老鼠都成精了，骆驼放出来以后老鼠就没有了。（FT081092201）

在当地牧民看来，草场上最好的状态是多种牲畜同时存在，也就是蒙古族人传统的"五畜并举"的观念，这样对牲畜以及草原都是良好的保护行为。同时，在不同的季节，也要充分利用草场的不同地理位置，春季的营盘要选在背风雪的地方，免受风雪的危害，使牲畜早日吃上青草，适于保胎和接羔；夏季是牲畜成长和抓膘的主要时期，因为夏季气候炎热，蚊蝇较多，在选择营盘上就要求高地通风的地方，使牲畜能很好地进食；秋季是牲畜抓膘的最后时机，要选有草再生的草场，草质细嫩。冬季就把沙窝子作为冬营盘，这样的地方风小，温暖一些，且不易积雪。结合牲畜不同的生长周期选择最适宜的资源空间，保证在特定时间内能够得到最好的资源，这充分反映了牧民对时空变化的适应，也就是基于代际传递的放牧经验采取合适的草场利用方式。

以移动性为核心的放牧方式则是地方性知识的集中体现，季节性轮牧是根据不同季节选择不同地形以及不同植被条件的草场进行放牧的方式。在拉铁摩尔看来，技术的适用性和重要性取决于社会对它的需求弹性。因此，具有历史意义的问题是社会与技术相互影响，而不是技术造成了社会①。就本质而言，这是对草原环境高度不确定性的应激性调整，这样的移动可能是为了季节性气候带来的优势资源，可能是为了规避季节性灾害。

在调研地，大多数牧民在劳动力满足的情况下仍然坚持季节性轮牧，夏天仍然到东山进行出场，冬天到沙窝子放牧，在他们的眼中，这样的放牧方式能够"养草"，同时能让牲畜"上膘"，比起定居放牧的方式更加符合传统。以移动性为核心的放牧方式并非简单的逐水草而居，而是与自然相适应的弹性设计，是维持草-畜-人平衡的关键方式。"移动性"是蒙古族传统畜牧业最为基本和精致的生存智慧，它不仅体现了对生态条件多样性的适时应对，还体现了社会组织在"不确定"中保持秩序与整合力的能力②。

正是拥有共同的地方性知识，牧民在选择草场的管理方式上才会更加凝聚于草场共用，代际传递的放牧技术与经验为牧民指引了方向，也为共用模式奠定了基础。

2. 社区社会资本作为核心

维持草场共用模式的核心是 G 嘎查内部丰富的社会资本，它凝聚了当地牧民的共识，提高了牧民在集体行动中的能力，保持共用模式的稳定。具体而言，社会资本对于当地草原共用模式的形成以及维持的作用，主要表现在以下几个方面。

首先，深厚的传统文化根基为草原共用模式提供强大的认同基础。法国社会学家涂尔干曾提出"集体意识"的理论，认为将个体连接在一起的是相同的文化习俗、价值标准以及道德规范。在涂尔干看来，是社会把人提升起来，使其超越了自身，甚言之，是社会造就了人。因为造就了人的乃是由智力财产的总体所构成的文明，而文明则是社会的产品③。在调研地，作为主体的蒙古族人拥有相同的文化习俗与道德意识，因此他们能够在这样的集体意识之下采取相似的行

---

① 〔美〕拉铁摩尔：《中国的亚洲内陆边疆》，唐晓峰译，南京：江苏人民出版社，2010，第 45~47 页。

② 荀丽丽：《"失序"的自然——一个草原社区的生态、权力与道德》，北京：社会科学文献出版社，2012，第 44、81 页。

③ 〔法〕爱弥尔·涂尔干：《宗教生活的基本形式》，渠东、汲喆译，上海：上海人民出版社，2006，第 408~409 页。

动，他们坚持万物有灵的自然观，认为草原上的一草一木，飞禽走兽，所有的动植物都是有灵性的，乃至于湖泊河流等自然景观，也都被看作有生命的，对于这些存在必须给予足够的尊重，倘若轻易破坏，一定会受到最严厉的惩罚。

此外，天人合一的生态观以及敬畏自然的伦理观都是他们所坚持的集体意识，因此人与自然的和谐共处是深刻嵌入草原牧民的日常生产生活中的，这种共同的道德意识也就指导草原牧民选择草原友好型的发展方式，从古至今始终如此，季节性迁移就是最好的例证。同时也正是因为如此强烈的集体意识，使草原牧民产生超脱于个人的集体认同，这种认同既是集体意识在行动中的产物，也推动集体意识不断增强。在相同的精神内核指引下，草原牧民更加倾向于集体行动，正是在这样的共同体意识的支撑下，牧民愿意按照符合传统文化的管理模式进行放牧活动，他们行动策略的根基在于深厚的文化和共同体意识。

其次，社区制度与社区规范共同作用为草场共用模式提供制度支持。长期生活于草原、依赖草原的牧民，早就在与草原的交往中积累了丰富的管理和使用知识，这些知识是牧民进行生产生活的主要支撑，指导牧民如何与草原和谐共生，选择适合的管理模式，有效地在保障草原生态安全的前提下进行发展。与草原不断调试积累的知识无疑是牧民在对草原进行管理时的有效社会资本，为草场共用模式的产生奠定了制度基础。同时，在组织生产的实践中产生的社区规范，也即村规民约，以非强制、非正式的形式为草场共用模式提供另一重制度保障。如此所形成的管理制度，首先在制度成本上就取得了优势，完全基于牧业实践，不需要额外的制度设计，而且正是由于完全基于牧业实践，在实施时，牧民接受与理解的难度被大大降低，从而制度的规范力量能够得以最大限度地发挥。

　　咱们家牛多，他们家羊多，但是他们家有没有牲畜啥的是吧？但是他们这肯定草场有是吧？也出打工。这期间人家用草场，这块有矛盾，矛盾的解决方面，咱们呢有这么个方案，你说咱们村里就是草畜平衡的这块，村里可以平衡，而且我就租你草场是吧，然后我给你捣点钱，这都对，你出去打工了，我给你点钱。比如说还有说外出打工的，他把自己的草场让外面的人来放啊，那个情况也有，有这个情况下，咱们就在自己村里调节，外场就是嘎查或者是咱们苏木以外，这些个人来要是走草场的话，咱们就不允许，要不然那个事就多了。（FT112072603）

在当地形成的社区规范，以非正式的制度形式在一定程度上有效约束了共用草场上出现的过度放牧问题，同时，更重要的是，在面对牧业实践问题的时候，在牧民以及 G 嘎查的共同努力之下，对牧民之间的矛盾进行了有效化解，充分发挥了牧民作为草原主要使用者和管理者的主体作用。

最后，互惠关系与社会信任保障草原共用模式的运行。生活于同一片区域的牧民，在生产活动的组织下，进行高频次的互动，尤其是从古至今保持的集体行动逻辑，使牧民始终保持一种高度互惠的关系，并且有着稳定的互惠预期，正是如此，声誉在共同体中显得格外重要，违背相应社会规范的成员，虽然不会得到直接的惩罚，但是可能遭受到其他成员的报复，并且被共同体所排斥，从而失去互惠关系，所以，这也激励每一位成员以有利于共同体的方式采取行动，而不是相反。

> 干活要干不动，招呼招呼就来了，不是亲戚也来，一招呼就来了，他不来的话，下次他干活也不给他忙去了，然后这点挺好的。小活的话花钱的话省事，拿点钱就完事了，要小活你找几个人来请客吃饭，喝点估计比那还贵。以前那是没办法，就只能说大家互相帮，没有地方去雇人干。现在主要成本问题也是，你叫唤人干上，吃喝你成本也比他高了，人家干活你还得去给他帮忙，这成本又高了，那样的小活就花点钱了事。打草的时候大家都忙，那个时候雇人也贵，就自个儿拉，亲戚邻居啥的有空的话就一起帮帮忙，比如家里车子多的就匀一匀，就这样。（FT031091703）

与互惠关系紧密相连的就是社会信任，能够形成互惠关系，就是基于长时间的互动并且互相足够熟悉，能够进行积极的行为预测，从而在交往中积极付出，因为信任能够得到其他成员同样的回报。就如同上文所提及的在共用草场上超过约定的牲畜数量，牧民之间相互信任不会大规模超出，形成对共同规范的内在信任与行为默契。

> 你要是牛少的话，牛多的家给你点钱也行，这样也可以，我们组那几家的话，基本上牛差不多，一两家能多点，但是这些家都不吱声的话就没有那些事了，反正没有多大的矛盾，一般都没什么，啥事没有。他也知道自己那

么多，但现在那些家反正差不多就行了，反正抬头不见低头见是吧？太多了也不好意思，都是熟的，就算有一两个那种人，但是时间长了不怎么搭理他了。（FT222080702）

正是以社会资本为内核，调动牧民的集体认同，通过地方性知识与社区规范形成的制度安排，在互惠关系与社会信任的保障下，草场共用模式才得以形成并且维持。

（三）外在保障——政府提供正式制度规范

上文讨论了在技术层面提供基础的地方性知识和在价值层面作为核心的社会资本的内在机制作用，还有一个方面需要注意，政府相关政策所提供的制度性规范，为当地的草原共管模式提供了外在保障。

20 世纪八九十年代，为了防止与周围嘎查的边界争端，所以 G 嘎查鼓励牧民到沙窝子进行定居，当时大概有 21 户牧民同意长期居住在沙窝子中，主要由于他们大多在定居点没有房子。但正是这样的安排导致了后续的矛盾发生，居住在沙窝子的牧民长期使用原本只在冬季利用的沙地，导致沙地植被没有恢复时间，同时在定居点的牧民由于草原质量下降也无法在冬季搬到沙窝子利用他们的草场，这提高了他们的放牧成本，引起很多不满。在 G 嘎查领导不断地劝说之下，在 1996 年前后，有 15 户牧民从沙窝子搬出，但是仍然有几户牧民不愿意离开。直到 2004 年，沙窝子所在的浑善达克沙地被划入国家公益林，G 嘎查与林业部门达成协议，将沙地作为国家公益林进行围封处理，并且聘请护林员进行巡逻，监督围封状况，在每年围封期内进入会受到相应处罚。在这样的措施之下，围封期内便没有牧民在沙地进行放牧，并且后续在 2009 年村集体申请了生态移民项目，为迁出牧民在定居点提供住房和棚圈，较好地化解了牧民之间的矛盾，保护了沙地生态，同时为当地草原共用模式提供了间接助力。

此外，G 嘎查内执行的相关草畜平衡政策，也限制了共用草场上牛羊数量的增长。在禁牧区或草畜平衡区休牧期间放牧的，由当地相关部门责令改正。按每个违法放牧羊单位收取 120 元的罚款（山羊全年禁止放牧）。在草畜平衡区超过核定适宜载畜量放牧的（以 7 亩草原饲养 1 个羊单位标准核定各户的适宜载畜量），由当地相关部门责令限期改正，逾期不改正的，处每人超载羊单位 100 元的罚款（《内蒙古自治区草畜平衡和禁牧休牧条例》，2021）。正是严格的制度限制，为草原的合理使用提供了秩序，其也成为非正式制度保障之外的规范性秩序，推动了当地相对稳定的草场管理与利用模式的维持。

五　结论与讨论

（一）结论

本文通过对案例地"确权不确地"的草场共用模式的描述与内在机制分析，从技术层面的地方性知识所发挥的基础作用、价值层面的社区社会资本所发挥的核心作用以及政府层面的正式制度规范"三位一体"的视角阐释了草场共用模式的内在逻辑，认为草场共用模式是一种符合社会现实的能够有效利用草场资源的可持续性发展模式。草场共用模式是在满足"双权一制"确权到户要求下，结合地方实际进行的对草场管理模式的探索，在这一模式当中，深厚的传统文化根基提供了认同基础，非正式的社区规范提供了制度支持，互惠关系与社会信任提供了运行保障，同时政府为共用模式的维持提供了间接的制度支持，形成外在保障。

根据本文的分析，草场共用模式在一定程度上可以看作继承传统游牧体制内的管理方式所进行的模式创新，实际上，牧业发展的每个地区都有草场共用的集体模式经验，以及充足的地方性知识，但是这并不意味着草场共用模式适合所有的区域，在草场共用模式之下，牧民仍然面临自然、市场以及社会的多重压力，所以并不存在唯一正确的草原管理模式。但是对草场共用模式的分析仍然能够为其他地区探索适宜自身的草原管理模式提供一定启示，实际上就是在草原管理模式的过程中需要把握的几个原则，首先是多元并存的原则，地方性知识才是真正切合地方实际的存在，在方向不变的前提下应该更多地尊重和利用地方性知识；其次是重视牧民在草原管理模式中的角色，牧民是所有管理模式中最直接的执行者，如何推动牧民在模式创新中发挥更积极的作用需要进一步思考。最后，政治制度所提供的规范性秩序也是必不可少的，这样的外在保障为草原治理迈向未来、迈向现代化提供了基础。对于自主治理模式，地方性知识和社会资本所共同构成的内在规范可能就已足够，但是实际上，由内在规范作为治理的基础仍然存在很多不足。在自主治理过程中，基于社会资本的作用，可能推动地方精英的形成，那么此时在社区内部的公平问题恐怕就难以忽视。同时在人员流动性不断加强的当下，非正式制度的规范很可能无法解决矛盾，正如案例地所出现的沙地移居事件，需要正式制度的保障才能更好补充其不足，体制改革与社会发展不是简单的政府退出，政府是内生于经济转型与发展过程中的。

综合而言，草原管理模式的发展需要探索多元力量结合，多方共同参与，以自主的管理模式为内核，重视地方，基于现实条件，运用文化内核，重视发挥主观能动性的创新管理模式，同时融入政府的正式制度设计，为之提供有效的规范性秩序，使内在规范与外在保障相统一，或许才能够更好地实现草原的有效治理。

（二）需要进一步探讨的问题

在草原治理的过程中，存在多个行为主体，价值取向大体一致，但是在行为目标的设置上存在差异，具有并不一致的行动逻辑。草原治理中的国家层面的战略目标是最重要的，也就是在制度的顶层设计中所关注的生态环境保护和民生改善，这是国家逻辑；就地方政府而言，执行国家逻辑当然是必要的，但地方政府同时是地方事务的主要负责对象，所以会受到如"锦标赛"体制带来的政绩观影响，在各个目标中进行收益与成本的权衡；就市场而言，既需要对短期利益的追求，同时迫于国家督查，也需要长期绿色发展的战略。因此草场的管理模式是一个涉及多方关系的复杂系统，中央政府、地方政府、牧民以及市场等各方的诉求实际上并不完全一致，并且存在各自不同的行动逻辑。本文更多关注的是从一个小范围内牧民如何采取最适合自身发展需求的方式的视角来分析草原的管理模式，而相对忽视了政府以及市场在其中的考量，地方的非正式制度设计其实是政府自上而下政策推行的一个补充与在地化，市场又会如何发挥调节作用，这三者之间的复杂关系如何进行平衡，对于未来草场的管理模式发展可能会有深刻影响，需要进一步讨论。

此外，在现代化进程不断加快的当下，投入-产出的经济理性思维逐渐成为主流，传统互惠以及文化逐渐式微，社会资本在市场经济、现代技术以及当代社会关系的冲击中不断散失，那么自主治理模式的基础可能也会不断削弱，在这一过程中，是否会形成新的社会资本推动新型自治模式的出现，以及各级政府和市场如何参与其中，这些问题都需要进一步探讨。

诱饵点击、失灵与反转：社交媒体新闻的情绪传播

雷紫晶　丁雪怡　李禄含　林欣然*

摘　要　本研究分析了社交媒体上新闻机构使用"点击诱饵元素"的现状，并对其传播效果和影响因素进行了考察。本文选取伯努利朴素贝叶斯算法对新闻标题进行分类，使用主题模型对新闻内容进行主题分类，使用混合线性模型分析不同点击诱饵元素的传播效果和影响因素。研究发现，社交媒体中新闻机构正在向使用点击诱饵元素过渡，使用情绪化的点击诱饵元素逐渐兴起。在新闻内容上，社交媒体中新闻机构呈现淡传统媒体化和逐步社交媒体化的趋势。使用点击诱饵元素能够在一定程度上提高贴文的传播效果，实现"诱饵点击"，且情绪化的点击诱饵元素效果最好。情绪化的点击诱饵元素在客观性较强的新闻消息中会导致情绪唤起的中断出现"诱饵失灵"，甚至"诱饵反转"的效果，呈现客观性与情绪化的矛盾。在实践层面，"纯文本"类新闻消息使用点击诱饵元素提高传播效果的作用更显著，为文字型传统媒体脱颖而出打开了新思路。

关键词　新闻媒体；点击诱饵；情绪化；客观性；情绪传播

基于人们从社交媒体中获取信息和分享信息的依赖程度，社交媒体中的新闻

---

* 雷紫晶，中国社会科学院大学新闻传播学院 2021 级本科生；丁雪怡，中国社会科学院大学商学院硕士研究生，主要研究方向为休闲经济学、时间配置与新人力资本、文旅品牌传播；李禄含，中国社会科学院大学商学院硕士研究生，主要研究方向为颠覆性创新理论与机制；林欣然，中国社会科学院大学社会与民族学院 2020 级本科生。

机构在进行公共领域消息分发、舆论产生和情绪传递的过程中发挥重要作用。本文探讨了两个新闻机构在新浪微博平台上的发贴情况，关注标题中是否存在点击诱饵元素和点击诱饵元素的类型对其传播效果的影响，尝试回答以下几个问题：以上两个新闻机构点击诱饵元素的使用状况如何？点击诱饵元素是否能够显著地提高消息在社交媒体平台上的传播效果？不同的点击诱饵元素是否呈现不同的传播效果？时间和话题是否能够成为影响点击诱饵传播效果的因素？情绪传播理论在其中如何体现？

本研究选取在新浪微博平台上有较多发贴量和粉丝数且主观算法相似、推荐程度相似的新浪新闻和头条新闻作为研究对象以提高样本总量，以新浪微博平台上用户的参与度和互动程度来估计传播效果，三个具体的指标为点赞数、转发数和评论数。本文在对传播过程和传播效果进行分析的基础上，引入情绪传播理论试图解释情绪化、形象化点击诱饵元素的作用机制和影响因素，以实现对情绪传播理论的拓展，同时对社交媒体平台上的内容管理进行实践层面的探讨。

一　研究假设

本文提出以下假设。

H1：采用点击诱饵元素的新闻会有好的传播效果。

H2：不同类型的点击诱饵元素的传播效果不同。

H3：话题是影响点击诱饵元素传播效果的重要因素。

H4：国内商业性媒体使用"点击诱饵元素"的传播效果会受到以下因素的影响：（1）点击诱饵元素的类型、（2）贴文的话题、（3）贴文的发布账号、（4）贴文的发布时间、（5）贴文的发布途径。

H5：不同主题对于读者情绪唤起的影响不同。

二　研究方法

（一）数据收集

在向新媒体转型的过程中，许多新闻机构选择开辟客户端或入驻微博平台继续新闻生产和传播。新浪新闻和头条新闻均为微博旗下的商业性新闻机构，微博平台对其发贴的算法性推荐没有显著差异，二者持续在微博平台上更新新闻资讯且粉丝数大于100000000。头条新闻在微博平台上的发贴内容被设置为仅半年可见，所以本项目爬取的数据时间跨度为半年。本项目对新浪新闻和头条新闻两个商业性媒体在近半年内（2023年2月21日至2023年8月20日）的发贴内容、标题、时间、发布工具、点赞数、评论数、转发数进行爬取和收集，共计20061条，记录新浪新闻和头条新闻各自微博账号的粉丝、发贴量、入驻时间等相关信息。

（二）测量变量

1. 贴文的传播效果

通过 Python 在微博网页端爬取点赞数、转发数和评论数以作为对贴文传播效果衡量的依据。

2. 点击诱饵元素

使用 Python 代码运行有监督的机器学习算法以预测点击诱饵元素的类型。在新闻传播的相关研究中，机器学习已被相关研究用于对新闻文本框架分析的文本分类[①]和点击诱饵进行检测。根据 Molyneux 和 Coddington[②] 对 Clickbait 的定义，结合张昕之等在中文语境下提出的点击诱饵特征，本文提出适合当前语境下的点击诱饵类别。

（1）使用数据进行比较和总结的相对客观的标题：在对新闻相关内容进行搜集、整理和分析之后，使用数据进行比较和总结的描述提供更丰富的细节以吸引读者点击阅读。例如，"7 分钟看暴雨自救指南：暴雨避险自救 31 个细节"，"北京累计转移群众 8.2 万余人，全部村已恢复供电"等。（2）修改标题形式：使用前项引用，使用否定式标题，使用反问、疑问、设问的语气，引起读者的好奇，引导读者点击或阅读全文。例如，"感染新冠不发烧免疫力更强吗？这些误区一定要知道""男子直播时救落水儿童被指炒作 警方：并非炒作，正为其申请

---

① E. O. Alette, S. Kim, H. K. Erik, "Framing a Conflict! How Media Report on Earthquake Risks Caused by Gas Drilling," *Journalism Studies*, 2019, 20（5）：714-734.

② L. Molyneux, M. Coddington, "Aggregation, Clickbait and Their Effect on Perceptions of Journalistic Credibility and Quality," *Journalism Practice*, 2020, 14（4）：429-446.

见义勇为""杭师大女生事件有可能反转吗？疑似杭师大女生家属发声：这不是真实情况，男生曾多次骚扰已报警"等。（3）进行情绪化、形象化的主观描述：使用情绪化的语言、含有褒贬含义的词语，使用比喻的修辞手法，使用典故化的成语，为标题提供更多的评价性的、情绪化的主观细节，以吸引读者点击阅读。例如，"警方再通报女生拒买 47 元水果捞被骂小三""短视频和手机游戏绑架儿童"等。（4）使用带有歧义、特殊含义，涉及社会公德话题的词语，以吸引公众关注。例如，"女子面试招聘方私信金钱身体选一个 公司：涉事招聘人员已开除""湖北检察机关依法对李铁涉嫌受贿、行贿、单位行贿、非国家工作人员受贿、对非国家工作人员行贿案提起公诉"等。

3. 话题

采用无监督学习的文本挖掘方法——主题模型方法（Latent Dirichlet Allocation，LDA），并根据相关算法与统计分析确定合适的主题数量。

4. 账号特性

两个微博账号的粉丝数、关注数和发贴量的详细数据如表 1 所示（截至2023 年 8 月 20 日）。在实际的数据处理和分析过程中将数据取对数值处理。

表 1　账号详细数据

单位：个

用户昵称	用户 ID	发贴量	关注数	粉丝数
头条新闻	1618051664	261714	1709	110000000
新浪新闻	2028810631	126818	2062	102000000

（三）数据分析

1. 贴文核实与筛选

数据爬取的对象为新浪新闻和头条新闻发布的所有内容，包括消息、广告、短视频推广文字、投票、话题征集等。只有包含标题和内容两部分的消息是本项目的研究对象，因此需要在数据预处理阶段将多余的文本筛除。最终，在爬取获得的 20061 条贴文中筛选出 18785 条数据进入下一阶段。

2. 判断贴文是否包含点击诱饵元素并进行类别划分

第一步，通过 TF-IDF 算法对标题里的每个字进行向量化，选择朴素贝叶斯算法对向量化后的标题进行分类。第二步，按照点击诱饵元素相关定义，在爬取到的 18785 条数据中随机选择 4000 条数据，对样本标题进行点击诱饵元素类别的标注，并将最后的结果作为有监督的机器学习算法的训练集和测试集。训练集和测试集分别按照 80% 和 20% 的数据进行划分。

两位母语为中文且有 15 年以上中文使用经验的编码员分别独立评估是否含有点击诱饵元素和点击诱饵元素的类型。编码规则如下：标题中不含点击诱饵元素则编码为"0"；使用数据进行比较和总结的相对客观的标题则编码为"1"，即为Ⅰ型点击诱饵；修改标题形式的标题则编码为"2"，即为Ⅱ型点击诱饵；标题中含有情绪化、形象化的主观描述则编码为"3"，即为Ⅲ型点击诱饵。上文提出点击诱饵特征中包含带有歧义等词语，由于这一特征为内容层面，受个人主观影响较大且会随着新词更新持续变化，故不在本文研究和讨论的范围内。

在正式编码前，先从数据中随机选择 400 条贴文由两位编码员分别编码，计算编码员间信度 Krippendorff's Alpha = 0.92，对争议性的编码内容进行讨论得出一致结果，再次培训编码员以使其加强对编码规则的理解。然后，编码员对剩余 3600 条推文各自进行编码。由于一个标题可能具有多种特征，因此存在一个标题中包含多种点击诱饵元素的情况。针对多重点击诱饵的训练集数据，将其每一种结果都以一条数据的形式加入训练集，即将同时含有Ⅰ型、Ⅱ型和Ⅲ型点击诱饵的数据复制为三条，分别编码点击诱饵标签。测试集中的多重点击诱饵数据做相应处理，即默认多重点击诱饵匹配任意一型即为正确。

随后将编码的结果作为训练样本集和测试集。在文本分类的过程引入三种不同的朴素贝叶斯算法，分别是高斯朴素贝叶斯（Gaussian NB）、多项式朴素贝叶斯（Multinomial NB）和伯努利朴素贝叶斯（Bernoulli NB）。我们选取准确度最高的伯努利朴素贝叶斯算法来进行后续样本的分类。在多元伯努利模型中，未出现词项也要进行建模，即未出现的词项也要作为一个因子参加 P（cld）的计算以决定文档类别[①]。因为本文进行文本分类的对象是标题，文本较短，词（字）项较少，故选择伯努利朴素贝叶斯算法进行文本分类效果最好且具有一定的解释

[①] C. D. Manning, P. Raghavan, H. Schütze, *Introduction to Information Retrieval*（Cambridge：Cambridge University Press, 2008）.

力度。不同于以往文本分析使用 jieba 库进行分词，使用 TFIDF 算法进行分字能够在文本量较少的情况下提高算法的正确率，机器学习算法对应的验证集准确度如表 2 所示。

表 2　机器学习算法对应的验证集准确度

单位：%

机器学习算法	Gaussian NB	Multinomial NB	Bernoulli NB
验证集准确度	72. 03	75. 65	75. 65

3. 对贴文内容主题进行分类

社科研究广泛运用的文本分类机器学习方法主题模型，适用于样本量较大的情况，使用部分数据进行分析难以得出准确的内容分类编码规则下的话题分类。

在建立主题模型的过程中，调用 Python 语言中 sklearn. feature/extraction. tex 库中的 TfidfVectorizer 和 CountVectorizer 包与 sklearn. decomposition 库中的 Latent Dirichlet Allocation 包。在算法执行的过程中，我们依次将主题数设置为 1~15，并把主题数作为横坐标，困惑度作为纵坐标（见图 1）。依据三条准则反复阅读比较结果的表面效度。

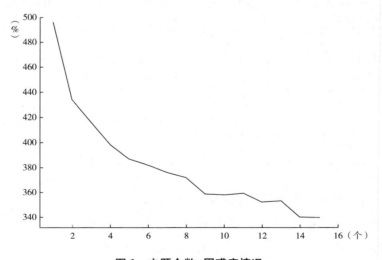

图 1　主题个数-困惑度情况

资料来源：笔者绘制。

（1）困惑度应当在适当的范围内取最小，若无法取最小，则把拐点作为备选（在概率语言模型中，困惑度是用来评估语言模型优劣的指标，其基本思想是向测试集赋予较高概率值的语言模型较好)[①]。（2）同一主题下的关键词相似度应当最大。（3）不同主题之间的关键词应该尽可能有所区分。

最终，我们将所有贴文分为 9 个主题，并综合每个主题下权重前 10 的关键词和随机抽样的部分贴文内容归纳各主题名称。因为主题八和主题九，即社会侵权事件与生活纠纷事件在内容语义上具有较高的重叠度，且主题数目较多不适合后续的统计分析，所以将主题八和主题九合并为主题八——社会侵权与生活纠纷类事件。主题对应的关键词和主题名称如表 3 所示。

表 3　主题对应的关键词和主题名称

主题	主题一	主题二	主题三	主题四	主题五
关键词	老人、网友、乘客、司机、大爷、小伙、地震、村民、沸点、狗狗	平台、酒店、老板、商家、消费、价格、客服、市场、演唱会、门店	年轻人、生活、旅游、暴雨、小芳、旅行、计划、天气、汽车、预警	公司、工作、员工、领导、企业、银行、有限公司、工资、集团、月薪	通报、调查、警方、消息、网传、事故、现场、救援、应急、事发
主题名称	暖心救助类事件	社会交易消费类事件	生活旅游天气类事件	职场工作生活类事件	社会灾难事故类事件

主题	主题六	主题七	主题八	主题九
关键词	学生、学校、老师、国家、专家、大学，毕业、数据、学院、中学	孩子、女孩、家长、男孩、妈妈、儿子、父亲、女儿、母亲、爸爸	医院、男子、法院、嫌疑人、警方、家属、案件、犯罪、彩礼、诈骗	男子、女子、民警、报警、派出所、保安、小区、当事人、监控、物业
主题名称	高校与公众人物相关事件	儿童及青少年相关事件	社会侵权与生活纠纷类事件	

4. 评估点击诱饵元素的传播效果及影响因素

使用混合线性模型来评估点击诱饵元素类型、话题分类、发布时间对贴文传播效果的三个指标（点赞数、转发数和评论数）的影响。

---

① D. A. Grossman, *Information Retrieval*：*Algorithms and Heuristics*（Berlin：Springer Science & Business Media，2004）.

三　研究结果

（一）主要发博账号使用点击诱饵元素的现状

在所有分析对象中，来自头条新闻和新浪新闻的贴文数量相近，超过一半的贴文使用了点击诱饵元素，最常用的点击诱饵元素类型为使用数据进行相对客观的描述。表4是部分变量的基本情况。

表4　部分变量赋值及描述统计情况

变量	分类	值	频率（次）	比例（％）
发布账号	头条新闻	0	9978	53.1
	新浪新闻	1	8801	46.9
点击诱饵类型	无点击诱饵	0	7533	40.1
	使用数据的客观描述	1	5849	31.1
	修改标题形式	2	3137	16.7
	情绪化、形象化的主观描述	3	2266	12.1
发布途径	微博发布平台专业版	0	7681	40.9
	微博视频号	1	11083	59
贴文主题	暖心救助类事件（主题一）	0	1761	9.4
	社会交易消费类事件（主题二）	1	2226	11.8
	生活旅游天气类事件（主题三）	2	1964	10.5
	职场工作生活类事件（主题四）	3	1469	7.8
	社会灾难事故类事件（主题五）	4	2750	14.6
	高校与公众人物相关事件（主题六）	5	2426	12.9
	儿童及青少年相关事件（主题七）	6	1561	8.3
	社会侵权与生活纠纷类事件（主题八与主题九合并）	7	4628	24.7

贴文的点赞数、转发数与评论数可能受到发布时间的影响，基于用户的整体浏览习惯，7：00～9：00为点赞、转发与评论的高峰期。此外，点赞数在

10：00~12：00 出现了另一个小高峰。而转发数与评论数除了清晨的高峰外，在凌晨 2：00 左右也产生了高峰，这说明部分用户在凌晨的时间段内也会进行一些浏览，且更习惯进行转发与评论的操作而非点赞。基于传播心理的角度，人们在深夜更倾向于评论和转发等分享观点的群体性行为，而不是"浏览-点赞-划过"的个体性行为。本文把贴文的点赞数、转发数和评论数作为点击诱饵传播效果的指标，由于原始的点赞数、转发数和评论数的极差和标准差较大，数据呈现左偏态分布，故在分析时对其进行了对数处理，结果见图 2、图 3、图 4。

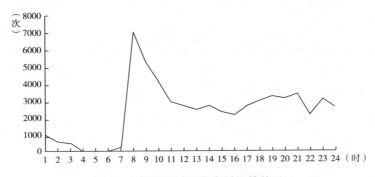

图 2　点赞数与贴文发布时间的关系

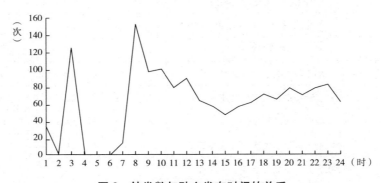

图 3　转发数与贴文发布时间的关系

（二）点击诱饵元素类型和其他因素的传播效果

为了验证点击诱饵元素类型和其他因素对传播效果的影响，本文使用多层混合效应线性回归模型来预测点击诱饵元素的传播效果与自变量之间的关系。其中模型一和模型二、模型三和模型四、模型五和模型六分别以贴文的点赞数、转发

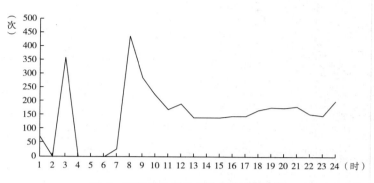

图4　评论数与贴文发布时间的关系

数和评论数为因变量。模型一、模型三和模型五仅包含主效应，模型二、模型四和模型六则包含点击诱饵元素和其他变量的交互项。表5报告了混合模型分析的结果。

表5　各变量对点赞数、转发数与评论数的影响情况

变量	点赞数		转发数		评论数	
	模型一	模型二	模型三	模型四	模型五	模型六
无点击诱饵	0.000	0.000	0.000	0.000	0.000	0.000
	(0.000)	(0.000)	(0.000)	(0.000)	(0.000)	(0.000)
使用数据的客观描述	0.255***	0.915***	0.310***	0.416***	0.397***	0.570***
	(0.034)	(0.071)	(0.039)	(0.051)	(0.042)	(0.055)
修改标题形式	0.264***	0.983***	0.248***	0.338***	0.074*	0.317***
	(0.042)	(0.076)	(0.040)	(0.055)	(0.044)	(0.060)
情绪化、形象化的主观描述	0.826***	1.432***	0.545***	0.632***	0.847***	0.971***
	(0.047)	(0.077)	(0.046)	(0.055)	(0.051)	(0.060)
微博发布平台专业版	0.000	0.000	0.000	0.000	0.000	0.000
	(0.000)	(0.000)	(0.000)	(0.000)	(0.000)	(0.000)
微博视频号	0.303***	0.622***	0.256***	0.256***	0.491***	0.491***
	(0.030)	(0.045)	(0.033)	(0.033)	(0.036)	(0.036)

续表

变量	点赞数		转发数		评论数	
	模型一	模型二	模型三	模型四	模型五	模型六
点击诱饵×发布途径		-0.838 ***	-0.262 ***	-0.349 ***	-0.370 ***	-0.543 ***
		(0.061)	(0.043)	(0.044)	(0.047)	(0.048)
点击诱饵×主题一		0.397 ***		0.126 *		0.257 ***
		(0.096)		(0.069)		(0.075)
点击诱饵×主题二		0.247 ***		-0.004		0.274 ***
		(0.087)		(0.062)		(0.068)
点击诱饵×主题三		-0.913 ***		-0.118 *		-0.615 ***
		(0.085)		(0.061)		(0.066)
点击诱饵×主题四		-0.197 **		-0.080		-0.104
		(0.083)		(0.060)		(0.065)
点击诱饵×主题五		-0.804 ***		-0.369 ***		-0.484 ***
		(0.072)		(0.052)		(0.056)
点击诱饵×主题六		-0.404 ***		-0.023		-0.174 ***
		(0.068)		(0.049)		(0.053)
点击诱饵×主题七		0.264 ***		0.082 *		0.108 **
		(0.067)		(0.048)		(0.052)
点击诱饵×主题八		0.000		0.000		0.000
		(0.000)		(0.000)		(0.000)
对数似然	-39159.41	-38874.43	-32319.36	-32272.59	-33976.17	-33802.33

注：* 、** 、*** 分别表示在 10%、5%、1%水平下显著，括号中数据是稳健标准误。

表 5 显示，如果仅观察主效应，使用点击诱饵元素的贴文比不使用的贴文拥有更多的点赞数、转发数和评论数。而且相比其他类型的点击诱饵，使用情绪化、形象化的主观描述这一类型的点击诱饵对于贴文传播效果的促进作用更大。此外，相比微博发布平台专业版这一渠道，在微博视频号上面发布的贴文的传播效果更好。

在模型二、模型四和模型六中，点击诱饵变量分别与发布途径和贴文主题形成交互项加入模型，考察点击诱饵的传播效果是否随着发布途径和贴文主题的差异而变化。结果显示，不同的发布途径对于点击诱饵元素具有影响。虽然使用点击诱饵元素对于传播效果有促进作用，在微博视频号这一途径上发布内容的传播效果也更好，但是在微博视频号发布的内容中使用点击诱饵元素的效果不及微博发布平台专业版。

点击诱饵元素的使用效果在不同贴文主题当中也有差异。结果显示，点击诱饵元素的使用对于主题为暖心救助类事件、社会交易消费类事件以及儿童及青少年相关事件的贴文的传播效果具有促进作用，而对于主题为生活旅游天气类事件（主题三）、社会灾难事故类事件（主题五）和高校与公众人物相关事件（主题六）的贴文的传播效果则具有负面影响。

为了进一步讨论不同主题对于情绪唤起的影响，将情绪化、形象化的主观描述这一点击诱饵类型与不同主题构成的交互项纳入表5中的模型二、模型四、模型六，构成了模型七、八、九，表6报告了分析结果。

表6　情绪化、形象化的主观描述点击诱饵在不同主题中对传播效果的影响情况

变量	点赞数	转发数	评论数
	模型七	模型八	模型九
情绪化、形象化的主观描述×主题二	−0.308*	−0.113	−0.184
	(0.158)	(0.114)	(0.123)
情绪化、形象化的主观描述×主题三	−0.683***	−0.164	−0.312**
	(0.156)	(0.112)	(0.122)
情绪化、形象化的主观描述×主题六	−0.499***	−0.143	−0.275**
	(0.149)	(0.107)	(0.116)
情绪化、形象化的主观描述×主题八	0.000	0.000	0.000
	(0.000)	(0.000)	(0.000)

注：*、**、***分别表示在10%、5%、1%水平下显著，括号中数据是稳健标准误。

结果显示，情绪化、形象化的主观描述点击诱饵的使用对于主题为社会交易消费类事件、生活旅游天气类事件和高校与公众人物相关事件的贴文的传播效果具有较为显著的负面作用。

四　讨论与结语

本研究从商业性新闻机构在社交媒体上进行消息发布的传播效果出发，以传播心理学和新闻学的理论为分析框架，引入中性意义的点击诱饵概念。在操作化层面，爬取了有着较高发贴量和粉丝量的两家商业性新闻机构于 2023 年 2 月 21 日到 2023 年 8 月 20 日在新浪微博平台上发布的所有贴文，使用机器学习算法对贴文中点击诱饵元素的类型和贴文涉及的话题进行分类，描述了新闻机构在新浪微博平台上点击诱饵元素的使用现状，并通过多层混合效应线性回归模型分析了点击诱饵元素的传播效果、其他因素的传播效果和其他相关因素对点击诱饵传播效果的影响。以下就理论、实践、伦理等层面进行详细讨论。

第一，在新闻内容上，社交媒体中新闻机构呈现淡传统媒体化和逐步社交媒体化的趋势。从截面数据观察，社交媒体中新闻机构正在经历从"不使用点击诱饵元素"向"使用点击诱饵元素"过渡。对新闻相关内容进行搜集、整理和分析之后，使用数据进行比较和总结的相对客观描述提供更丰富的细节以吸引读者点击阅读，是传统媒体强调新闻价值的体现。社交媒体中用户信息传播的情绪化正在影响新闻媒体内容传播的情绪化，用户在社会化媒体上进行信息传播具有较强的情绪化特征。

第二，"纯文本"类新闻消息比"视频+文字标题"类贴文使用点击诱饵元素提高传播效果的作用更显著。虽然在微博视频号上面发布的贴文的传播效果更好，但是在微博视频号发布的内容中使用点击诱饵元素的效果不及微博发布平台专业版。点击诱饵更适合提高"纯文本"类新闻消息的传播效果，为好新闻争取更多的发声机会，为文字型传统媒体脱颖而出打开了新思路。

第三，使用点击诱饵元素能够在一定程度上影响贴文的传播效果，且情绪化、形象化的主观描述点击诱饵效果最好。情绪化、形象化的主观描述点击诱饵是情绪传播中的一类，在此基础上进一步进行拓展，本文证实了新闻标题中的情绪化因素也能显著地影响贴文的传播效果，拓展了情绪传播的应用语境。也有学者提出情绪化的思想会影响认知的公平性与客观性，影响社会公众对社会的认知①。如何让

---

① 张静、赵玲：《论网络舆论理性化与情绪化的博弈》，《现代情报》2013 年第 6 期，第 14～18 页。

点击诱饵止于点击诱饵，而不极端化成为"标题党"，仍然是在伦理上值得被探讨的问题。

第四，在不同的主题中点击诱饵元素对贴文传播效果的影响表现出较大差异。首先，主题客观性较强的新闻消息对传播效果产生负面影响，呈现客观性与情绪化的矛盾。本文中的数据呈现主题本身对传播效果的影响并不显著，这与一些文章的结论并不吻合，可能有两个原因：一是因为数据量较大，受众特别关注的某些事件在总样本量中占比很低，难以在大样本中被识别出来；二是主题模型分类时选择类别过多或过少，没有成功分出某些主题。其次，在社会交易消费类事件、生活旅游天气类事件和高校与公众人物相关事件新闻消息中，点击诱饵元素起负面效果。以上三类新闻消息本身具有较强的客观性，内容对主观情绪化有一定排斥性，导致情绪化点击诱饵的效果不佳。赵云泽和刘珍也从历史性角度提出了这一看法，"如果记者或编辑带有情绪地去采写或者编辑新闻，则被认为是对新闻客观性最大的伤害，因此，在新闻文本中表现出某种情绪也是被抵制的"①，并提出了情绪唤起的概念。

在新闻客观性原则与情绪化的冲突下，情绪本身的客观性存在提供了新的可能。情绪化点击诱饵元素在客观性较强的新闻消息的应用中的传播效果不佳可能来源于公众客观性的认知与情绪之间的冲突，阻断了情绪唤起的过程，进一步拓展了情绪传播理论的内涵和应用场域。虽然情绪化点击诱饵元素的传播效果更好，但理论和实践都说明其在伦理和使用效果上的限制。如何在新闻伦理下点击诱饵，如何限制其情绪设置功能，如何避免点击诱饵成为"标题党"以及点击诱饵引导用户点击的心理机制仍然需要被高度关注。

（指导老师：刘英华）

---

① 赵云泽、刘珍：《情绪传播：概念、原理及在新闻传播学研究中的地位思考》，《编辑之友》2020 年第 1 期，第 51~57 页。

高校思想政治理论课实践教学的实施效果及优化路径

陈恋念　关智隆　李玥颖　温佳慧[*]

摘　要　高校思想政治理论课实践教学通过设置以思政教育为主题的实践课程，让学生在亲身实践中增强对思政理论的理解和认同，实现思政教育铸魂育人、立德树人的教学目的。北京市高校思想政治理论课实践教学在实施过程中存在理论课与实践课教学融合度不足、教学内容实践性和思政性低等问题，本文从融合理论课与实践课、联合多方育人主体、注重课程内容设置等五大方面提出具体的优化路径。

关键词　思想政治教育；实践教学；实践教育哲学；北京市高校

一　引言

高校思想政治课作为大学生思想政治教育的主要渠道，肩负着"新时代贯彻党的教育方针，要坚持马克思主义指导地位，贯彻新时代中国特色社会主义思想，坚持社会主义办学方向，落实立德树人的根本任务"。[①] 2018 年 5 月 2 日，

---

*　陈恋念，中国社会科学院大学马克思主义学院 2022 级本科生；关智隆，中国社会科学院大学马克思主义学院 2022 级本科生；李玥颖，中国社会科学院大学马克思主义学院 2022 级本科生；温佳慧，中国社会科学院大学马克思主义学院 2020 级本科生。

① 《习近平：用新时代中国特色社会主义思想铸魂育人 贯彻党的教育方针落实立德树人根本任务》，《人民日报》2019 年 3 月 19 日，第 1 版。

习近平总书记在北京大学师生座谈会上的讲话指出："我们的教育要培养德智体美全面发展的社会主义建设者和接班人。"[1] 在 2019 年 3 月 18 日高校思想政治课教师座谈会上，习近平总书记提到要"培养一代又一代拥护中国共产党领导和我国社会主义制度、立志为中国特色社会主义事业奋斗终身的有用人才"[2]。关于人才的思想政治教育，习近平总书记强调思想政治教育需要坚持理论性和实践性相统一，用科学的理论培养人，并重点提到要重视思政课的实践性，提出"把思政小课堂同社会大课堂结合起来"[3]。为了让高校学生在思想政治课上真正学到知识并将知识运用在实践中，使思想政治教育体现实效性与实践性，进一步提高高校学生的思想政治水平，筑牢高校学生的理想信念，思想政治理论课实践教学有着不可替代的特殊价值。

二　实践教育哲学与思政实践教学

实践教学是在一定理论指导下，通过引导学习者的实践活动，从而传承实践知识、形成技能、发展实践能力、提高综合素质的教学活动。[4] 思政实践教学是在思政理论的指导下，通过进行以思想政治教育为主题的实践活动落实立德树人根本任务的一种教学方式。实践教育哲学是分析思政实践教学的一个良好理论视角，它为思政实践教学的开展奠定了坚实的理论基础，同时能够为思政实践教学提供正确的理论指导。

（一）实践教育哲学

1. 20 世纪实践教育哲学重要理论

20 世纪实践教育哲学领域产生了两个重要的理论：一是杜威的做中学，二是陶行知的教学做合一。杜威认为，一切教育都是通过个人参与和分享人类的社

---

① 《习近平：在北京大学师生座谈会上的讲话》，中国政府网，https://www.gov.cn/xinwen/2018-05/03/content_5287561.htm。

② 《习近平：用新时代中国特色社会主义思想铸魂育人 贯彻党的教育方针落实立德树人根本任务》，《人民日报》2019 年 3 月 19 日，第 1 版。

③ 《习近平：用新时代中国特色社会主义思想铸魂育人 贯彻党的教育方针落实立德树人根本任务》，《人民日报》2019 年 3 月 19 日，第 1 版。

④ 张英彦：《论实践教学的理论基础》，《教育科学》2006 年第 4 期，第 34~36 页。

会意识而进行的，这个过程从人一出生就已不知不觉地开始了，并持续地塑造他的能力，浸润他的意识，形成他的习惯，锻炼他的思想，唤醒他的情感。个体以自己的生活经验和社会实践为媒介，才能够真正参与、理解人类的社会意识。陶行知的教学做合一理论进一步强调"教"与"做"和"学"的关联，提出"真正做须是在劳力上劳心"①，就是在做事的基础上求理，在做事中得到亲身感受和经验，从而更好地去理解道理、学习道理。

2. 马克思主义教育观

马克思主义教育观也是实践教育哲学的重要组成部分。在马克思主义认识论和实践观指导下，实践教育成为教育的重要环节。人的正确思想是从实践中来的，"无数客观外界的现象通过人的眼、耳、鼻、舌、身这五个官能反映到自己的头脑中来，开始是感性认识。这种感性认识的材料积累多了，就会产生一个飞跃，变成了理性认识，这就是思想"②。实践是一切认识活动的前提，毛泽东在《实践论》中深刻地指出，从实践出发得来的直接经验对于认识事物的重要性，"世上最可笑的是那些'知识里手'，有了道听途说的一知半解，便自封为'天下第一'，适足见其不自量而已"。"你要有知识，你就得参加变革现实的实践。你要知道梨子的滋味，你就得变革梨子，亲口吃一吃……你要知道革命的理论和方法，你就得参加革命。一切真知都是从直接经验发源的。"③

（二）思政实践教学

思政实践教学正是思想政治的实践教育部分。高校思政教育的核心在于培育大学生社会主义核心价值观，而"价值观教育的过程就是一个不断参与和体验的过程，是获得一种精神、一种立场的不懈追求的实践过程"④。提升思政教育的实效性，不仅需要在理论课上下功夫，更需要展开对思政实践课的研究，尤其是对于难懂的抽象名词、政治概念，光靠理论课无法让大学生真正内化于心、外化于行，"任何理想信念都是在重复的实践与认识中得到确立的，是在反复的

---

① 华中师范学院教育科学研究所主编《陶行知全集　第二卷》，长沙：湖南教育出版社，1984，第42页。
② 中央档案馆、中共中央文献研究室编《中共中央文件选集　1949年10月—1966年5月　第四十三册　1963年4月—8月》，北京：人民出版社，2013，第154页。
③ 《毛泽东选集（第一卷）》，北京：人民出版社，1991，第287~288页。
④ 刘济良等：《价值观教育》，北京：教育科学出版社，2007，第146页。

'求真'的实践过程中得到固化的"①。要想真正让大学生树立起理想信念，还需理论课和实践课良好配合。

以乡村振兴这一概念为例，理论教学可以让学生明确提出时间、实施途径、实施目标等，但如若学生缺乏对乡村振兴的直观体验，乡村振兴就只是停留在书本上的抽象概念，学生难以真正了解乡村振兴的实际内容、现实困境以及乡村干部们的艰辛奋斗等，难以真正达到思政教育"落实立德树人的根本任务""用新时代中国特色社会主义思想铸魂育人"②的要求。

（三）实践教育哲学与思政实践教学的逻辑关联

实践教育哲学强调人们的参与体验，重视在做事中获得亲身感受和体验、内化知识。办好思政实践课的关键在于充分保证其实践性。根据实证研究，目前，存在"看看博物馆，开开会，大概可能就这样走走形式"（来自 B 同学访谈）等问题。实践是能动地改造客观世界的物质活动，"问题在于改变世界"③，同时，实践的一个重要特性就是主体性，是能动的人们在积极地活动，思政实践教学需要把握好主观与客观之间的关系，充分发挥学生的主体性，让学生在思政实践中真正做一件实事，同时在实践过程中"改变他自身的自然"④。

三　实证研究思路与结果

（一）研究设计

为更好地了解北京市高校思政实践教学效果，本项目以北京市高校老师和学生为研究对象，选取来自 20 余所高校的老师和学生作为研究样本（覆盖"985""211"大学，普通一本、二本大学及专科、职业技术院校老师和学生），最终回收 369 份有效问卷，并对 10 名高校思政教师和 54 名学生进行结构性访谈。

---

① 谢安国等：《大学生思想政治工作专题研究》，北京：人民出版社，2019，第 249 页。
② 《习近平：用新时代中国特色社会主义思想铸魂育人 贯彻党的教育方针落实立德树人根本任务》，《人民日报》2019 年 3 月 19 日，第 1 版。
③ 《马克思恩格斯选集》第 1 卷，北京：人民出版社，1995，第 57 页。
④ 《马克思恩格斯全集》第 23 卷，北京：人民出版社，1972，第 202 页。

（二）问卷分析

思想政治教育的过程主体，即教育者，依据一定社会或阶级的要求有目的、有计划地传递思想和道德；思想政治教育的过程客体，即受教育者；思想政治教育的过程介体，指为实现教学目标所采用的具体活动形式；思想政治教育的过程环体，即在教育过程中的一切环境因素。主体、客体、介体、环体作为思想政治教育研究的基本四维向度，影响思想政治教育效果。项目组基于主体、客体、介体、环体四维向度，采用以量表题为主的方式分析北京市高校思政实践教学效果。

1. 学历层次

当前，北京市有本科院校 67 所，专科院校 25 所。问卷调查对象本科院校与专科院校学生比约为 7∶3，与实际本、专科院校比相符，能够较好地反映北京市高校思政实践教学情况。

2. 思政实践课参与时间

超 7 成受访者在大一、大二学年参与思政实践，高校思政实践课程多在大学前半程设置，这一时期是高校学生完善价值观、形成马克思主义信仰的关键时期，教育主体需提高对于学生思政实践教育的关注度，在学生思想成型期做好思想政治教育工作。

3. 思政实践课作业布置形式

思政实践课作业布置形式可分为学校规定和自主选择两种。近半数受访者表示学校会给出一些主题并给予学生自主选择权，部分受访者的作业内容由学校指定，少部分受访者拥有完全自主决定作业内容的权利。

4. 思政实践课作业形式

超 4 成同学选择创作微电影形式，有 3 成以上受访者选择实践活动如参与社会志愿服务、参观爱国主义教育基地。选择参观一线企事业单位、寻访老党员与老战士、采访基层党政工作人员、进行岗位实习、支持乡村振兴有关活动的受访者较少。

（三）实证结果与分析

1. 信度效度检验

使用软件 SPSS 24.0 对 369 份问卷量表数据进行可靠性检验。信度检验：Cronbach's Alpha 值为 0.889。效度检验：KMO 取样适切性量数为 0.897，巴特利特检验近似卡方值为 2439.543，自由度为 465。由此可知，本次问卷通过了信度、效度检验，题项设置较为合理。

2. 相关性分析

为验证主体、客体、介体、环体与效果交叉性数据的科学性，项目组对主体、客体、介体、环体与效果的相关变量数据进行降维处理，并对四维向度与效果的相关性进行比较（见表1）。

表1　主体、客体、介体、环体与效果及主体与客体的相关性

问卷相关项目	平均值	标准差	显著性（双尾）	皮尔逊相关性
效果	3.419	0.867	—	—
主体	3.290	0.843	0	0.524**
客体	3.392	0.754	0	0.583**
介体	3.338	0.822	0	0.521**
环体	3.387	0.845	0	0.542**
主体	3.290	0.843	—	—
客体	3.392	0.754	0	0.519**

注：** 在 0.01 级别（双尾）相关性显著。

通过皮尔逊相关系数的验证，主体、客体、介体、环体均与思政实践教学效果有相关关系，主体与客体间也存在相关关系。也就是说，作为思政实践教学过程中的关键环节，主体、客体、介体、环体的表现将对思政实践教学实效造成较大影响。与此同时，由于思政实践教学主体能够在教学过程中主动对受教育者施加影响，因此，这将极大影响客体在思政理论课实践中的表现。

3. 问卷数据的回归分析及模型建设

（1）主体、客体与效果

将主体因素、客体因素作为自变量，而将高校思政实践教学效果作为因变量进行线性回归分析，得出的模型公式为：效果 = 0.733 + 0.490×主体 + 0.311×客体。模型 R^2 值为 0.407，这意味着主体因素、客体因素可以解释高校思政实践教学效果的 40.7% 变化原因。对模型进行 F 检验，发现模型通过 F 检验（$F = 123.258$，$p = 0.000 < 0.05$），也即说明主体因素、客体因素至少一项会对高校思政实践教学效果产生影响。客体因素的回归系数值为 0.490（$t = 8.967$，$p = $

0.000<0.01），这意味着客体因素会对高校思政实践教学效果产生显著的正向影响；主体因素的回归系数值为 0.311（$t=6.364$，$p=0.000<0.01$），这意味着主体因素会对高校思政实践教学效果产生显著的正向影响。

因此，主体因素、客体因素均会对高校思政实践教学效果产生显著的正向影响。在主体、客体方面的思政实践教学改善将显著增强思政理论课实践教学效果。

（2）介体、环体与效果

将介体因素、环体因素作为自变量，将高校思政实践教学效果作为因变量进行线性回归分析，得出的模型公式为：效果 = 1.086+0.325×介体+0.369×环体。模型 R^2 值为 0.356，这意味着介体因素、环体因素可以解释高校思政实践教学效果的 35.6%变化原因。对模型进行 F 检验，发现模型通过 F 检验（$F=99.105$，$p=0.000<0.05$），也即说明介体因素、环体因素至少一项会对高校思政实践教学效果产生影响。介体因素的回归系数值为 0.325（$t=5.853$，$p=0.000<0.01$），这意味着介体因素会对高校思政实践教学效果产生正向影响；环体因素的回归系数值为 0.369（$t=6.841$，$p=0.000<0.01$），这意味着环体因素会对高校思政实践教学效果产生正向影响。

因此，介体因素、环体因素均对高校思政实践教学效果产生正向影响。在介体、环体方面的思政实践教学改善将显著增强思政理论课实践教学效果。

（3）主体、客体、介体、环体与效果

将主体因素、客体因素、介体因素、环体因素作为自变量，将高校思政实践教学效果作为因变量进行线性回归分析，得出的模型公式为：效果 = 0.357+0.362×客体+0.188×主体+0.124×介体+0.237×环体。模型 R^2 值为 0.466，这意味着主体因素、客体因素、介体因素、环体因素可以解释高校思政实践教学效果的 46.6%变化原因。对模型进行 F 检验，发现模型通过 F 检验（$F=77.889$，$p=0.000<0.05$），也即说明主体因素、客体因素、介体因素、环体因素至少一项会对高校思政实践教学效果产生影响。客体因素的回归系数值为 0.362（$t=6.409$，$p=0.000<0.01$），这意味着客体因素会对高校思政实践教学效果产生显著的正向影响；主体因素的回归系数值为 0.188（$t=3.688$，$p=0.000<0.01$），这意味着主体因素会对高校思政实践教学效果产生显著的正向影响；介体因素的回归系数值为 0.124（$t=2.216$，$p=0.027>0.01$），这意味着介体因素不会对高校思政实践教学效果产生显著的正向影响；环体因素的回归系数值为 0.237（$t=4.585$，$p=0.000<0.01$），这

意味着环体因素会对高校思政实践教学效果产生显著的正向影响。

因此，主体因素、客体因素、环体因素均对高校思政实践教学效果产生显著的正向影响。高校在思政实践教学过程中应当加强对于主体因素、客体因素、环体因素的关注。

四　北京市高校思政实践教学现状——基于 NVIVO 访谈分析和问卷数据分维度测评

（一）北京市高校思政实践教学访谈内容深度分析——基于 NVIVO 的开放式编码

本研究使用 QSR Nvivo 14.0 Plus，综合 10 位北京市高校思政教师和 54 名参与过思政实践课的学生的访谈信息进行分析。

基于 NVIVO 的词频统计数据，本研究进一步通过开放式编码和选择性编码的方式将每一条信息编码，并将所获得的访谈资料概念化，抽象出初始概念，以新的方式重新组合，归类范畴，构建类属，提炼核心概念。

表 2　基于 NVIVO 的开放式编码和选择性编码范畴化情况

类属	初始概念
北京市高校思政实践教学现状	实践教学内容及形式
	实践教学预期
	实践教学中主体作用
	实践教学中客体收获
北京市高校思政实践教学问题	实践教学中主体维度问题
	实践教学中客体维度问题
	实践教学中介体维度问题
北京市高校思政实践教学优化路径	内容与形式
	制度安排
	理论知识
	理论与实践区别
	教学主体

注：为节省篇幅，只显示部分类属、初始概念。

经过开放性编码，概念类属产生了一定的逻辑传导关联。项目组进一步结合概念类属的逻辑关系进行主轴编码和选择性编码，从现状、问题和优化路径的逻辑顺序出发，关注主体、客体、介体、环体四重维度，在访谈文本编码基础上进行深入论证分析。

（二）北京市高校思政实践教学现状——基于问卷数据的分维度测评（相关评价数组均为所占指标的比重）

1. 主体维度

根据问卷调查的各项数据指标建立"主体维度"测评矩阵，相关情况见表 3。

表 3　"主体维度"测评情况

主体	不符合	不太符合	部分符合	基本符合	完全符合
指导老师教学积极热情	0.15	0.14	0.20	0.27	0.24
我喜欢指导老师的授课内容和方式	0.16	0.16	0.22	0.23	0.23
我和指导老师有着积极、主动、平等的交往	0.16	0.16	0.24	0.22	0.22
我在思政实践中得到老师的有效指导帮助	0.19	0.15	0.19	0.23	0.24
我在思政实践中得到学校的有力支持	0.17	0.15	0.22	0.21	0.25

在此基础上进行降维，可以建立"主体维度"的测评矩阵（R）：

$$\begin{bmatrix} 0.15 & 0.14 & 0.20 & 0.27 & 0.24 \\ 0.16 & 0.16 & 0.22 & 0.23 & 0.23 \\ 0.16 & 0.16 & 0.24 & 0.22 & 0.22 \\ 0.19 & 0.15 & 0.19 & 0.23 & 0.24 \\ 0.17 & 0.15 & 0.22 & 0.21 & 0.25 \end{bmatrix}$$

建立权重数组。根据各个选项对于总指标的贡献度，设上述五项数评价因素的权重均为 $\frac{1}{5}$，则权重数组 A 为：

$$\left(\frac{1}{5} \quad \frac{1}{5} \quad \frac{1}{5} \quad \frac{1}{5} \quad \frac{1}{5} \right)$$

计算评估结果。根据矩阵运算原理，则该评估结果 B 为：

$$B = AR = \left(\frac{1}{5}\ \frac{1}{5}\ \frac{1}{5}\ \frac{1}{5}\ \frac{1}{5}\right) \begin{bmatrix} 0.15 & 0.14 & 0.20 & 0.27 & 0.24 \\ 0.16 & 0.16 & 0.22 & 0.23 & 0.23 \\ 0.16 & 0.16 & 0.24 & 0.22 & 0.22 \\ 0.19 & 0.15 & 0.19 & 0.23 & 0.24 \\ 0.17 & 0.15 & 0.22 & 0.21 & 0.25 \end{bmatrix}$$

$$B = (0.166\quad 0.140\quad 0.214\quad 0.232\quad 0.236)$$

若对各评价指标进行等级划分，按照 20/40/60/80/100 的比重，根据矩阵原理，则"主体维度"测评得分 X 为：

$$X = B \begin{bmatrix} 20 \\ 40 \\ 60 \\ 80 \\ 100 \end{bmatrix} = (0.166\quad 0.140\quad 0.214\quad 0.232\quad 0.236) \begin{bmatrix} 20 \\ 40 \\ 60 \\ 80 \\ 100 \end{bmatrix} = 63.92$$

2. 客体维度

根据问卷调查的各项数据指标建立"客体维度"测评矩阵，相关情况见表4。

表4　"客体维度"测评情况

客体	不符合	不太符合	部分符合	基本符合	完全符合
我认为开展思政实践教育非常有必要	0.06	0.09	0.17	0.41	0.27
我非常愿意参与到思政实践	0.17	0.14	0.18	0.26	0.25
我对思政知识有较多了解	0.14	0.16	0.19	0.23	0.27
我国主流意识对我的价值观影响较大	0.13	0.15	0.19	0.29	0.24
我具备较强的发现问题能力	0.14	0.15	0.22	0.23	0.26
我具备较强的实践调研能力	0.14	0.17	0.23	0.21	0.25
我在实践中能灵活运用思政知识	0.12	0.16	0.22	0.27	0.23

在此基础上进行降维，可以建立"客体维度"的测评矩阵（R）：

$$\begin{bmatrix} 0.06 & 0.09 & 0.17 & 0.41 & 0.27 \\ 0.17 & 0.14 & 0.18 & 0.26 & 0.25 \\ 0.14 & 0.16 & 0.19 & 0.24 & 0.27 \\ 0.13 & 0.15 & 0.19 & 0.29 & 0.24 \\ 0.14 & 0.15 & 0.22 & 0.23 & 0.26 \\ 0.14 & 0.17 & 0.23 & 0.21 & 0.25 \\ 0.12 & 0.16 & 0.22 & 0.27 & 0.23 \end{bmatrix}$$

建立权重数组。根据各个选项对于总指标的贡献度，设上述七项数评价因素的权重均为 $\frac{1}{7}$，则权重数组 A 为：

$$\left(\frac{1}{7} \quad \frac{1}{7} \quad \frac{1}{7} \quad \frac{1}{7} \quad \frac{1}{7} \quad \frac{1}{7} \quad \frac{1}{7} \right)$$

计算评估结果。根据矩阵运算原理，则该评估结果 B 为：

$$B = AR = \left(\frac{1}{7} \quad \frac{1}{7} \quad \frac{1}{7} \quad \frac{1}{7} \quad \frac{1}{7} \quad \frac{1}{7} \quad \frac{1}{7} \right) \begin{bmatrix} 0.06 & 0.09 & 0.17 & 0.41 & 0.27 \\ 0.17 & 0.14 & 0.18 & 0.26 & 0.25 \\ 0.14 & 0.16 & 0.19 & 0.24 & 0.27 \\ 0.13 & 0.15 & 0.19 & 0.29 & 0.24 \\ 0.14 & 0.15 & 0.22 & 0.23 & 0.26 \\ 0.14 & 0.17 & 0.23 & 0.21 & 0.25 \\ 0.12 & 0.16 & 0.22 & 0.27 & 0.23 \end{bmatrix}$$

$$B = (0.129 \quad 0.131 \quad 0.200 \quad 0.273 \quad 0.253)$$

若对各评价指标进行等级划分，按照 20/40/60/80/100 的比重，根据矩阵原理，则"客体维度"测评得分 X 为：

$$X = B \begin{bmatrix} 20 \\ 40 \\ 60 \\ 80 \\ 100 \end{bmatrix} = (0.129 \quad 0.131 \quad 0.200 \quad 0.273 \quad 0.253) \begin{bmatrix} 20 \\ 40 \\ 60 \\ 80 \\ 100 \end{bmatrix} = 66.94$$

3. 介体维度

根据问卷调查的各项数据指标建立"介体维度"测评矩阵，相关情况见表5。

表5　"介体维度"测评情况

客体	不符合	不太符合	部分符合	基本符合	完全符合
我前往机构了解具体实践目的	0.12	0.14	0.20	0.28	0.26
机构能够帮助我实现实践作业目标	0.14	0.15	0.20	0.25	0.26
机构能给我及我的小组安排具体任务	0.14	0.16	0.21	0.23	0.26
机构布置的具体任务有较强的可操作性	0.17	0.15	0.22	0.23	0.23
对接人员对我的任务进行有效指导和配合	0.15	0.18	0.20	0.23	0.24
对接人员富有热情、态度诚恳	0.16	0.14	0.19	0.24	0.27

在此基础上进行降维，可以建立"介体维度"的测评矩阵（R）：

$$\begin{bmatrix} 0.12 & 0.14 & 0.20 & 0.28 & 0.26 \\ 0.14 & 0.15 & 0.20 & 0.25 & 0.26 \\ 0.14 & 0.16 & 0.21 & 0.23 & 0.26 \\ 0.17 & 0.15 & 0.22 & 0.23 & 0.23 \\ 0.15 & 0.18 & 0.20 & 0.23 & 0.24 \\ 0.16 & 0.14 & 0.19 & 0.24 & 0.27 \end{bmatrix}$$

建立权重数组。根据各个选项对于总指标的贡献度，设上述六项数评价因素的权重均为$\frac{1}{6}$，则权重数组 A 为：

$$\left(\frac{1}{6} \ \frac{1}{6} \ \frac{1}{6} \ \frac{1}{6} \ \frac{1}{6} \ \frac{1}{6} \right)$$

计算评估结果。根据矩阵运算原理，则该评估结果 B 为：

$$B = AR = \left(\frac{1}{6} \ \frac{1}{6} \ \frac{1}{6} \ \frac{1}{6} \ \frac{1}{6} \ \frac{1}{6} \right) \begin{bmatrix} 0.12 & 0.14 & 0.20 & 0.28 & 0.26 \\ 0.14 & 0.15 & 0.20 & 0.25 & 0.26 \\ 0.14 & 0.16 & 0.21 & 0.23 & 0.26 \\ 0.17 & 0.15 & 0.22 & 0.23 & 0.23 \\ 0.15 & 0.18 & 0.20 & 0.23 & 0.24 \\ 0.16 & 0.14 & 0.19 & 0.24 & 0.27 \end{bmatrix}$$

$$B = (0.147 \quad 0.153 \quad 0.203 \quad 0.243 \quad 0.253)$$

若对各评价指标进行等级划分，按照 20/40/60/80/100 的比重，根据矩阵原理，则"介体维度"测评得分 X 为：

$$X = B \begin{bmatrix} 20 \\ 40 \\ 60 \\ 80 \\ 100 \end{bmatrix} = (0.147 \quad 0.153 \quad 0.203 \quad 0.243 \quad 0.253) \begin{bmatrix} 20 \\ 40 \\ 60 \\ 80 \\ 100 \end{bmatrix} = 66.07$$

4. 环体维度

根据问卷调查的各项数据指标建立"环体维度"测评矩阵，相关测评情况见表 6。

表 6 "环体难度"测评情况

环体	不符合	不太符合	部分符合	基本符合	完全符合
我开展实践的场所自然环境较好	0.13	0.13	0.18	0.30	0.26
我开展实践的场所社会环境较好	0.15	0.12	0.19	0.27	0.27
由学校或社会承担我实践的主要费用	0.19	0.18	0.15	0.20	0.28
我的实践受到了他人的很多帮助	0.17	0.13	0.18	0.27	0.25

在此基础上进行降维，可以建立"环体维度"的测评矩阵（R）：

$$\begin{bmatrix} 0.13 & 0.13 & 0.18 & 0.30 & 0.26 \\ 0.15 & 0.12 & 0.19 & 0.27 & 0.27 \\ 0.19 & 0.18 & 0.15 & 0.20 & 0.28 \\ 0.17 & 0.13 & 0.18 & 0.27 & 0.25 \end{bmatrix}$$

建立权重数组。根据各个选项对于总指标的贡献度，设上述四项数评价因素的权重均为 $\frac{1}{4}$，则权重数组 A 为：

$$\left(\begin{array}{cccc} \frac{1}{4} & \frac{1}{4} & \frac{1}{4} & \frac{1}{4} \end{array}\right)$$

计算评估结果。根据矩阵运算原理，则该评估结果 B 为：

$$B = AR = \left(\begin{array}{cccc} \frac{1}{4} & \frac{1}{4} & \frac{1}{4} & \frac{1}{4} \end{array}\right) \begin{bmatrix} 0.13 & 0.13 & 0.18 & 0.30 & 0.26 \\ 0.15 & 0.12 & 0.19 & 0.27 & 0.27 \\ 0.19 & 0.18 & 0.15 & 0.20 & 0.28 \\ 0.17 & 0.13 & 0.18 & 0.27 & 0.25 \end{bmatrix}$$

$$B = (0.160 \quad 0.140 \quad 0.175 \quad 0.260 \quad 0.265)$$

若对各评价指标进行等级划分，按照 20/40/60/80/100 的比重，根据矩阵原理，则"环体维度"测评得分 X 为：

$$X = B \begin{bmatrix} 20 \\ 40 \\ 60 \\ 80 \\ 100 \end{bmatrix} = (0.160 \quad 0.140 \quad 0.175 \quad 0.260 \quad 0.265) \begin{bmatrix} 20 \\ 40 \\ 60 \\ 80 \\ 100 \end{bmatrix} = 66.60$$

综上所述，对于主体、客体、介体、环体四个变量的矩阵运算分析结果，主体、客体、介体、环体维度测评结果均不够理想。以上述分析结果为数据支撑，项目组成员对于北京市高校思政实践教学现状进行评估。

（三）北京市高校思政实践教学现状与问题

1. 北京市高校思政实践教学优势

第一，近年来，北京市大部分高校不断丰富思政课实践作业的主题和形式，以创作微电影、参观爱国基地之类的新型思政课实践方式取得了良好的成效。第二，部分高校结合实际情况和办学优势对思政课实践教学进行有效改革，例如，在乡村振兴实践中，医科类大学与农村医疗卫生所建立合作关系，农科类大学与农村农业合作社建立合作关系……上述更合理也更具实效的思政实践方式得以广泛实施。第三，各高校对思政课实践的重视程度有所提升，支持力度加大，学校积极与相关实践机构对接，并由更专业的教师负责指导，提供更充足的实践资金，为学生提供更为丰富的思政课实践途径，且在思政课实践中不断创新和调整实践内容、实践方式和评估体系。第四，从社会层面来看，随着大思政体系的构建，社会整体上对思政课实践的支持度提高，相关承接机构（如当地村镇、企业、红色展馆等）大多积极配合高校思政实践教学，相关人员对高校学生思政实践的信任感和认同感有所提高。

总体来看，北京市各高校对思政实践教学较为重视，并不断完善思政实践教学的课程设置，对思政实践教学方式进行积极探索，根据实际情况不断进行教学改革，目前已取得较好的教学效果。

2. 北京市高校思政实践教学改进方向

作为一个正在探索中的教学方式，北京市高校思政实践教学仍然存在许多可以改进的方面。

（1）教学内容的思政性有待加强

由问卷和访谈分析结果可知，部分学校思政实践课内容完全按照专业课技能实践进行设计，无法体现思想政治教育内容。部分学生反映，"学院主要是借这个实践机会让我们去提升专业技能，最后为了完成思政实践课的宣传要求再去博物馆打个卡，实践内容和思政其实没什么关系"（C同学）。还有部分高校的思政实践课要求与普通的社会调研、社会实践无异，缺乏鲜明的思政性。

如今，部分学校忽视了思政实践课作为思政教育组成部分的特殊性质，未能充分把握思政教育的重要意义和根本目的，以专业实践课替代思政实践课、将思政实践课等同于普通的社会调研等问题不容忽视，亟待解决。

（2）实践教学与理论课程的整体匹配和融合度不足

由问卷和访谈分析结果可知，实践教学是对已经形成体系的思政理论课教学的后续发展，一是为了让学生将课堂上所学的理论应用至社会实践中，以理论指导实践，真正为社会做好一件实事；二是为了让学生从实践出发亲自检验思政课堂上所学的理论，以理论联系实际，运用所学理论知识观察社会、认知社会。但是，目前"学生在课堂上学到的内容与实践联系较远，实践反馈与课上内容不成正相关"，"在已经成熟的理论体系中加入实践教学，怎么融合是一大问题，很少有学校在这方面能做得出色"（C老师）。

让每一门思政理论课都有与其匹配的实践教学内容，以作为一项极富开创性的教学任务，难度的确很大，寻找符合理论内涵的实践样态需要花大功夫，进行理论与实践融合的教学设计也需要教师具有过硬的思政理论素养、学校予以大力支持以及社会各方积极配合，但唯有实现理论课和实践课的连贯性，思政实践教学才能真正发挥重大教育意义，让学生能自觉地以理论联系实际，以实践观照理论，因此，实现理论课与实践课的整体匹配与融合是必须推进的任务。

（3）教学内容的实践性不足

实践教学内容存在的另一重大问题在于其实践性不足，实践就是人们能动地改造和探索现实世界一切客观物质的社会性活动①，其根本特性是改造世界，由问卷和访谈分析结果可知，目前，思政实践课存在"作业导向"而非"实践教学"导向的问题，"我们的作业就是看看博物馆，开开会，拍拍照，大概可能就这样走走形式"（D同学）。

（4）学校、指导老师的支持力度不足

由问卷分析结果可知，主体维度的测评得分仅为63.92分，这表明学生认为学校、指导老师在思政实践课中提供的帮助不足。结构式访谈分析结果表明，部分学校对思政实践课的支持力度、重视程度不够，对思政课实践的开展缺乏资金投入、人力投入，使思政实践课缺乏经费支持和教师支持，难以高质量进行。

（5）学生对实践课的重视程度不足

高校学生的参与意愿、实践能力和思政素养水平都对思政课实践教学具有重要影响。然而，由问卷分析结果可知，客体维度的测评得分为66.94分，这表明学生自身对于思政实践课的重视程度不足。结合访谈分析可知，部分学生不愿意参加思政实践课是因为实践内容难以和自己所学知识相联系，学生更愿意和倾向于选择与自己思政知识和专业知识的能力水平匹配度高的思政实践课，即思政实践课内容设置越是使学生能够充分运用思政知识，实现自我价值、增强获得感，就越能够提高学生参与思政实践课的积极性和主动性。

---

① 陶德麟、汪信砚主编《马克思主义哲学原理》，北京：人民出版社，2010，第60页。

五　基于调查研究的改进建议

（一）加强思政教学连贯性，坚持理论联系实际

习近平强调，思政课"要坚持理论性和实践性相统一，用科学理论培养人，重视思政课的实践性，把思政小课堂同社会大课堂结合起来"①。在思政实践课尚未作为一门独立课程时，其仅仅是思政理论课的"课堂实践"，而今却走向了被简单等同于社会实践、课外活动的极端，忽略了理论课堂对实践教学的重要价值。事实上，思政理论课程应以实践为导向，"以实践为取向的理论与认识取向的理论突出的区别，就在于它需要保有实践的充盈、丰富和生动，而绝不仅仅去寻找一个'被压瘪了的存在'"②。同样，思政实践教学也离不开正确的理论指导，"没有革命的理论，就不会有革命的运动"③。"然而马克思主义看重理论，正是，也仅仅是，因为它能够指导行动。"④ 同时，连贯性是组成正确教学信念的一个核心方面，理论和实践紧密联合的思政课堂能够提升思政实践教学和理论教学的连贯性，发挥连贯性在教学中的积极作用。⑤

思政实践教学应以各门思政课理论成果为依托，"这就是把第一个阶段得到的认识放到社会实践中去，看这些理论、政策、计划、办法等等是否能得到预期的成功"⑥。充分体现思政实践课的实践性、连贯性、研究性和探索性，使学生在课堂学习理论和知识的同时，坚持理论联系实际，运用所学理论和知识观察社会、认知社会，进一步加深对思政理论的认识和理解。各位思政教师应在实践课主题选择时充分考虑其与理论课程的关联度，召开专题研讨会，并在学生实践前专门开展实践课的专题指导教学，进行集中的理论授课，向学生介绍实践课主题

---

① 《习近平：用新时代中国特色社会主义思想铸魂育人 贯彻党的教育方针落实立德树人根本任务》，《人民日报》2019 年 3 月 19 日，第 1 版。

② 宁虹：《实践-意义取向的教师专业发展》，《教育研究》2005 年第 8 期，第 42~47 页。

③ 《列宁全集》（第 2 卷），北京：人民出版社，2013，第 445 页。

④ 毛泽东：《实践论》，北京：人民出版社，1992，第 15 页。

⑤ Jens H. Lund, Birgitte Lund Nielsen, "Coherence in Teacher Education: What, Why and in Recognition of Complexity?" in ECER, "Education in an Era of Risk-The Role of Educational Research for the Future", 2019.

⑥ 《毛泽东文集》（第 8 卷），北京：人民出版社，1999，第 320 页。

并指导同学初步选题，这是实践教学运行的起点。一来进行理论补课，帮助学生理解课程目标、选题理念、相关思政理论，夯实学生的相关理论基础；二来发挥教师的指导作用，系统指导学生掌握调研方法，如写作、沟通方式，指导学生选好题、开好头，为展开高质量的思政实践课程奠定坚实的基础。

（二）发挥思政教师积极性，设置科学合理的教师指导制度

习近平强调，"办好思想政治理论课关键在教师，关键在发挥教师的积极性、主动性、创造性"①。在开展一切思政教育工作时，思政教师都应有情怀，"保持家国情怀，心里装着国家和民族，在党和人民的伟大实践中关注时代、关注社会，汲取养分、丰富思想"②，都应有所创新，"学会辩证唯物主义和历史唯物主义，创新课堂教学，给学生深刻的学习体验，引导学生树立正确的理想信念、学会正确的思维方法"③，更应有人格，"要有堂堂正正的人格，用高尚的人格感染学生、赢得学生，用真理的力量感召学生，以深厚的理论功底赢得学生，自觉做为学为人的表率，做让学生喜爱的人"④。

首先，思政教师应先讲政治、有信仰，保障思政实践课全过程具有思想政治教育性。在开展思政实践前，教师应该让学生围绕党的基本理论、中国革命、建设和改革开放历史、国家重大事件、中国特色社会主义事业的伟大实践等进行选题，确保选题具有思政性，区别思政课实践和其他社会实践。其次，思政教师应具有实际工作能力和社会经验，同时与"社会导师"联合育人，社会导师是高校教育对接社会的纽带，即在社会有一定建树的人士面向大学生言传身教，有能力带领学生在思政实践课中真正解决一个问题、做好一件实事，切实培养学生的实践能力。

同时，各校应根据学校实际情况设置科学合理的思政实践课指导制度：第

---

① 《习近平：用新时代中国特色社会主义思想铸魂育人 贯彻党的教育方针落实立德树人根本任务》，《人民日报》2019年3月19日，第1版。

② 《习近平：用新时代中国特色社会主义思想铸魂育人 贯彻党的教育方针落实立德树人根本任务》，《人民日报》2019年3月19日，第1版。

③ 《习近平：用新时代中国特色社会主义思想铸魂育人 贯彻党的教育方针落实立德树人根本任务》，《人民日报》2019年3月19日，第1版。

④ 《习近平：用新时代中国特色社会主义思想铸魂育人 贯彻党的教育方针落实立德树人根本任务》，《人民日报》2019年3月19日，第1版。

一，思政实践课属于思政教育范畴，应由思政教师主负责，围绕思政理论对实践课教学进行总体设计，在思政课堂上进行理论指导和选题指导，审核各项选题的思政性是否合格，对学生思政实践课实施全过程进行管理，保证思政实践课的思政性；第二，思政教学应全员参与、协调联动，各学院教师应积极配合思政实践教学工作，承担与学院学生相关的部分联系、指导工作，学校应积极联合社会导师协同育人；第三，学校应完善思政实践教学教师工作考评制度，将思政实践教学的指导工作纳入教学工作量累计范围，对积极负责的教师进行奖励，提升教师的积极性。

（三）注重课程内容的实践性

实践，就是人们能动地改造和探索现实世界一切客观物质的社会性活动。[①]习近平总书记强调，"要力行，知行合一，做实干家。'纸上得来终觉浅，绝知此事要躬行'。"[②]学生希望在思政实践课中能够真正为社会做一件实事，因此，在设置思政实践课程时，应保证课程内容是一次真正的实践。这不仅影响思政实践课的教学实效性，也将影响学生参与的积极性。

思政实践课应让学生在实践中加深对于当今社会的认识，最好能在实践中真正给社会带来改变。第一，应积极构建思政导师、学业导师、社会导师联合育人矩阵，鼓励本科生积极加入研究生、博士研究生的实践团队，让团队真正有决心、有能力、有资源为社会做一件实事，提升思政实践课的教学效果和社会意义。第二，设计围绕社会发展和经济工作的实践课题，增强学生对社会的理解和认识。学校可结合地方的经济工作和社会发展战略，把学生组织进来，让学生在亲身实践中体验社会的发展情况。第三，围绕应对各种风险与挑战的实践进行课程设计，增强学生的理论认同感。越是在风险与挑战、危难关头，越能体现科学理论的真理性和对实践的巨大指导意义，例如，可引导学生探索新冠疫情时期我国取得显著抗疫成效的工作情况，采访当时的一线医生与护士、基层工作人员、抗疫志愿者、优秀县镇干部等，让学生在实践中更加深刻地领悟社会主义制度的优越性、中国共产党的先进性和科学性。第四，思政课实践教学是一种师生双主

---

① 陶德麟、汪信砚主编《马克思主义哲学原理》，北京：人民出版社，2010，第 60 页。

② 《习近平：在北京大学师生座谈会上的讲话》，中国政府网，2018 年 5 月 3 日，https://www.gov.cn/xinwen/2018-05/03/content_5287561.htm。

体的新型教学形式，应发展以学生为主体的体验式、感悟式教学形式，充分发挥学生自身的主观能动性，在实践总结汇报阶段积极探索"翻转课堂"教学形式，让完成思政实践的学生回到课堂上主讲，扮演教师角色，对思政实践成果进行汇报，实现成果共享和理论自省。

（四）多元主体协力育人，为开展思政实践教学打造良好环境

学校是落实思政实践课要求的基层单位，应在全过程、各方面给予思政实践课必要的支持。第一，学校应积极主动地联合多元主体协力育人。学校应运用好教育部划定的"大思政课"实践教育基地，有条件的学校应主动与实践单位建立长期合作关系，加强研究和资源开发。各基地要积极创造条件，与各地教育部门、学校建立有效工作机制，协同完成好实践教学任务。高校可积极联系各地校友，在各地建立大学思政实践基站，以便利思政实践课的对接和联系工作，为学生开展思政实践课提供良好的环境支持。第二，积极联合思政导师与社会导师协同育人，给予学生最贴合实际的社会指导，塑造更立体的知识面，培养大学生的政治导向和价值，以理论知识结合实践经验演变出"1+1>2"的效果。第三，学校应构建起思政课实践教学工作体系，为开展思政实践课营造良好的环境和氛围。建立由党委统一领导，马克思主义学院主负责，其他职能部门协调配合的工作体系，设立思政实践课专项经费，努力为开展思政实践提供良好的环境和经济支持。第四，学校应根据自身实际情况，对思政实践教学的各环节、各步骤进行有效改革，使思政实践教学内容科学、制度合理、程序规范。

高校思想政治理论课实践教学目前仍是一项较新的、处于探索期与萌芽期的教学方式，对于落实思政教育立德树人总要求具有极大的意义。高校如何在系统的理论教学中融合实践教学；如何建设好"大思政课"体系，在专业领域融入思政育人理念；如何丰富与创新实践教学的内容；如何保证教学内容的思政教育意义；如何与社会各单位进行长期性合作；如何合理评估学生的实践成果等都是需要在教学实践的基础上进行研究和探索的重要问题。

（指导老师：向征）

图书在版编目（CIP）数据

人文社会科学青年学子优秀论文选 . 2024 ／ 姜飞主
编 . -- 北京：社会科学文献出版社，2025.1.
ISBN 978-7-5228-4278-3

Ⅰ . C53

中国国家版本馆 CIP 数据核字第 2024GH3286 号

人文社会科学青年学子优秀论文选（2024）

主　　编／姜　飞

出 版 人／冀祥德
责任编辑／张　萍
责任印制／王京美

出　　版／社会科学文献出版社·文化传媒分社（010）59367004
　　　　　　地址：北京市北三环中路甲 29 号院华龙大厦　邮编：100029
　　　　　　网址：www.ssap.com.cn
发　　行／社会科学文献出版社（010）59367028
印　　装／三河市龙林印务有限公司

规　　格／开　本：787mm×1092mm　1/16
　　　　　　印　张：20.25　字　数：349 千字
版　　次／2025 年 1 月第 1 版　2025 年 1 月第 1 次印刷
书　　号／ISBN 978-7-5228-4278-3
定　　价／98.00 元

读者服务电话：4008918866